普通高校“十二五”规划教材

电子信息类专业实验教程

通信与信息处理分册

总 主 编　陈得宝
主　　编　方振国
副 主 编　李素文　汪徐德
编写人员　（按姓氏笔画排序）
王江涛　方振国　朱　芳
李素文　汪徐德　邵　芬
赵　鑫　赵庆平

中国科学技术大学出版社

内 容 简 介

本书针对电子信息类专业通信与信息处理方面课程编写而成，包含了通信原理、信号与系统、数字信号处理、数字图像处理、移动通信原理、光通信技术基础等专业课程实验，适合于高等院校通信与信息处理学科学生学习的实验课程作教材使用。

图书在版编目(CIP)数据

电子信息类专业实验教程．通信与信息处理分册/方振国主编．—合肥：中国科学技术大学出版社，2014.8

ISBN 978-7-312-03498-5

Ⅰ.电…　Ⅱ.方…　Ⅲ.① 电子信息—实验—教材 ② 通信技术—实验—教材 ③ 信息处理　实验　教材　Ⅳ.①G203-33　②TN91

中国版本图书馆 CIP 数据核字(2014)第 172423 号

出版　中国科学技术大学出版社
安徽省合肥市金寨路 96 号，230026
网址：http://press.ustc.edu.cn

印刷　合肥现代印务有限公司

发行　中国科学技术大学出版社

经销　全国新华书店

开本　710 mm×960 mm　1/16

印张　13

字数　256 千

版次　2014 年 8 月第 1 版

印次　2014 年 8 月第 1 次印刷

定价　27.00 元

前　言

实验是教学中的一个重要环节,能巩固和加深课堂教学内容、提高学生实际工作技能、培养科学作风,为学习后续课程和从事实践技术工作奠定基础。为满足高等院校培养应用型人才和教学改革不断深入的需要,我们在多年教学实践和教学改革的基础上,编写了这本电子信息类专业的实验指导书。

本书为实验教学用书,是工科电子信息类专业学生学习"电子信息类通信与信息处理"系列课程的实验指导书。实验教材的内容涉及通信原理、信号与系统、数字信号处理、数字图像处理、移动通信原理及光通信技术基础,共选编实验项目三十二个。所有实验项目均配有相应的软件仿真,利于学生预习实验,从而使他们更好地掌握相关知识。

本书编写力求理论联系实际,使学生能受到"通信与信息处理"课程的基本技能训练,以培养学生分析问题和解决问题的能力。

本书由淮北师范大学物理与电子信息学院电子信息系方振国担任主编,参编作者及分工如下:第一章由邵芬编写,第二章由赵鑫编写,第三章由朱芳编写,第四章由王江涛编写,第五章由赵庆平编写,第六章由汪徐德编写,全书由方振国统稿总纂。限于时间和编写水平,书中不妥之处,恳请同行专家、读者批评指正。

编　者

2014 年 5 月

目 录

第一章 通信原理实验

一、实验课程简介

“通信原理”课程是一门理论性与实践性都很强的专业基础课。加强理论课程的学习,加深学生对本课程中的基本理论知识及基本概念的理解,提高学生理论联系实际的能力,培养学生实践动手能力和分析解决通信工程中实际问题的能力是通信原理教学的根本任务和目标。而通信原理实验就是一种重要的教学手段和途径。本通信原理实验系统将通信原理的基础知识灵活地运用在实验教学环节中,可独立也可综合实施多项实验或示教。本实验系统力求原理清楚、重点突出、内容丰富。其电路设计构思新颖、技术先进、波形测量点选择准确,具有一定的代表性。同时,本书注重理论分析与实践相结合,以理论指导实践,以实践验证基本原理,旨在提高学生分析问题、解决问题及动手能力,并通过有目的地选择完成实验项目及二次开发,使学生进一步巩固理论基本知识,建立完整的通信系统概念。该实验课程培养学生运用信息传输的基本理论分析和解决通信系统实际问题的能力,为学习后续专业课程奠定必要的基础。

二、TX-6B 型通信原理教学实验系统

TX-6B 型通信原理教学实验系统由十二个模块构成,即数字信源模块、AMI/HDB3 编译码模块、数字调制模块、载波同步模块、2DPSK 解调器模块、2FSK 解调器模块、位同步模块、帧同步模块、数字终端模块、PCM 编译码模块、两人通话模块和设计实验模块。图 1.1 为其印刷电路板布局图。

利用 TX-6B 型实验设备,可开设数字基带信号、数字调制、模拟锁相环与载波同步、数字解调与眼图、数字锁相环与位同步、帧同步、时分复用数字基带通信系统、时分复用 2DPSK/2FSK 通信系统、PCM 编译码、时分复用通话与抽样定理等十个验证性实验或设计性实验。通过这些实验,可使学生获得对数字通信时分复用技术及传输技术的感性认识,巩固课堂上所学的理论知识。

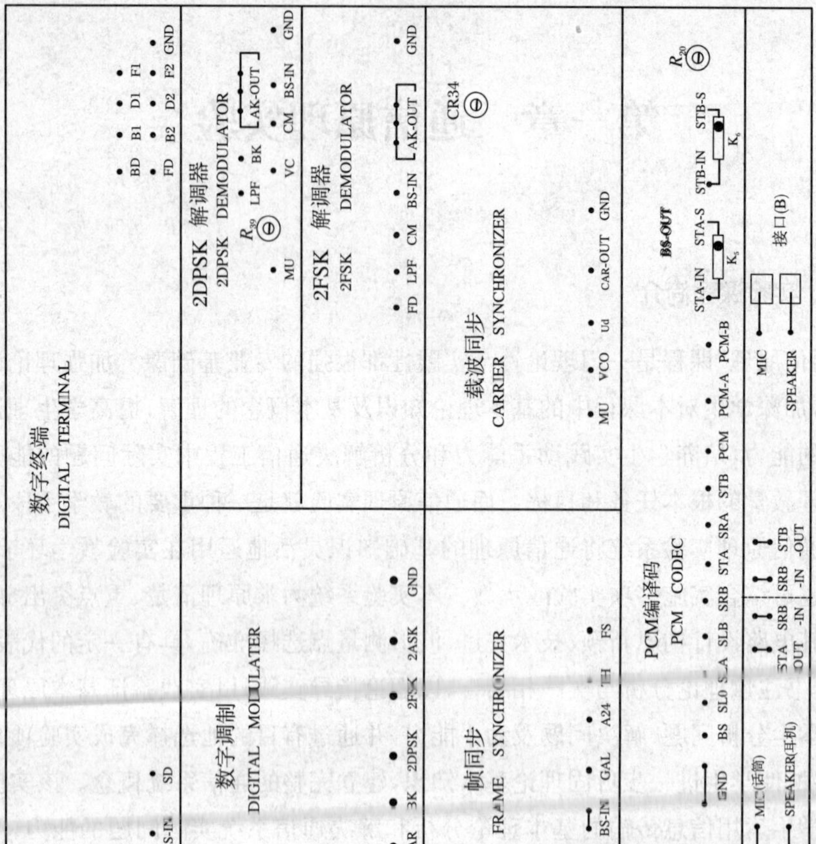

图1.1 TX-6B通信原理教学实验系统布局示意图

三、SystemView 简介

SystemView 是美国 ELANIX 公司推出的、基于 Windows 环境的用于系统仿真分析的可视化软件工具，界面友好，使用方便。SystemView 是一个信号级的系统仿真软件，主要用于电路与通信系统的设计和仿真，是一个强有力的动态系统分析工具，能满足从数字信号处理、滤波器直到复杂的通信系统等不同层次的设计和仿真要求。它可以构造各种复杂的模拟、数字、数模混合及多速率系统，可用于各种线性、非线性控制系统的设计和仿真。

SystemView 可进行包括数字信号处理(DSP)系统、模拟与数字通信系统、信号处理系统和控制系统的仿真分析，并配置了大量图符块(Token)库，可使用户很容易构造出所需要的仿真系统：用户只要调出有关图符块并设置好参数，完成图符块间的连线后运行仿真操作，最终就能以时域波形、眼图、功率谱、星座图和各类曲线形式给出系统的仿真分析结果。SystemView 的库资源十分丰富，主要包括：含若干图符库的主库(Main Library)、通信库(Communications Library)、信号处理库(DSP Library)、逻辑库(Logic Library)、射频/模拟库(RF Analog Library)和用户代码库(User Code Library)。

实验一　数字基带信号与 AMI/HDB3 编译码

一、实验目的

1. 掌握单极性码、双极性码、归零码、非归零码等基带信号波形特点。
2. 掌握 AMI，HDB3 码的编码规则。
3. 掌握从 HDB3 码信号中提取位同步信号的方法。
4. 掌握集中插入帧同步码同步时分复用信号的帧结构特点。

二、实验仪器

通信原理实验箱 TX-6B，示波器。

三、实验原理

本实验使用数字信源模块和 AMI/HDB3 编译码模块。

(一) 数字信源模块

本模块是整个实验系统的发终端，模块内部使用+5 V电压，其原理方框图如图 1.2

所示,电原理图如图 1.3 所示。本模块产生 NRZ 信号,信号速率约为 170.5 Kbps,帧结构如图 1.4 所示。信号的帧长为二十四位,其中首位无定义,第二位到第八位是帧同步码(七位巴克码 1110010),另外十六位为二路数据信号,每路八位。此 NRZ 信号为集中插入帧同步码同步时分复用信号。实验设备上,数据码用红色发光二极管指示,帧同步码及无定义位用绿色发光二极管指示。发光二极管亮状态指示"1"码,熄状态指示"0"码。

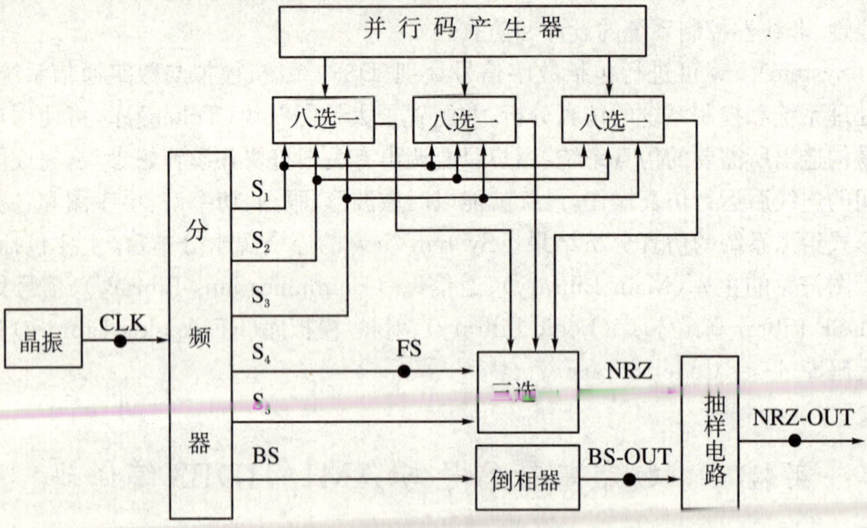

图 1.2　数字信源方框图

本模块有以下信号测试点及输出点:

➢ CLK:晶振信号测试点;

➢ BS-OUT:信源位定时信号测试点/输出点;

➢ FS:信源帧定时信号测试点;

➢ NRZ-OUT(AK):NRZ 信号(绝对码 AK)测试点/输出点。

图 1.2 中各单元与图 1.3 所示电路图上元器件对应关系如下:

➢ 晶振——CRY:晶体;U1:反相器 7404;

➢ 并行码产生器 K_1,K_2,K_3——八位手动开关,从左到右依次与帧同步码、数据 1、数据 2 相对应;发光二极管:左起分别与一帧中的二十四位代码相对应;

➢ 八选一——U5,U6,U7:八位数据选择器 4512。

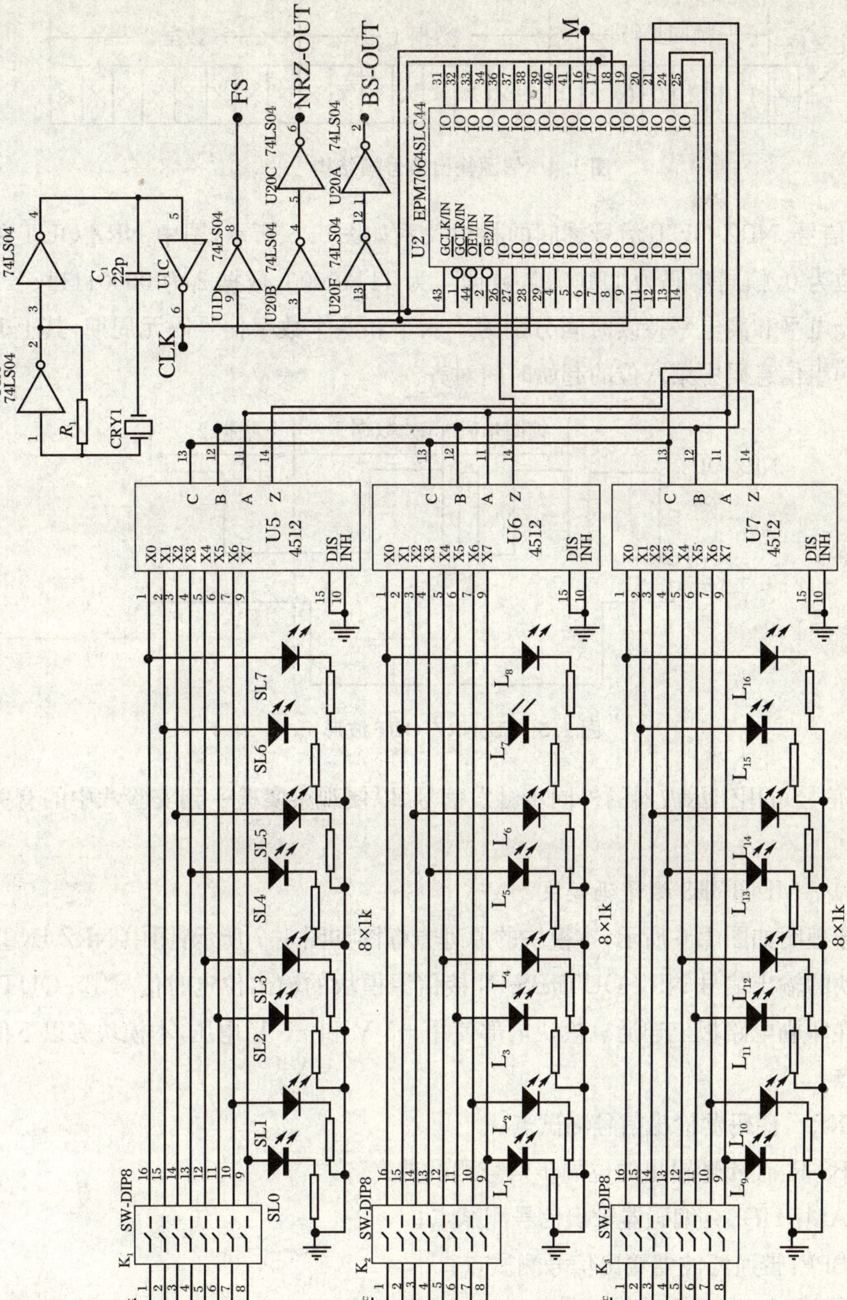

图1.3　数字信源模块电原理图

注:本书电路图中，电阻后凡未标单位均为Ω
凡标k均为kΩ。

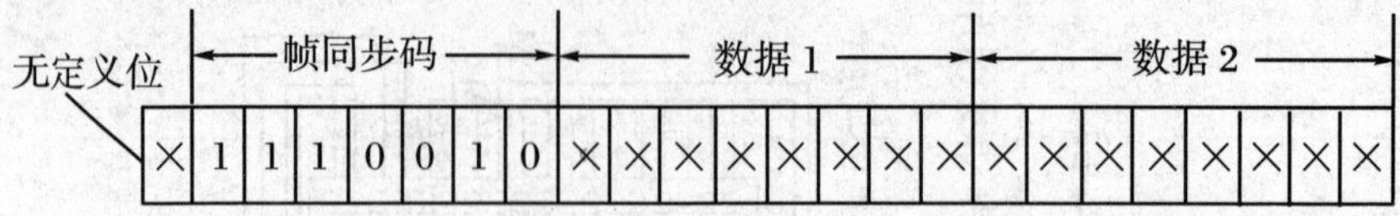

图 1.4　信源输出信号帧结构

FS 信号、NRZ-OUT 信号之间的相位关系如图 1.5 所示，图中 NRZ-OUT 的无定义位为 0，帧同步码为 1110010，数据 1 为 11110000，数据 2 为 00001111。FS 信号的低电平和高电平持续时间分别为十六个和八个数字信号码元周期，其上升沿与第一组信息码中第八位的起始时间对齐。

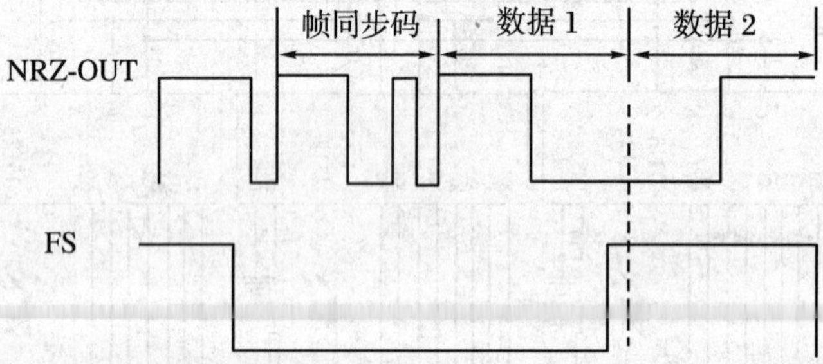

图 1.5　FS，NRZ-OUT 波形

FS 信号可用作示波器的外同步触发信号，以便观察实验一到实验八中的有关信号。

（二）AMI/HDB3 编译码模块

电原理图如图 1.6 所示，本模块的原理方框图如图 1.7 所示，图中 NRZ-IN 接信源模块的输出信号 NRZ-OUT，BS-IN 接信源模块的输出位定时信号 BS-OUT，它们已在印刷电路板上连通。模块内部使用＋5 V 和－5 V 电压，本模块有以下信号测试点：

➢ NRZ：译码器输出信号测试点；

➢ BS-R：锁相环输出的位同步信号测试点；

➢ AMI-HDB3：编码器输出信号测试点；

➢ BPF：带通滤波器输出信号测试点；

➢ DET：整流器输出信号测试点。

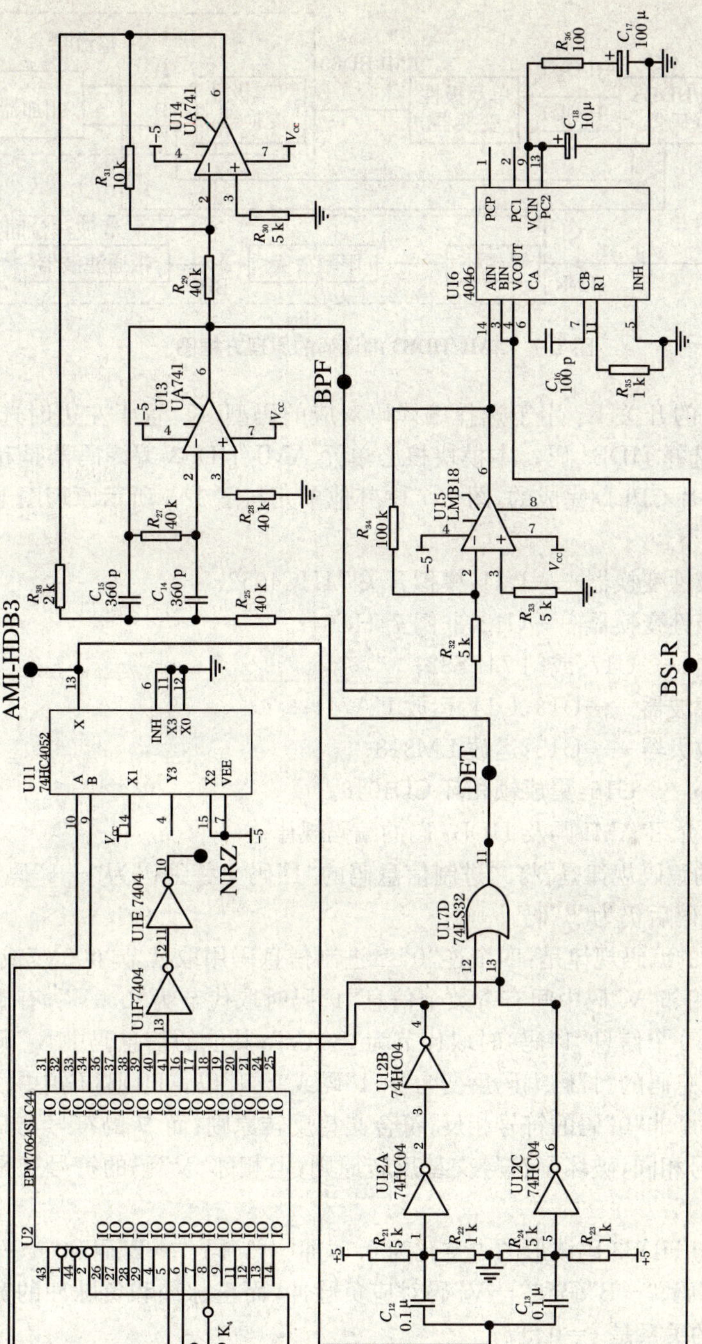

图1.6 AMI/HDB3 编译码模块电原理图

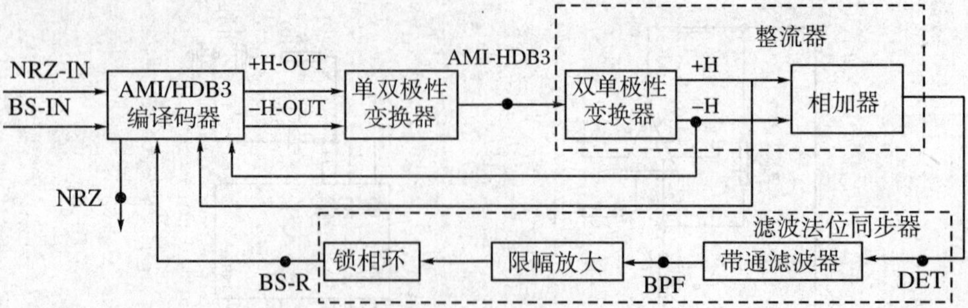

图 1.7 AMI/HDB3 编译码的原理方框图

本模块上的开关 K_4 用于选择编译码对应的码型，K_4 置于左边时选择 AMI 码，置于右边选择 HDB3 码。本模块核心单元 AMI/HDB3 编译码器是和信源部分单元共用一片 CPLD 完成的，图 1.7 中其他单元与图 1.6 所示原理图上元器件的对应关系如下：

➤ 单双极性变换器——U11：模拟开关 74HC4052；
➤ 双单极性变换器——U12：非门 74HC04；
➤ 相加器——U17：或门 74LS32；
➤ 带通滤波器——U13，U14：运放 UA741；
➤ 限幅放大器——U15：运放 LM318；
➤ 锁相环——U16：集成锁相环 CD4046。

下面简单介绍 AMI 码及 HDB3 码的编码规律。

AMI 码的编码规律是：将二进制信息码的“1”码交替编码为“＋1”码和“－1”码，而“0”码编码后仍为“0”码。

HDB3 码的编码规律是：四个连“0”二进制信息码用取代节“000V”或“B00V”代替，当两个相邻“V”码中间有奇数个信息“1”码时取代节为“000V”，有偶数个信息“1”码（包括 0 个信息“1”码）时取代节为“B00V”；其他的信息码中“0”码编码后仍为“0”码，信息码的“1”码编码后变为“＋1”码或“－1”码。HDB3 码中“1”、“B”的符号与其前一个非“0”码的符号相反，符合交替反转原则；而 V 的符号与其前一个非“0”码的符号相同，破坏了符号交替反转原则；但相邻“V”码的符号又是交替反转的。

AMI 码与 HDB3 码波形的占空比为 0.5，即“＋1”码、“＋B”码和“＋V”码对应正脉冲，“－1”码、“－B”码和“－V”码对应负脉冲，而正脉冲和负脉冲的宽度 τ 与码元周期 T_s 的关系是 $\tau=0.5T_s$。

设信息码为 1000 0110 0000 1000 0000 0010，则 NRZ 码、AMI 码、HDB3 码及其波形如图 1.8 所示。

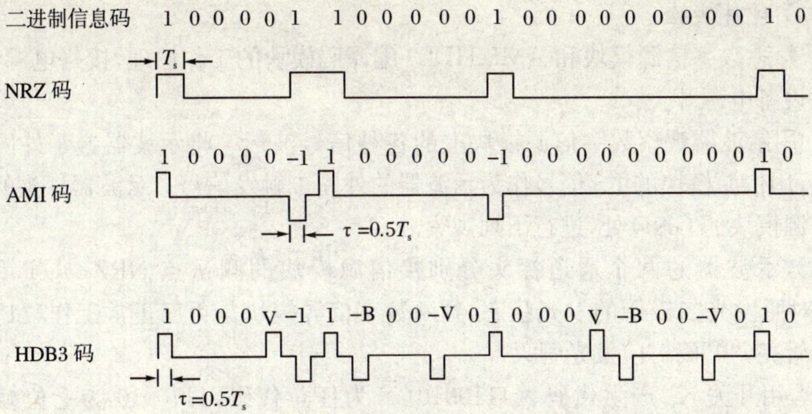

图 1. 8　NRZ 码、AMI 码及 HDB3 码波形图

当信息代码连"0"个数太多时，从 AMI 码中较难以提取稳定的位同步信号，而 HDB3 中连"0"个数最多为 3，这对提取高质量的位同步信号是有利的，这也是 HDB3 码优于 AMI 码之处。

四、实验内容及步骤

(一) 仿真实验

根据 AMI/HDB3 编码规则，用 SystemView 创建如图 1. 9 所示的 AMI/HDB3 仿真电路图，说明各个图符的设置参数；观察系统中各信号的波形并对实验结果进行分析(注意对应相位关系)。

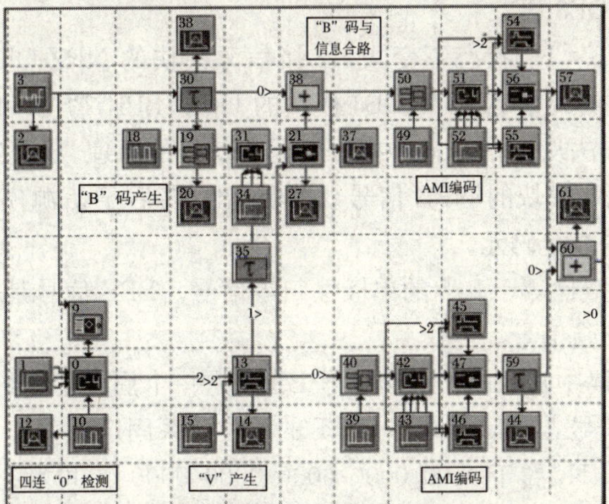

图 1. 9　AMI/HDB3 编码的 SystemView 仿真电路图

（二）硬件实验

1. 熟悉数字信源模块和AMI/HDB3编译码模块的工作原理，接好电源线，打开实验设备电源开关。

2. 用示波器观察数字信源模块上的各种信号波形。将示波器置于外同步触发状态，用信源模块的FS信号作为示波器的外同步触发信号。示波器探头的地线接在信源模块的GND处，进行下列观察。

（1）示波器的两个通道探头分别接信源模块的测试点NRZ-OUT和BS-OUT，对照发光二极管的发光状态，判断数字信源模块是否已正常工作（“1”码对应发光管亮，“0”码对应发光管灭）。

（2）用开关K_1产生代码×1110010（×为任意代码，1110010为七位帧同步码），K_2，K_3产生任意信息代码，观察NRZ码的特点（只有正脉冲且为“1”码的脉冲宽度等于位时钟周期）以及集中插入帧同步码同步时分复用信号帧结构的特点（帧同步码被集中插入到每一帧的固定位置，各路数据占有各自固定的时隙）。

3. 用示波器观察AMI/HDB3编译码模块的各种波形。

（1）示波器的两个探头CH1和CH2分别接信源模块的测试点NRZ-OUT和AMI/HDB3模块的测试点AMI-HDB3，将信源模块的K_1，K_2，K_3每一位都置1，观察全1码对应的AMI码（开关K_4置于左方AMI端）波形和HDB3码（开关K_4置于右方HDB3端）波形。再将K_1，K_2，K_3全置为0，观察全0码对应的AMI码和HDB3码波形。观察时应注意：AMI码和HDB3码波形的占空比为0.5；编码输出信号AMI-HDB3比输入信号NRZ OUT滞后了约四个码元。

（2）将K_1，K_2，K_3置于0111 0010 0000 1100 0010 0000状态，观察并记录对应的AMI码和HDB3码。

（3）保持K_1，K_2，K_3状态不变，CH1接信源模块的NRZ-OUT，K_4置于右方HDB3端，CH2依次观察AMI/HDB3模块的DET，BPF，BS-R和NRZ这些信号波形。理解用滤波法从HDB3码中提取位同步信号的原理。观察时应注意：

① AMI/HDB3模块的NRZ信号（译码输出）滞后于信源模块的NRZ-OUT信号（编码输入）约八个码元。

② DET是占空比等于0.5的单极性归零信号。BPF信号是一个幅度和周期都略有变化的准正弦信号。

③ 从HDB3码中提取的位同步信号BS-R是一个周期恒定（等于一个码元周期）的TTL电平信号，与其时钟BS-OUT的相位关系固定。

（4）将K_1，K_2，K_3置于0100 0000 0000 0000 0000 0000状态，CH1接信源模块的BS-OUT。将K_4先置于左方AMI端，从CH2依次观察AMI/HDB3模块的BS-R和NRZ信号；再将K_4置于右方HDB3端，从CH2再次观察BS-R和NRZ

信号。观察时应注意：由于此时信源代码连“0”个数太多，从 AMI 码中提取的位同步信号 BS-R 的相位相对于其时钟 BS-OUT 的相位是不固定的，观察中有两种可能现象：BS-R 的周期相对于 BS-OUT 有细微的改变或 BS-R 相对于 BS-OUT 作快速抖动。因此不能完成正确的 AMI 译码。而 HDB3 码则不存在这种问题。

五、实验报告

1. 根据实验结果，画出 AMI/HDB3 编译码模块各测量点的波形图，注意对应相位关系。

2. 根据实验结果观察单极性码、双极性码、归零码、非归零码等基带信号波形特点。

六、预习要求

1. 预习教材中有关数字基带信号和 AMI/HDB3 章节的内容。总结AMI/HDB3 的编码规则。

2. 设信源代码为全“1”码、全“0”码及 0111 0010 0000 1100 0010 0000，根据 AMI/HDB3 编码规则，给出对应的 AMI 码及 HDB3 码的代码和波形。

七、思考题

1. 根据实验观察和记录回答：

(1) 非归零码和归零码的特点各是什么？

(2) 与信源代码中的“1”码相对应的 AMI 码及 HDB3 码是否一定相同？为什么？

2. 占空比为 0.5 的单极性归零码的功率谱密度公式为

$$P_s(f) = f_s P(1-P) G^2(f) + f_s^2 P^2 \sum_{m=-\infty}^{+\infty} G^2(mf_s)\delta(f-mf_s)$$

式中 $f_s=1/T_s$，P 为“1”码的概率，$G(f)=0.5T_s Sa(0.5\pi f/f_s)$。试用此公式说明：为什么信息代码中的连“0”码越长，越难以从 AMI 码中提取位同步信号，而 HDB3 码则不存在此问题。

实验二　数字调制

一、实验目的

1. 掌握绝对码(AK)、相对码(BK)的概念以及它们之间的关系。

2. 掌握用键控法产生2ASK，2FSK，2DPSK信号的方法。

3. 掌握BK与2PSK信号波形之间的关系、AK与2DPSK信号波形之间的关系。

4. 了解2ASK，2FSK，2DPSK信号频谱与数字基带信号频谱之间的关系。

二、实验仪器

通信原理实验箱TX-6B，示波器，频谱分析仪。

三、实验原理

数字调制分为二进制调制和多进制调制，二进制调制是多进制调制的基础。在HUST-TX系列实验设备中只包含二进制数字调制。本实验使用的是数字信源模块和数字调制模块。信源模块向调制模块提供数字基带信号和位定时信号。调制模块将输入的绝对码(NRZ码)变为相对码、用键控法产生2ASK，2FSK，2DPSK信号。调制模块内部使用+5 V电源。

数字调制模块的原理方框图如图1.10所示，电原理图如图1.11所示。图1.10中CLK-IN接信源模块晶振的输出信号CLK，NRZ-IN(AK)接信源模块的输出信号NRZ-OUT(AK)，BS-IN接信源模块的输出位定时信号BS-OUT，它们已在印刷电路板上连通。

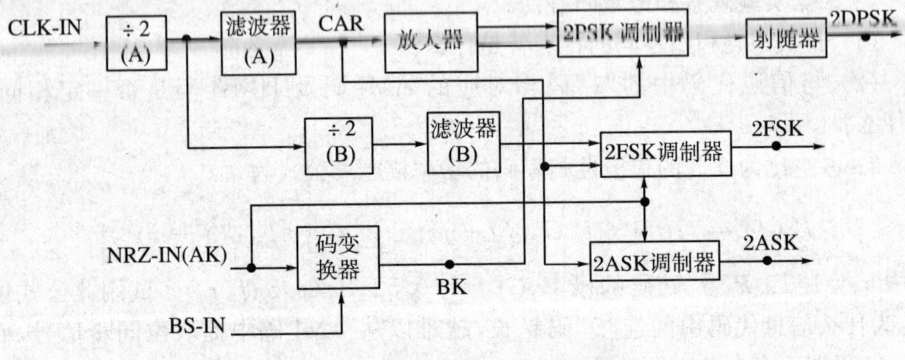

图1.10　数字调制模块原理方框图

数字调制模块上有以下信号测试点：

➤ CAR：2DPSK和2ASK的载波信号测试点；

➤ BK：相对码测试点；

➤ 2DPSK：测试点$V_{P-P}>0.5V$；

➤ 2FSK：测试点$V_{P-P}>0.5V$；

➤ 2ASK：测试点$V_{P-P}>0.5V$。

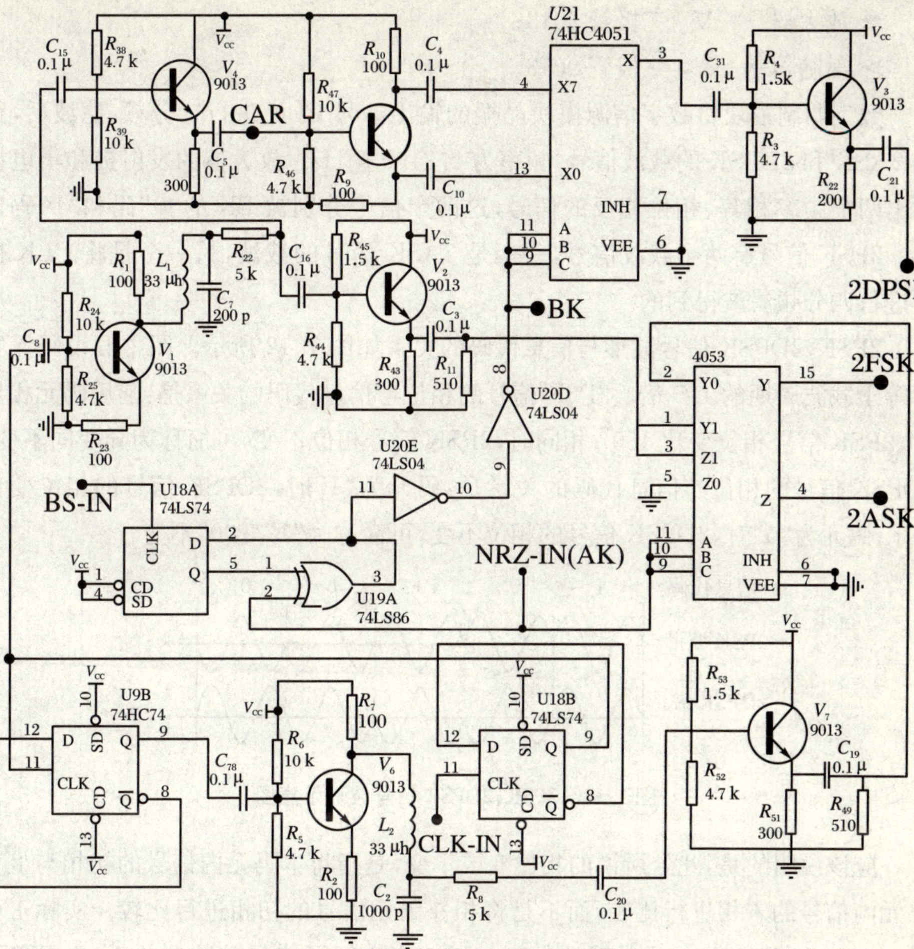

图 1.11　数字调制模块电原理图

图 1.10 中各单元与图 1.11 中元器件的对应关系如下：

➢ ÷2(A)——U18B：双 D 触发器 74LS74；

➢ ÷2(B)——U9B：双 D 触发器 74HC74；

➢ 滤波器 A——V_1：三极管 9013，电感 L_1，电容 C_7；

➢ 滤波器 B——V_6：三极管 9013，电感 L_2，电容 C_2；

➢ 码变换器——U18A：双 D 触发器 74LS74；U19A：异或门 74LS86；

➢ 2ASK 调制器——U22：三路二选一模拟开关 4053；

➢ 2FSK 调制器——U22：三路二选一模拟开关 4053；

➢ 2PSK 调制器——U21：八选一模拟开关 4051；

➤ 放大器——V_5：三极管 9013；

➤ 射随器——V_3：三极管 9013。

数字调制模块将数字信源模块晶振的输出信号 CLK 进行二分频、滤波后，得到 2ASK 和 2DPSK 的载波信号，频率为 2.2165 MHz。放大器的发射极和集电极输出两个频率相等、相位相反的信号，这两个信号分别被 BK 的"0"码和"1"码选通。2FSK 信号有两个载波信号，一个是 2ASK 信号的载波，另一个是将 CLK 信号进行四分频滤波得到的。

2PSK，2DPSK 信号波形与信息代码的关系如图 1.12 所示。图中假设码元宽度等于载波周期的 1.5 倍。2PSK 信号的相位与信息代码的关系是：前后码元相异时，2PSK 信号相位变化 180°；相同时，2PSK 信号相位不变，可简称为异变同不变。2DPSK 信号的相位与信息代码的关系是：码元为"1"时，2DPSK 信号的相位变化 180°；码元为"0"时，2DPSK 信号的相位不变，可简称为"1"变"0"不变。

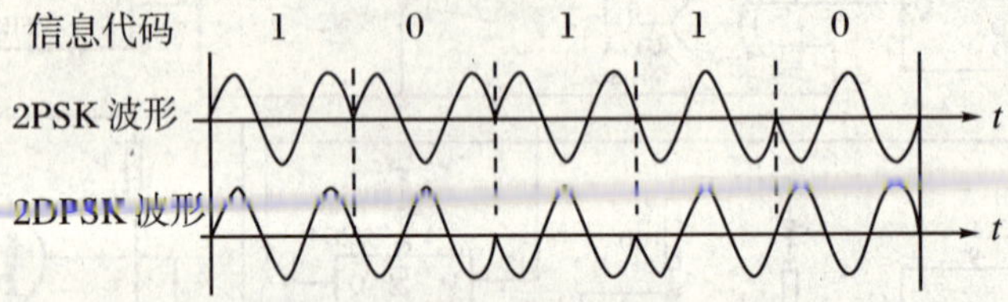

图 1.12　2PSK，2DPSK 信号波形示意图

应该说明的是，此处所说的相位变或不变，是指将本码元内信号的初相与上一码元内信号的末相进行比较，而不是将相邻码元信号的初相进行比较。实际工程中，2PSK 和 2DPSK 信号的载波频率与码速率之间可能是整数倍关系，也可能是非整数倍关系。但不管是哪种关系，上述结论总是成立的。

本数字调制模块用码变换——2PSK 调制方法——产生 2DPSK 信号，原理方框图及波形图如图 1.13 所示。相对于绝对码，2PSK 调制器的输出就是 2DPSK 信号；相对于相对码，2PSK 调制器的输出是 2PSK 信号。图中设码元宽度等于载波周期，已调信号的相位与 AK 的关系是"1"变"0"不变，与 BK 的关系是"异变同不变"，由 AK 到 BK 的变换也符合"1"变"0"不变规律。

图 1.13 中已调制信号波形也可能具有相反的相位，BK 也可能具有相反的序列(即 00100)，这取决于载波的参考相位以及异或门电路的初始状态。

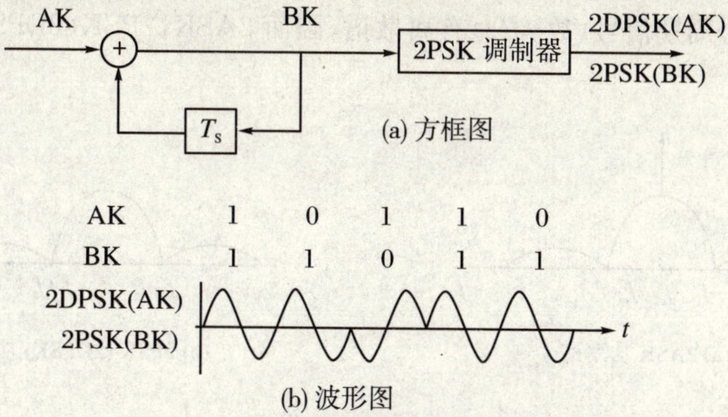

图 1.13 2DPSK 调制器方框图及波形图

2PSK 信号的时域表达式为

$$S(t)=m(t)\cos\omega_c t \tag{1.1}$$

式中，$m(t)$为双极性非归零码（BNRZ），当“0”、“1”，$m(t)$中无直流分量，$S(t)$中无载频分量，2DPSK 信号的时域表达式与 2PSK 相同，只是式中的 $m(t)$为相对码对应的基带信号。

2ASK 信号的时域表达式与 2PSK 相同，但 $m(t)$为单极性非归零码（NRZ），而 NRZ 中有直流分量，故 2ASK 信号中有载频分量。

相位不连续的 2FSK 信号可看成是用 AK 和$\overline{AK}$解调不同载频信号形成的两个 2ASK 信号的叠加，时域表达式为

$$S(t)=m(t)\cos\omega_{c1}t+m(t)\cos\omega_{c2}t \tag{1.2}$$

式中，$m(t)$为 NRZ 码。

设码元宽度为 T_s，$f_s=1/T_s$ 在数值上等于码速率，2ASK，2PSK（2DPSK），2FSK 的功率谱密度如图 1.14 所示。可见，2ASK，2PSK（2DPSK）的功率谱是数字基带信号 $m(t)$功率谱的线性搬移，故常称 2ASK，2PSK（2DPSK）为线性已调信号。而 2FSK 的功率谱与 $m(t)$的功率谱之间不是线性搬移关系，称为非线性已调信号。在多进制数字已调信号中，MASK，MPSK，MDPSK 及 MQAM 信号是线性已调信号，MFSK 信号是非线性已调信号。

应特别说明的是，在现代通信中，常将矩形数字基带信号经低通滤波器处理后与载波信号相乘，从而构成二进制或多进制线性已调信号。低通滤波器的频率特性为余弦滚降特性或其开平方。为了方便用示波器观察已调信号波形，HUST-

TX系列实验设备仍采用矩形信号作为调制器的基带信号。另外，在本实验系统中 $m(t)$ 是一个周期信号，故 $m(t)$ 有离散谱，因而2ASK，2PSK(2DPSK)，2FSK也具有离散谱。

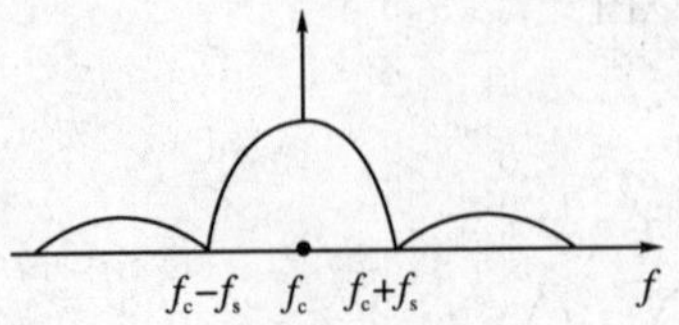

(a) 2ASK 功率谱

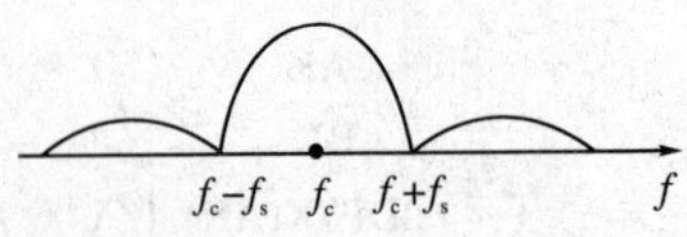

(b) 2PSK (2DPSK) 功率谱

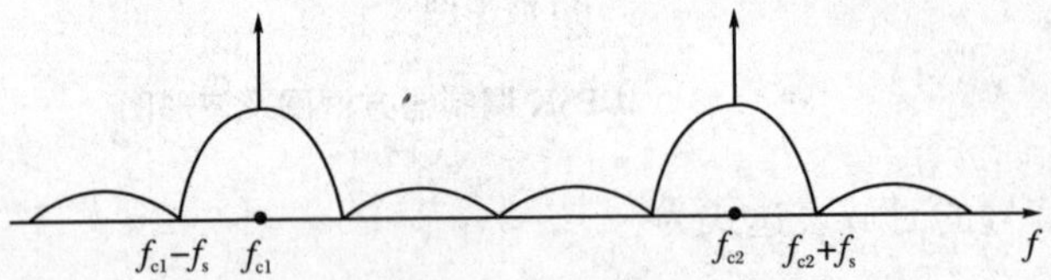

(c) 2FSK 功率谱

图 1.14 2ASK，2PSK(2DPSK)，2FSK 信号功率谱

四、实验内容

（一）仿真实验

1. 根据2ASK调制原理，用SystemView创建如图1.15所示的仿真电路图，说明各个图符的设置参数，观察系统中各信号的波形，并对实验结果进行分析。

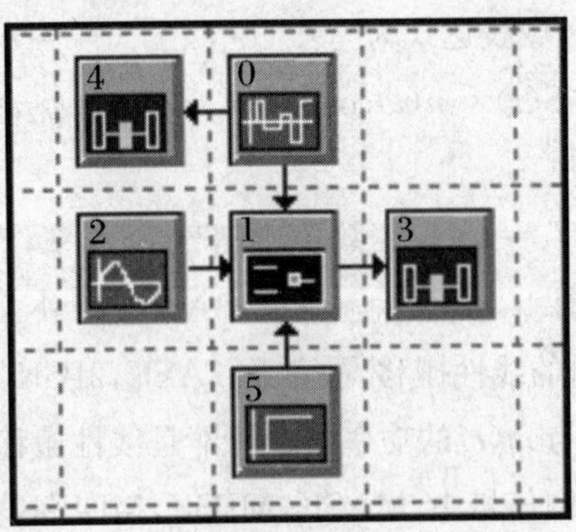

图 1.15 2ASK 调制的 SystemView 仿真电路图

2. 根据2FSK调制原理，用SystemView创建如图1.16所示的仿真电路图，说明各个图符的设置参数，观察系统中各信号的波形。比较调频法和键控法产生的 2FSK 信号波形有何区别并对实验结果进行分析。

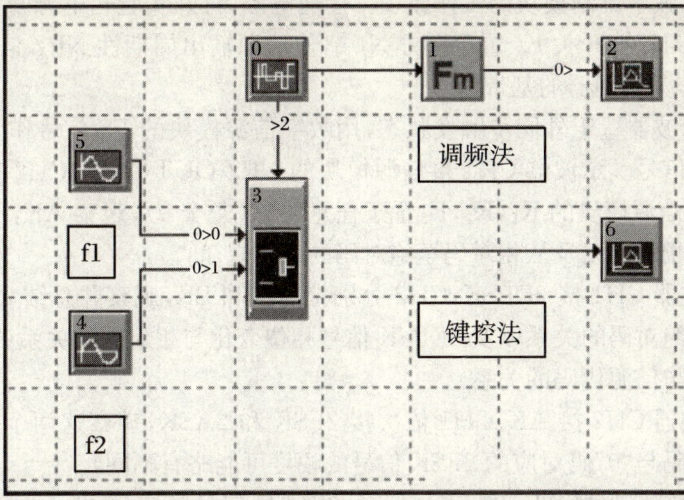

图 1.16　2FSK 调制的 SystemView 仿真电路图

3. 根据 2PSK 和 2DPSK 调制原理，用 SystemView 创建如图 1.17 所示的仿真电路图，说明各个图符的设置参数，观察系统中各信号的波形并对实验结果进行分析。

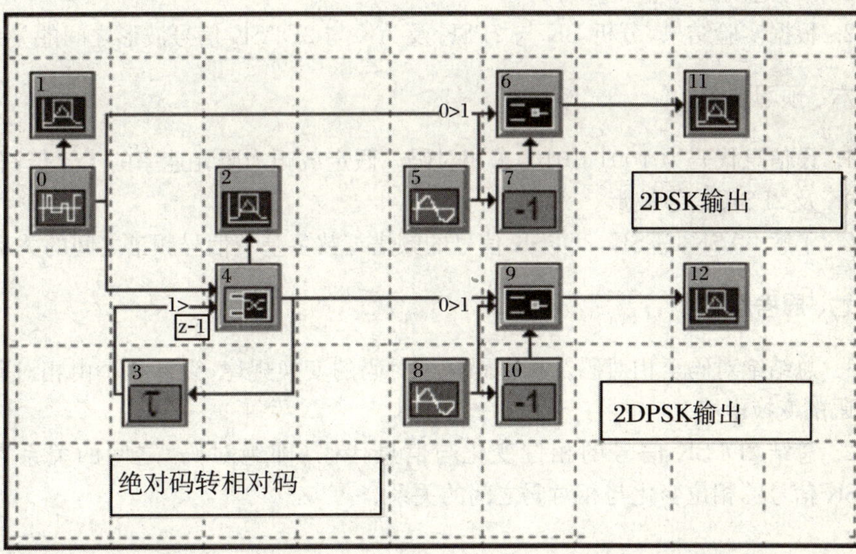

图 1.17　2PSK 和 2DPSK 调制的 SystemView 仿真电路图

（二）硬件实验

1. 熟悉数字调制模块的工作原理。接通电源，打开实验箱电源开关。将数字调制模块单刀双掷开关 K_7 置于左方 N 端，使信源输出周期性 NRZ 信号（而非 M 序列信号）作为调制器的基带信号。

2. 将示波器置于外同步触发状态，用数字信源模块的 FS 信号作为示波器的外同步触发信号。示波器 CH1 接信源模块的 NRZ-OUT（AK），CH2 接数字调制模块的 BK，信源模块的 K_1，K_2，K_3 置于任意状态（非全 0），观察 AK，BK 波形，总结绝对码至相对码以及从相对码至绝对码的变换规律。

3. 示波器 CH1 接 2DPSK，CH2 分别接 AK 和 BK，观察并总结 2DPSK 信号相位变化与绝对码的关系以及 2DPSK 信号相位变化与相对码的关系（即 2PSK 信号相位变化与信源代码的关系）。

4. 示波器 CH2 接 AK，CH1 依次接 2FSK 和 2ASK，观察这两个信号与 AK 的关系（“1”码与“0”码对应的 2FSK 信号的幅度可能略有不同）。

5. 用频谱仪观察 AK，2ASK，2FSK，2DPSK 信号频谱（条件不具备时可不进行此项观察）。

五、实验报告

1. 根据实验结果，画出 2ASK，2FSK，2PSK，2DPSK 信号波形图，注意 AK 与各已调信号之间的对应关系。

2. 根据实验结果，分析 BK 与 2PSK 及 AK 与 2DPSK 信号波形之间的关系。

六、预习要求

1. 设信息代码为 1001 1010，求相对码。假定载频为码元速率的 1.5 倍，画出 2DPSK 及 2PSK 信号波形。

2. 了解 2ASK，2FSK，2DPSK 信号的频谱与数字基带信号频谱之间的关系。

七、思考题

1. 总结绝对码至相对码及相对码至绝对码的变换规律，设计一个由相对码至绝对码的变换电路。

2. 总结 2DPSK 信号的相位变化与信息代码（即绝对码）之间的关系以及 2DPSK 信号的相位变化与相对码之间的关系。

实验三　数字解调与眼图

一、实验目的

1. 掌握 2DPSK 相干解调原理。
2. 掌握 2FSK 过零检测解调原理。

二、实验仪器

通信原理实验箱 TX-6B，示波器。

三、实验原理

可用相干解调或差分相干解调法（相位比较法）解调 2DPSK 信号。在相位比较法中，要求载波频率为码速率的整数倍，当此关系不能满足时只能用相干解调法。在 HUST-TX 系列实验设备中，2DPSK 载波频率等于码速率的 13 倍，两种解调方法都可用。实际工程中相干解调法用得最多。2FSK 信号的解调方法有：包络检波法、相干解调法、鉴频法、过零检测法等。TX 系列实验设备采用相干解调法解调 2DPSK 信号，采用过零检测法解调 2FSK 信号。2DPSK 模块内部使用 +5 V，+12 V 和 −12 V 电压，2FSK 模块内部使用 +5 V 电压。图 1.18 为两个解调器的原理方框图，其电路原理图如图 1.19 所示。

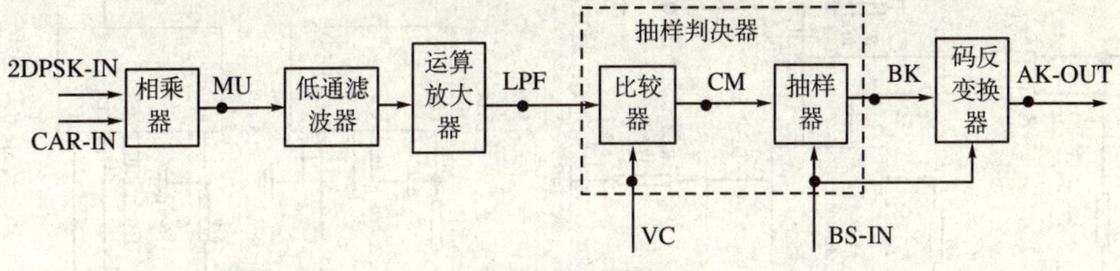

(a) 2DPSK 相干解调

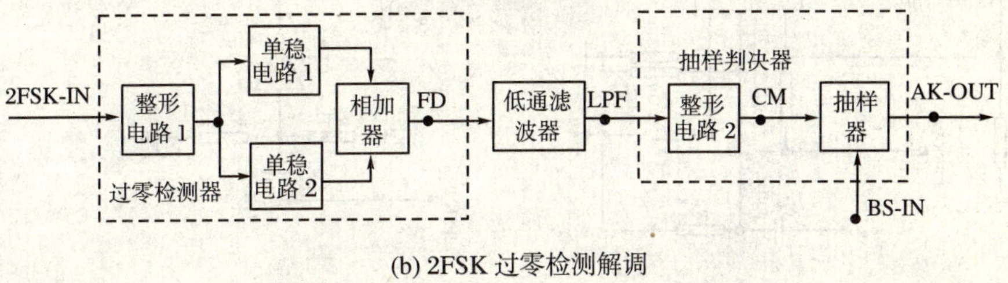

(b) 2FSK 过零检测解调

图 1.18　数字解调器原理方框图

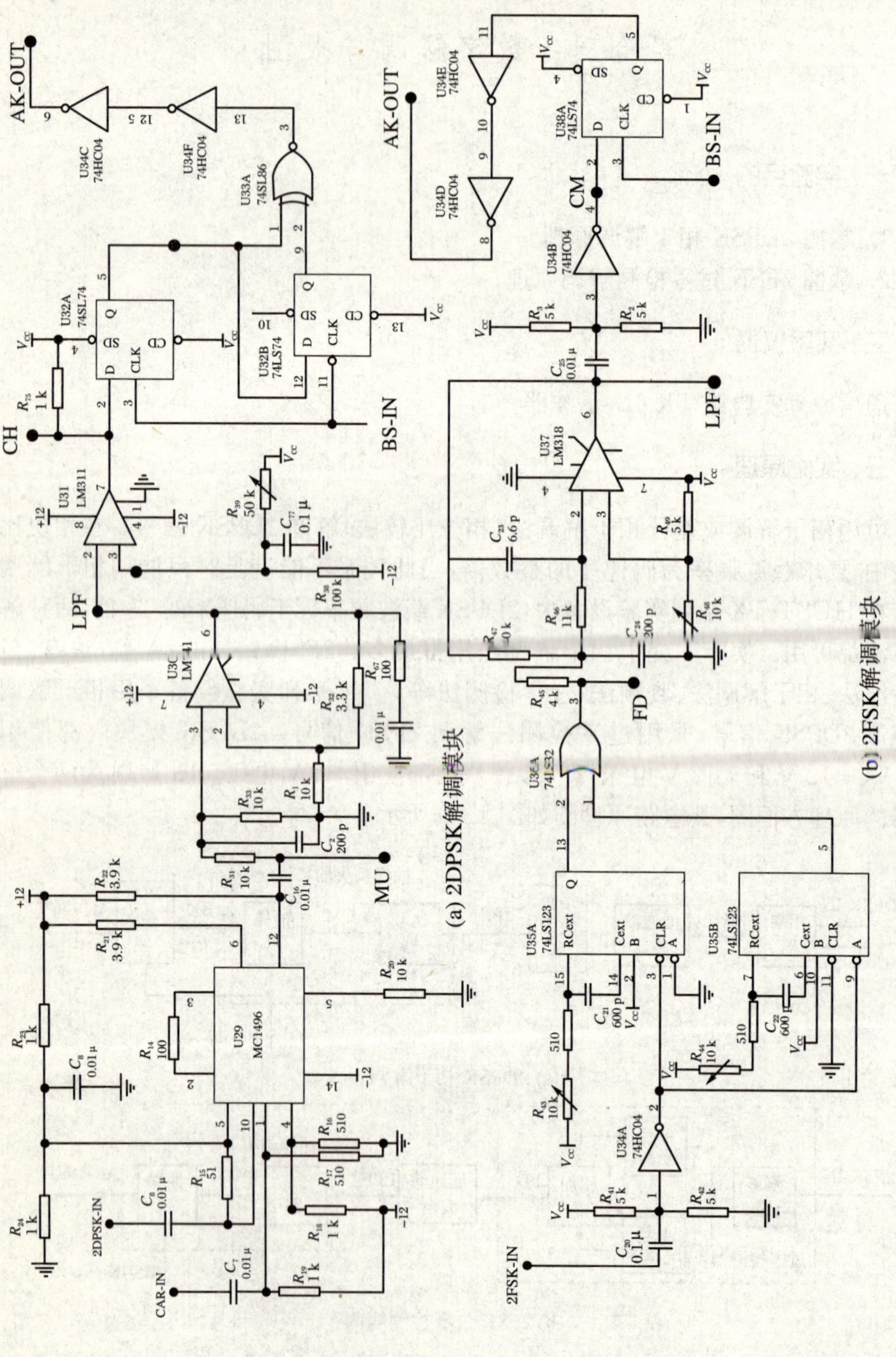

图1.19 数字解调模块电原理图

图 1.18 中 2DPSK-IN 信号及 2FSK-IN 信号分别接数字调制模块输出的 2DPSK 信号及 2FSK 信号，CAR-IN 信号接载波同步模块输出的 CAR-OUT 信号，它们已在印刷电路板上连通。

在实际应用的通信系统中，解调器的输入端都有一个带通滤波器，用来滤除带外的信道噪声并确保系统的频率特性符合无码间串扰条件。为了简化实验设备，方便观察信号波形，在 TX 系列实验设备中数字调制的输出端不设有带通滤波器，信道是理想的，解调器输入端也不设有带通滤波器。

2DPSK 解调模块上有以下信号测试点及输入输出点：

➢ MU：相乘器输出信号测试点；

➢ LPF：低通、运放输出信号测试点；

➢ VC：比较器比较电压测试点；

➢ CM：比较器输出信号测试点/输出点；

➢ BK：解调输出相对码测试点；

➢ AK-OUT：解调输出绝对码测试点/输出点；

➢ BS-IN：位同步信号输入点。

2FSK 解调模块上有以下信号测试点及输入输出点：

➢ FD：2FSK 过零检测器输出信号测试点；

➢ LPF：低通滤波器输出信号测试点；

➢ CM：比较器输出信号测试点/输出点；

➢ BS-IN：位同步信号输入点；

➢ AK-OUT：解调输出信号的测试点/输出点。

图 1.18(a)中各单元与图 1.19 中元器件的对应关系如下：

➢ 相乘器——U29：模拟乘法器 MC1496；

➢ 低通滤波器——R_{31}；C_2；

➢ 运算放大器——U30：运算放大器 UA741；

➢ 比较器——U31：比较器 LM311；

➢ 抽样器——U32：A：双 D 触发器 7474；

➢ 码反变换器——U32：B：双 D 触发器 7474；U33：A：异或门 7486。

图 1.18(b)中各单元与图 1.19 中元器件的对应关系如下：

➢ 整形电路 1——U34：A：反相器 74HC04；

➢ 单稳电路 1——U35：A：单稳态触发器 74123；

➢ 单稳电路 2——U35：B：单稳态触发器 74123；

➢ 相加器——U36：或门 7432；

➢ 低通滤波器——U37：运算放大器 LM318；若干电阻、电容；

➢ 整形电路——2U34B：反相器 74HC04；

➢ 抽样器——U38A：双 D 触发器 7474。

2DPSK 相干解调电路中的有关信号波形如图 1.20 所示，图中假设绝对码为 1101011。

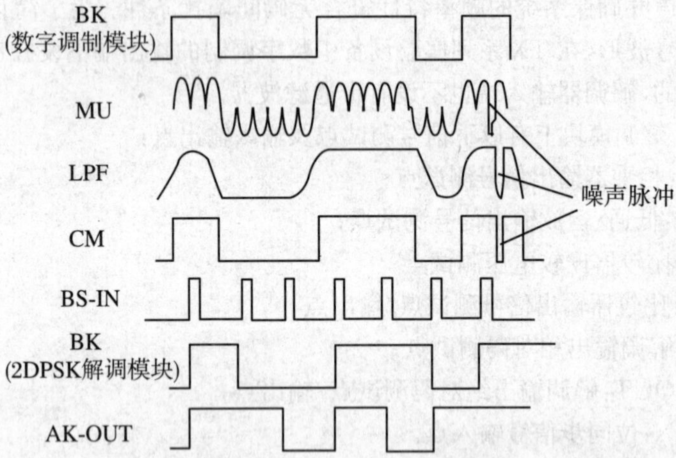

图 1.20　2DPSK 相干解调波形示意图

下面对一些具体问题加以说明。

1. 信源是周期为 24 b 的周期信号，当 24 b 的相对码 BK 中"1"码和"0"码个数不相等时，相乘器 U29 的输出信号 MU 及低通滤波器输出信号 LPF 是正负不对称的信号。在实际的 2DPSK 通信系统中，抽样判决器输入信号是一个均值为 0 且正负对称的信号，因此最佳判决电平为 0。TX 系列实验设备中，判决电平 VC 是可以调节的。当 $VC=0$ 而相对码 BK 中"1"码和"0"码个数差别太大时，可能出现误判决，即解调器出现误码。因为此时 LPF 信号的正电平或负电平非常接近零电平，抽样脉冲(位同步信号)稍不理想就会造成误码。电位器 R_{39} 用来调节判决电平，当 BK 中"1"码与"0"码个数差别比较大时出现误码时，可调节 R_{39} 使 VC 接近 LPF 信号的中值。实际通信系统中的 2DPSK 相干解调器(或差分相干解调器)是针对随机信号，不需要调节判决电平。

2. 比较器的输出信号 CM 为 TTL 电平信号，它不能作为相对码直接送给码反变器，因为它并不是一个标准的单极性非归零码，其单个"1"码对应的正脉冲的宽度和单个"0"码对应的零电平的宽度可能小于码元宽度，也可能大于码元宽度。另外，当 LPF 中有噪声时，CM 中还会出现噪声脉冲(由于在 TX 系列实验设备中信道是理想的,接收机输入信号中无噪声,故实验时观察不到此脉冲噪声)。

2FSK 解调器工作原理及有关问题说明如下:

1. 图 1.21 为 2FSK 过零检测解调器各点波形示意图,图中设"1"码载频等于码速率的两倍,"0"码载频等于码速率,信息代码为 101。

2. 整形电路 1 和整形电路 2 的功能与比较器类似,在 74HC04 的输入端将均值为 0 的输入信号叠加在 2.5 V 上。74HC04 的状态转换电平约为 2.5 V,可将输入信号进行硬限幅处理。整形电路 1 将正弦 2FSK 信号变为 TTL 电平的 2FSK 信号(图 1.21)。整形电路 2 和抽样电路共同构成一个判决电平为 2.5 V 的抽样判决器。

3. 单稳电路 1、单稳电路 2 分别被设置为上升沿触发和下降沿触发,它们与相加器一起共同对 TTL 电平的 2FSK 信号进行微分、整流处理。电位器 R_{43} 和 R_{44} 决定上升沿脉冲宽度及下降沿脉冲宽度(它们应基本相等)。

4. 用 R_{48} 可以调节滤波器的频率特性及 LPF 信号幅度,LPF 不是 TTL 电平信号且不是标准的非归零码,必须进行抽样判决处理。

5. 低通滤波器是一个有源滤波器,具有低通滤波和倒相功能。

6. 整形电路 2 对输入信号进行硬限幅和倒相处理。

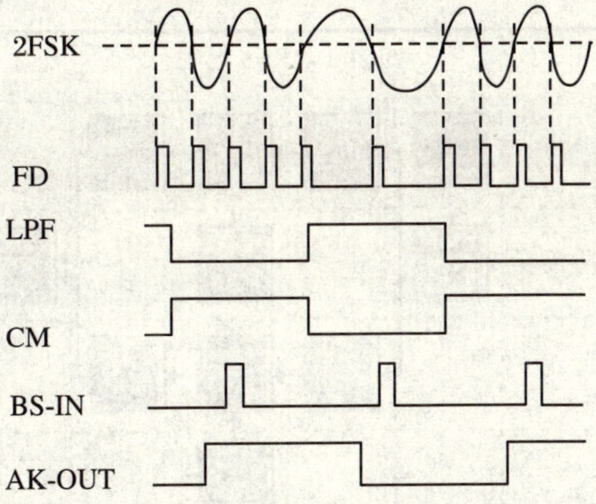

图 1.21　2FSK 过零检测解调器各点波形示意图

四、实验内容及步骤

(一) 仿真实验

1. 根据 2DPSK 调制解调原理,用 SystemView 创建如图 1.22 所示的仿真电路图，说明各个图符的设置参数，观察系统中各信号的波形并对实验结果进行分析。

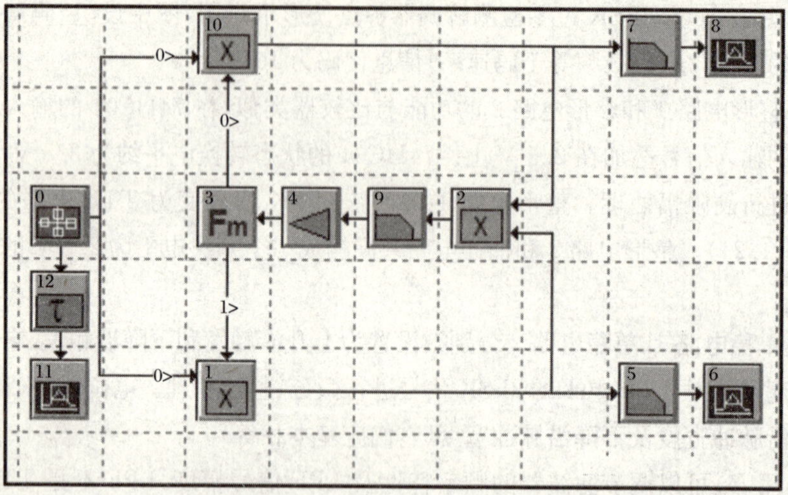

图 1.22　2DPSK 解调的 SystemView 仿真电路图

2. 根据 2FSK 相干解调原理，用 SystemView 创建如图 1.23 所示的仿真电路图，说明各个图符的设置参数，观察系统中各信号的波形并对实验结果进行分析。

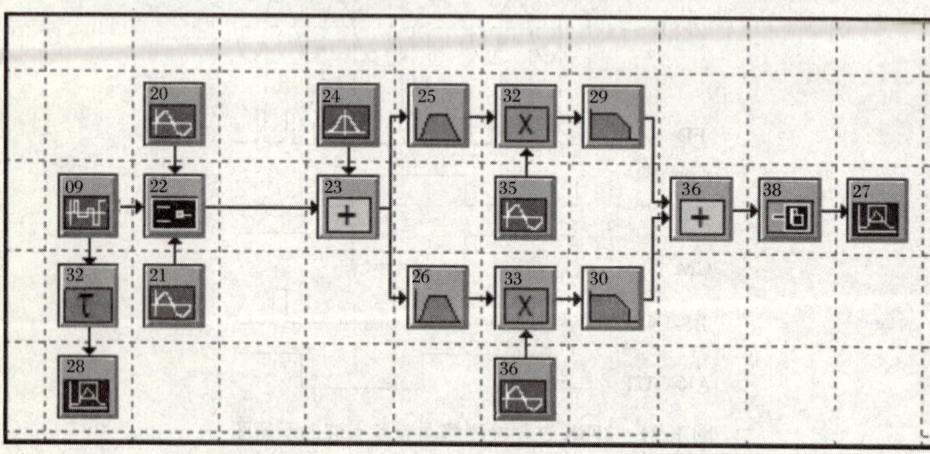

图 1.23　2DPSK 解调的 SystemView 仿真电路图

（二）硬件实验

本实验使用数字信源模块、数字调制模块、载波同步模块、2DPSK 解调模块及 2FSK 解调模块，它们之间的信号连接方式如图 1.24 所示，其中实线是已在印刷电路板上布好的，虚线是在实验过程中需由实验者自己连接的。实际通信系统中，解调器需要的位同步信号来自位同步提取模块。本实验中位同步信号直接来自数字信源，在做 2DPSK 解调实验时，位同步信号送给 2DPSK 解调模块，做 2FSK 解调实验时则送到 2FSK 解调模块。

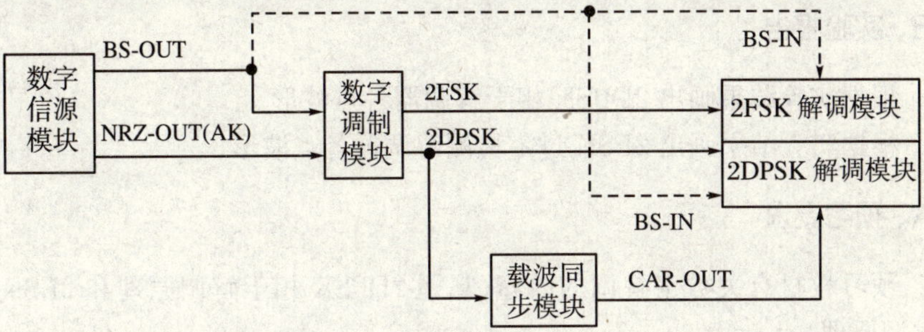

图 1.24　数字解调实验连接图

1. 复习前面实验的内容并熟悉 2DPSK 解调模块及 2FSK 解调模块的工作原理，接通实验箱电源。将数字调制模块单刀双掷开关 K_7 置于左方 NRZ 端。

2. 检查数字信源、数字调制及载波同步模块是否正常工作，载波同步模块的锁相环是否处于锁定状态。

3. 2DPSK 解调实验。

(1) 将数字信源模块的 BS-OUT 用信号连线连接到 2DPSK 解调模块的 BS-IN 处。将示波器置于外同步触发状态，以信源模块的 FS 信号作为示波器外同步触发信号。将示波器的 CH1 接数字调制模块的 BK，CH2 接 2DPSK 解调模块的 MU。MU 与 BK 同相或反相，其波形应接近图 1.20 所示的理论波形。

(2) 示波器的 CH2 接 2DPSK 解调模块的 LPF，可看到 LPF 与 MU 同相。当一帧内 BK 中"1"码和"0"码个数相同时，LPF 的正负极性信号电平与零电平对称，否则不对称。

(3) 观察数字调制模块的 BK 与 2DPSK 解调模块的 MU，LPF，BK 之间的关系，再观察数字信源模块中 AK 信号与 2DPSK 解调模块的 MU，LPF，BK，AK-OUT 信号之间的关系。

(4) 断开、接通电源若干次，改变数字调制模块的 CAR 信号与载波同步模块的 CAR-OUT 信号的相位关系，重复进行观察。

(5) 将数字调制模块单刀双掷开关 K_7 置于右方 M 序列端，此时数字调制器输入的基带信号是 M 序列。用示波器观察 2DPSK 解调模块中的 LPF 信号，即可看到无噪声时的眼图。

4. 2FSK 解调实验。将数字调制模块单刀双掷开关 K_7 还原置于左方 NRZ

端。将数字信源模块的 BS-OUT 用信号连线换接到 2FSK 解调模块的 BS-IN 处，示波器探头 CH1 接数字信源模块中的 AK，CH2 分别接 2FSK 解调模块中的 FD，LPF，CM 及 AK-OUT，观察 2FSK 过零检测解调器的解调过程（注意：低通滤波器及整形电路 2 都有倒相作用）。LPF 的波形应接近图 1.21 所示的理论波形。

五、实验报告

1. 根据实验结果画出 2DPSK 相干解调器各点波形。
2. 根据实验结果画出 2FSK 过零检测解调器各点波形。

六、预习要求

1. 预习教材有关数字解调的内容，掌握 2DPSK 相干解调原理和 2FSK 过零检测解调原理。
2. 分析比较 2DPSK 相干解调和非相干解调方法之间的区别。

七、思考题

1. 设绝对码为 1001101，根据实验观察得到的规律，画出当相干载波频率等于码速率的 1.5 倍且 CAR OUT 与 CAR 同相或反相时，2DPSK 相干解调器中 MU，LPF，BS，BK，AK 等信号的波形示意图，总结 2DPSK 克服相位模糊现象的机理。

2. 设信息码为 1001101，2FSK 的两个载频分别为码速率的 4 倍和 2 倍，根据实验观察得到的规律，画出 2FSK 过零检测解调器输入的 2FSK 波形及 FD，LPF，BS，AK 等信号的波形（设低通滤波器及整形电路 2 都无倒相作用）。

实验四　载波同步与位同步

一、实验目的

1. 掌握模拟锁相环和数字锁相环的工作原理。
2. 掌握用平方环法从 2DPSK 信号中提取相干载波的原理及模拟锁相环的设计方法。
3. 掌握用数字环提取位同步信号的原理及对其输入的信息代码的要求。
4. 了解位同步器的同步建立时间、保持时间、位同步信号相位抖动等基本概念。

二、实验仪器

通信原理实验箱 TX-6B,示波器。

三、实验原理

通信系统中常用平方环或同相正交环(科斯塔斯环)从 2DPSK 信号中提取相干载波。HUST-TX 系列实验设备用平方环提取相干载波,其载波同步模块原理方框图如图 1.25 所示,电原理图如图 1.26 所示,图中 2DPSK-IN 信号接数字调制模块输出的 2DPSK 信号,已在印刷电路板上连通。本模块使用+5 V,+12 V,−12 V电压。

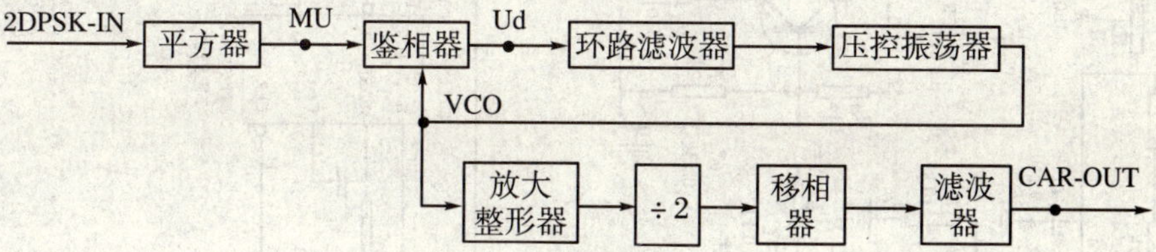

图 1.25　载波同步模块方框图

本模块上有以下信号测试点及输出点:

➢ MU:平方器输出信号测试点,$V_{P-P}>1$ V;

➢ VCO:VCO 输出信号测试点,$V_{P-P}>0.2$ V;

➢ Ud:鉴相器输出信号测试点,变化范围不小于 4 V;

➢ CAR-OUT:相干载波信号测试点/输出点,$V_{P-P}>0.4$ V。

图 1.25 中各单元与图 1.26 中主要元器件的对应关系如下:

➢ 平方器——U25:模拟乘法器 MC1496;

➢ 鉴相器——U23:模拟乘法器 MC1496;U24:运放 UA741;

➢ 环路滤波器——电阻 R_{25},R_{68};电容 C_{11};

➢ 压控振荡器——CRY2:晶体;VD1:压控变容二极管 1043;电容器 C_{16};手调变容电路 1043、电位器 CR34;N_3,N_4:三极管 9013;

➢ 放大整形器——N_5,N_6:三极管 9013;U26:非门 74HC04;

➢ ÷2——U27:D 触发器 7474;

➢ 移相器——U28:单稳态触发器 74123;

➢ 滤波器——电感 L_2;电容器 C_{30}。

下面介绍模拟锁相环原理及平方环载波同步原理。

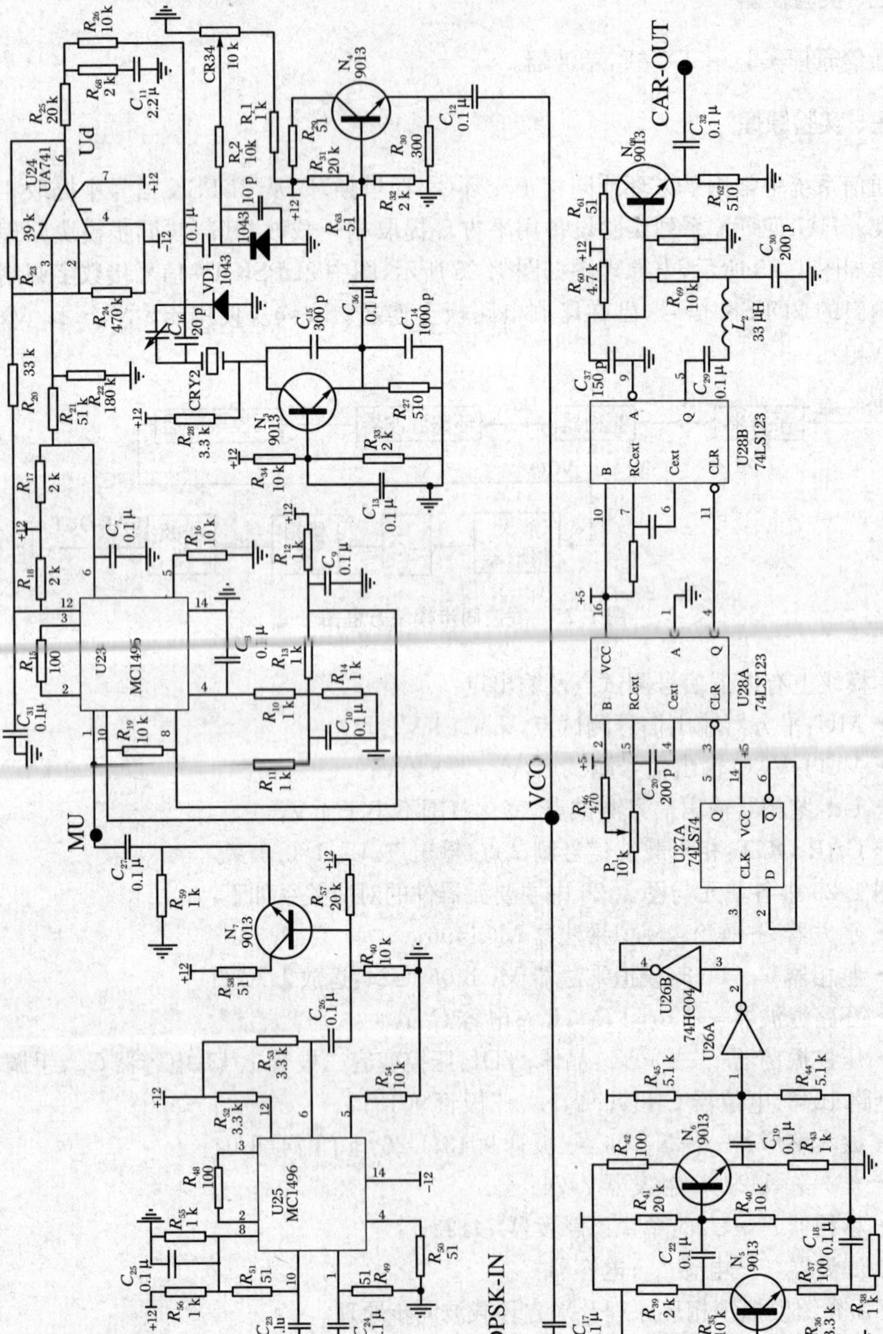

图1.26 载波同步模块电原理图

锁相环由鉴相器(PD)、环路滤波器(LF)及压控振荡器(VCO)组成,如图 1.27 所示。模拟锁相环中,PD 是一个模拟乘法器,LF 是一个有源或无源低通滤波器。锁相环路是一个相位负反馈系统,PD 检测 $u_i(t)$与 $u_o(t)$之间的相位误差并进行运算形成误差电压 $u_d(t)$,LF 用来滤除乘法器输出的高频分量(包括和频及其他的高频噪声)形成控制电压 $u_c(t)$,在 $u_c(t)$的作用下,$u_o(t)$的相位向 $u_i(t)$的相位靠近。

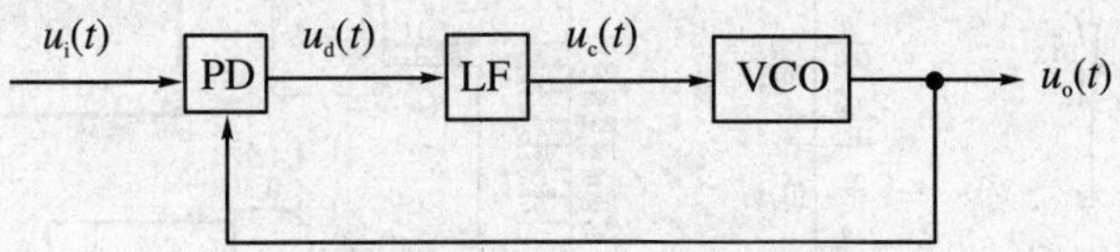

图 1.27 锁相环方框图

用于提取位同步信号的数字环有超前/滞后型数字环和触发器型数字环。TX 系列实验设备中的位同步器由控制器、触发器型数字锁相环及脉冲展宽器组成,数字锁相环包括鉴相器、量化器、数字环路滤波器、数控振荡器等单元。位同步模块原理框图如图 1.28 所示,电原理图如图 1.29 所示,其内部使用+5 V 电压。

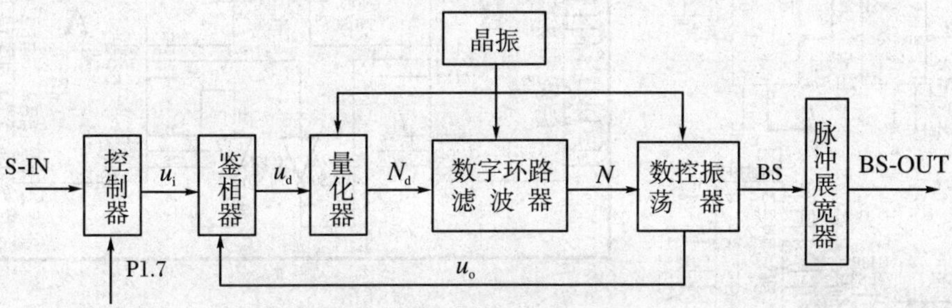

图 1.28 位同步器方框图

位同步模块上有以下信号测试点及输入输出点:

➢ S-IN:基带信号测试点/输入点;

➢ BS-OUT:位同步信号测试点/输出点。

图 1.28 中各单元与图 1.29 中的元器件的对应关系如下:

➢ 晶振——CRY3:晶体;U39:7404;

➢ 控制器——U48B:或门 7432;U41:计数器 74190;

➢ 鉴相器——U40:D 触发器 7474;

➢ 量化器——U45:可编程定时器/计数器 8254;

➢ 数字环路滤波器——由单片机软件完成;

➢ 数控振荡——U46,U45:可编程定时器/计数器 8254;

➢ 脉冲展宽器——U47A：单稳态触发器 74123。

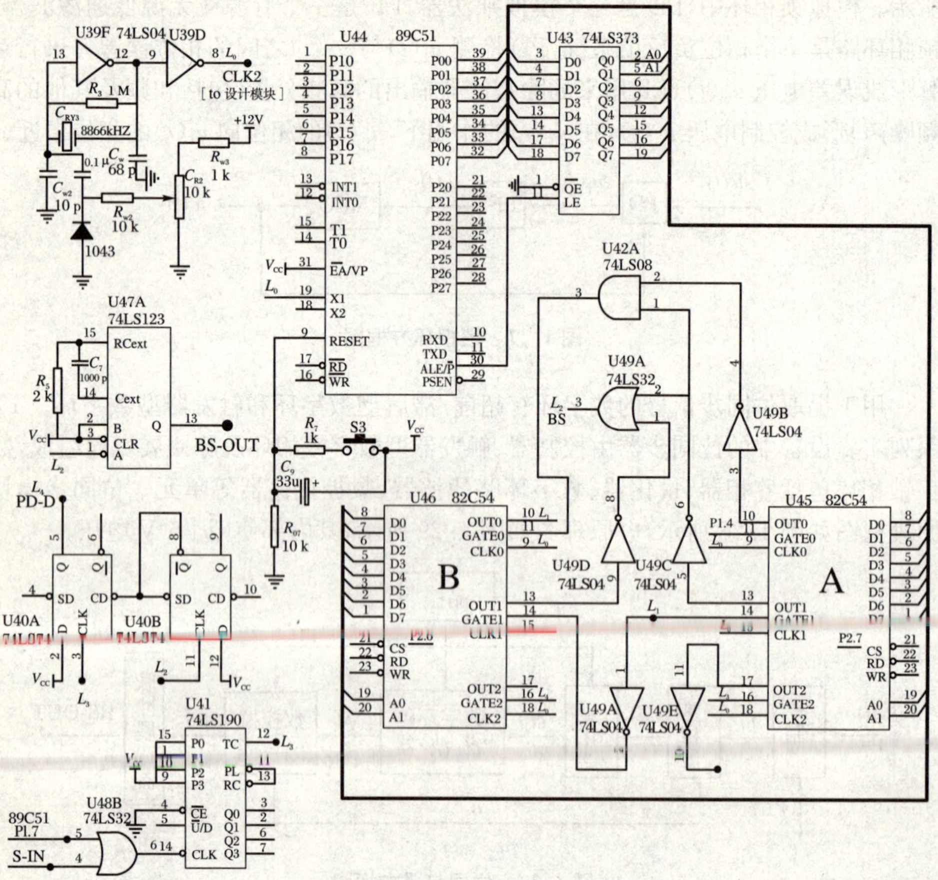

图 1.29　位同步模块电路原理

下面介绍位同步器的工作原理。

数字锁相环是一个单片机系统，主要器件是单片机 89C51 及可编程计数器 8254。环路中使用了两片 8254，共六个计数器，分别表示为 8254A0，8254A1，8254A2，8254B0，8254B1，8254B2。它们分别工作在 M0，M1，M2 三种工作模式：M0 为计数中断方式，M1 为单稳方式，M2 为分频方式。除地址线、数据线外，每个 8254 芯片还有时钟输入端 C、门控信号输入端 G 和输出端 O。

数字鉴相器电原理图及波形图如图 1.30(a)和(b)所示。量化器把相位误差变为多进制数字信号，它由工作于 M0 方式、计数常数为 $N0$ 的 8254B2 完成（$N0$ 为一个码元宽度的量化级数，此处 $N0=52$）。数字环路滤波器由软件完成。可采用许多种软件算法，一种简单有效的算法是对一组 N_d 作平均处理。

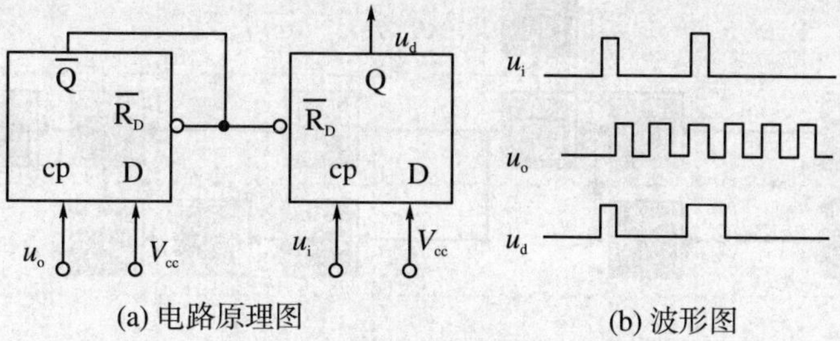

图 1.30　数字鉴相器

当位同步器输入信号的速率与数控振荡器的固有频率完全相同时，环路锁定后位同步器的输入信号与锁相环的反馈信号(即位同步信号)的相位关系是固定不变的。位同步器的输入信号速率取决于发送端的时钟频率，数控振荡器固有频率取决于位同步器的时钟频率。由于时钟信号频率稳定度是有限的，故这两个时钟信号的频率不可能完全相同，因此位同步器输入信号速率与数控振荡器固有频率不可能完全相等。数字环只有当输入信号的电平发生跳变时才可能对输入信号的相位和反馈信号的相位进行比较，从而调整反馈信号的相位。在两次相位调整的时间间隔内，反馈信号的相位相对于输入信号的相位是变化的，即数字环位同步器提取的位同步信号的相位是抖动的，即使输入信号无噪声也是如此。

显然，收发时钟频率稳定度越高，则位同步器输入信号的速率与数控振荡器的固有频率之差就越小，提取的位同步信号的相位抖动范围越小。反之，对同步信号的相位抖动要求越严格，则收发时钟的频率稳定度也应越高。

另外，环路输入信号电平变化频率越低，位同步信号同步抖动越大。若环路输入信号是单极性非归零码，则连“1”或连“0”码越多，越不利于提取位同步信号。允许连“1”或连“0”码的个数取决于数字环的同步保持时间 t_c(t_c的定义是：环路不受控后，同步误差能保持在允许范围内的最长时间)。

四、实验内容

(一) 仿真实验

根据载波同步原理，用 SystemView 创建如图 1.31 所示的仿真电路图，说明各个图符的设置参数，观察系统中各信号的波形并对实验结果进行分析。

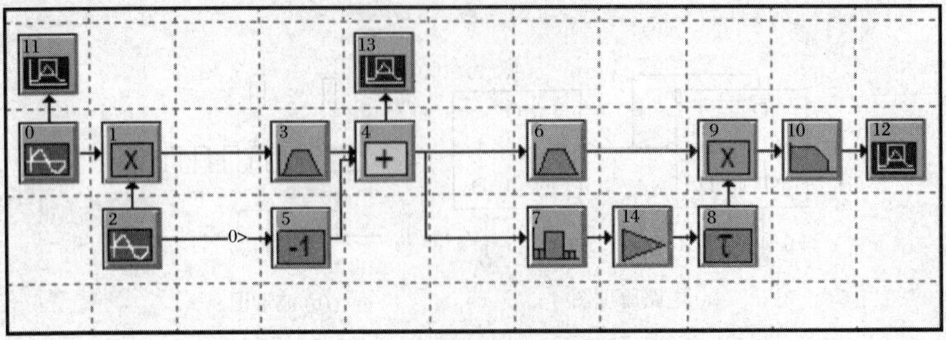

图 1.31　载波同步仿真电路图

（二）硬件实验

本实验使用数字信源模块、载波同步模块和位同步模块。

1. 熟悉载波同步模块和位同步模块工作原理。检查数字信源模块和数字调制模块是否正常工作[用示波器观察信源模块的 NRZ-OUT(AK)信号和调制模块的 2DPSK 信号之间逻辑关系正确与否]。将数字信源模块的 NRZ-OUT 信号用信号连线连接到位同步模块的 S-IN 点，接通实验箱电源。按几下位同步模块的复位键，确保位同步模块正常工作。

2. 用示波器观察载波同步模块锁相环的锁定状态及失锁状态，测量环路的同步带和捕捉带。

环路锁定时 U_d 形成的直流环路输入信号频率等于反馈信号频率(即 VCO 信号频率)。环路失锁时 U_d 为差拍电压，环路输入信号频率与反馈信号频率不相等。本环路输入信号频率等于 2DPSK 载频的两倍，即等于调制模块 CAR 信号频率的两倍。环路锁定时 VCO 信号频率等于相干载波信号 CAR-OUT 频率的两倍。所以环路锁定时调制模块的 CAR 和载波同步模块的 CAR-OUT 频率完全相等。

根据上述特点可判断环路的工作状态，具体实验步骤如下。

1. 打开电源后用示波器观察 U_d，若 U_d 为直流电压，则通过手工调节载波同步模块上的电位器 CR34，通过它人为改变 VCO 振荡回路中的电容量，即改变了 VCO 固有振荡频率，从而使得 U_d 直流电压随振荡回路电容量减小而减小，或随振荡回路电容量增大而增大(为什么？请思考)，这说明环路处于锁定状态。用示波器同时观察调制模块的 CAR 信号和载波同步模块的 CAR-OUT 信号，可以看到两个信号频率相等。若有频率计则可分别测量出 CAR 和 CAR-OUT 的频率。

2. 在锁定状态下，向任意一方向调节电位器 CR34，可使 U_d 由直流变为交流电压，CAR和CAR-OUT频率也不再相等，此时环路由锁定状态变为失锁状态。

接通电源后U_d也可能是差拍电压，表示环路已处于失锁状态。失锁时U_d的最大值和最小值就是锁定状态下U_d的变化范围（对应于环路的同步范围）。环路处于失锁状态时，调节电位器CR34使U_d的差拍频率降低，当频率降低到某一程度时U_d会突然变成直流电压，环路由失锁状态变为锁定状态。

3. 观察数字环的锁定状态和失锁状态。调整信源模块的K_1，K_2，K_3开关，使NRZ-OUT为01110010 11000000 00000000。将示波器置于外同步触发状态，用数字信源模块的FS信号作为示波器的外同步触发信号。将示波器的两个探头分别接信源模块的NRZ-OUT和位同步模块的BS-OUT。

调节位同步模块上的电位器CR2，观察数字环的锁定状态和失锁状态。

锁定时BS-OUT信号上升沿位于NRZ-OUT信号的码元中间且在很小范围内抖动；失锁时，BS-OUT的相位抖动比较大，本实验中抖动范围可能超出半个码元宽度。

4. 观察位同步信号抖动范围与位同步器输入信号连"1"码或连"0"码个数的关系。调节电位器CR2使环路锁定且BS-OUT信号相位抖动范围最小，调整信源模块的K_1，K_2，K_3，使每帧NRZ-OUT信号只有一个"1"码或只有一个"0"码，观察此时BS-OUT信号的相位抖动变化情况。

5. 观察位同步器的快速捕捉现象。调整信源模块的K_1，K_2，K_3开关，使NRZ-OUT还原为01110010 11000000 00000000并调节电位器CR2使BS-OUT信号的相位抖动最小。

手动按下复位键使锁相环路不工作，观察NRZ-OUT与BS-OUT信号之间的相位关系变化情况；再放开复位键使环路工作，观察快速捕捉现象（位同步信号BS-OUT的相位一步调整到位）。

五、实验报告

1. 画出实验所观察的各波形。
2. 根据实验结果，写出本次实验的心得体会以及对本次实验的改进意见。

六、预习要求

1. 总结锁相环锁定状态及失锁状态的特点。
2. 由公式

$$\omega_n=\sqrt{\frac{K_d K_o}{(R_{25}+R_{68})C_{11}}} \quad 及 \quad \zeta=\frac{R_{68}C_{11}}{2}\omega_n$$

计算环路参数 ω_n 和 ζ,式中 $K_d=6$ V/rad, $K_o=2\pi\times18$ rad/s;$R_{25}=2\times10^4$ Ω, $R_{68}=5\times10^3$ Ω, $C_{11}=2.2\times10^{-6}$ F。而 $f_n=\omega_n/(2\pi)$ 应远小于码速率,ζ 应大于 0.5。

3. 数字环位同步器的同步抖动范围随发端和收端的时钟稳定度降低而增大,试定性解释此现象。

七、思考题

1. 数字环位同步器输入 NRZ 码的连"1"码或连"0"码个数增加时,提取的位同步信号相位抖动增大,试定性解释此现象。

2. 若数字锁相环位同步器输入信号为 RZ 码,试分析连"1"码和连"0"码的长度与位同步信号相位抖动范围的关系。

3. 若将 AMI 码或 HDB3 码整流后作为数字环位同步器的输入信号,能否提取出位同步信号?为什么?对这两种码的信息代码中连"1"码个数有无限制?对 AMI 码的信息代码中连"0"码个数有无限制?对 HDB3 码的信息代码中连"0"码个数有无限制?为什么?

实验五 帧 同 步

一、实验目的

1. 掌握巴克码识别原理。
2. 掌握同步保护原理。

二、实验仪器

通信原理实验箱 TX-6B,示波器。

三、实验原理

在时分复用通信系统中,为了正确地传输信息,必须在信息码流中插入一定数量的帧同步码,可以集中插入,也可以分散插入。本实验系统中帧同步识别码为七位巴克码，集中插入到每帧的第二至第八个码元位置上。帧同步模块的原理框图如图 1.32 所示，电原理图如图 1.33 所示，其内部只使用+5 V 电压。

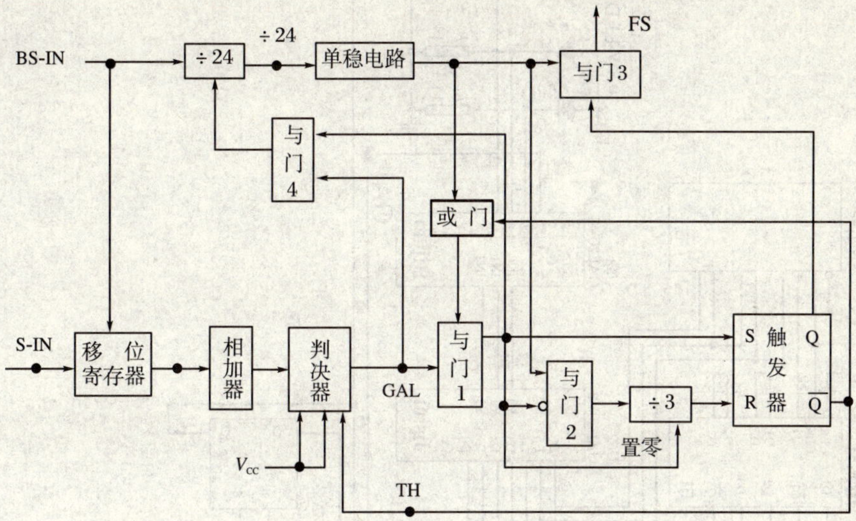

图 1.32　帧同步模块原理框图

本模块有以下测试点及输入输出点：

➢ S-IN：数字基带信号输入点（两个）；

➢ BS-IN：位同步信号输入点（两个）；

➢ GAL：巴克码识别器输出信号测试点；

➢ ÷24：二十四分频器输出信号测试点；

➢ TH：判决门限电平测试点；

➢ FS：帧同步信号测试点。

图 1.32 中各单元与图 1.33 的电路板上元器件的对应关系如下：

➢ ÷24 分频器——U60，U61：计数器 4017；U58C，U58E：或门 4071；

➢ 移位寄存器——U50，U51：四位移位寄存器 74175；

➢ 相加器——U52：可编程逻辑器件 GAL20V8；

➢ 与门 3——U56D：与门 7408；

➢ 与门 4——U56B：与门 7408；

➢ 或门——U58A：或门 4071；

➢ ÷3 分频器——U54：计数器 4017；

➢ 触发器——U55：JK 触发器 4027。

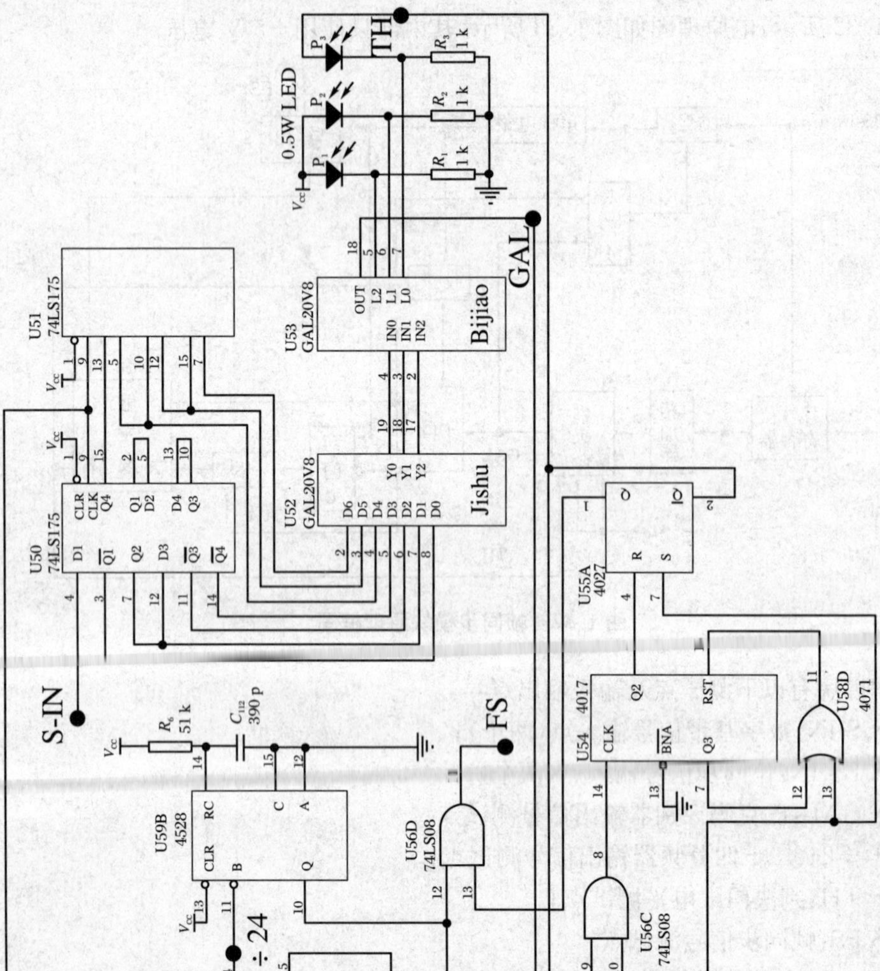

图1.33 帧同步模块电原理图

从总体上看，本模块可分为巴克码识别器及同步保护两部分。巴克码识别器包括移位寄存器、相加器和判决器，图 1.32 中的其余部分完成同步保护功能。

移位寄存器由两片 74175 组成，移位时钟信号是位同步信号。当七位巴克码全部进入移位寄存器时，U50 的 Q1，Q2，Q3，Q4 及 U51 的 Q2，Q3，Q4 都为 1，它们输入到相加器 U52 的数据输入端 D0～D6，U52 的输出端 Y0，Y1，Y2 都为 1，表示输入端为七个 1。*Y2Y1Y0*＝100 时，表示输入端有四个 1，依此类推。*Y2Y1Y0* 的不同状态表示了 U52 输入端为 1 的个数。判决器 U53 有六个输入端。IN2，IN1，IN0 分别与 U52 的 Y2，Y1，Y0 相连，L2，L1，L0 与判决门限控制电压相连，L2，L1 已设置为 1，而 L0 由同步保护部分控制，可能为 1 也可能为 0。在帧同步模块电路中有三个发光二极管指示灯 P_1，P_2，P_3 与判决门限控制电压相对应，即从左到右与 L2，L1，L0 一一对应，灯亮对应 1，灯熄对应 0。判决电平测试点 TH 就是 L0 信号，它与最右边的指示灯 P_3 状态相对应。当 *L2L1L0*＝111 时门限为 7，三个灯全亮，TH 为高电平；当 *L2L1L0*＝110 时门限为 6，P_1 和 P_2 亮，而 P_3 灭，TH 为低电平。当 U52 输入端为 1 的个数(即 U53 的 *IN2IN1IN0*)大于或等于判决门限 *L2L1L0* 时，识别器就会输出一个脉冲信号。

当基带信号里的帧同步码无错误时(七位全对)，只要把位同步信号和数字基带信号输入给移位寄存器，识别器就会有帧同步识别信号 GAL 输出，各种信号波形及时序关系如图 1.34 所示，GAL 信号的上升沿与最后一位帧同步码的结束时刻对齐。图中还给出了÷24 信号及帧同步器最终输出的帧同步信号 FS-OUT，FS-OUT 的上升沿稍迟后于 GAL 的上升沿。

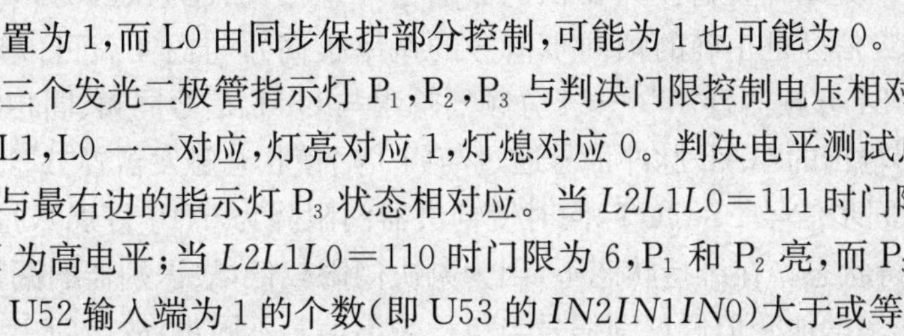

图 1.34　帧同步器信号波形

÷24 信号是将位同步信号进行二十四分频得到的，其周期与帧同步信号的周期相同(因为一帧二十四位是确定的)，但其相位不一定符合要求。当识别器输出一个 GAL 脉冲信号(即捕获到一组正确的帧同步码)时，在 GAL 信号和同步保护器的作用下，÷24 电路置“0”，从而使输出的÷24 信号下降沿与 GAL 信号的上升沿对齐。÷24 信号再送给后级的单稳电路，单稳设置为下降沿触发，其输出信号的上升沿比÷24 信号的下降沿稍有延迟。

同步器最终输出的帧同步信号FS是由同步保护器中的与门三对单稳输出信号及状态触发器的Q端输出信号进行“与”运算得到的。

电路中同步保护器的作用是减小假同步和漏同步。

当无基带信号输入(或虽有基带信号输入但相加器输出低于门限值)时,识别器没有输出(即输出为0),与门1关闭,与门2打开;单稳输出信号通过与门2后输入到÷3电路,÷3电路的输出信号使状态触发器置“0”,从而关闭与门3;同步器无输出信号,此时Q的高电平把判决器的门限置为7(P_3灯亮)且关闭或门并打开与门1,同步器处于捕捉态。只要识别器输出一个GAL信号(因为判决门限比较高,这个GAL信号是正确的帧同步信号的概率很高),与门4就可以输出一个置“0”脉冲使÷24分频器置“0”(÷24分频器输出与GAL信号同频、同相的的周期信号)。识别器输出的GAL脉冲信号通过与门1后使状态触发器置“1”,从而打开与门3,输出帧同步信号FS-OUT,同时使判决器门限降为6(P_3灯熄),打开或门,同步器进入维持状态。在维持状态下,因为判决门限较低,故识别器的漏识别概率减小,假识别概率增加。但假识别信号与单稳输出信号不同步,故与门1和4不输出假识别信号,从而使假识别信号不影响÷24电路的工作状态;与门3输出的仍是正确的帧同步信号。实验中可根据判决门限指示灯P_3判断同步器处于何种状态:P_3亮为捕捉态,P_3熄为同步态。

在维持状态下,识别器也可能出现漏识别。但由于漏识别概率比较小,所以连续几帧出现漏识别的概率更小。只要识别器不连续出现三次漏识别,则÷3电路不输出脉冲信号,维持状态保持不变;若识别器连续出现三次漏识别,则÷3电路输出一个脉冲信号,使维持状态变为捕捉态,重新捕捉帧同步码。

不难看出,若识别器第一次输出的脉冲信号为假识别信号(即首次捕获到的是信息数据中与帧同步码完全相同的码元序列),则系统将进入错误的同步维持状态。由于本实验系统是连续传输以一帧为周期的周期信号,所以此状态将维持下去。但在实际的信息传输中不会连续传送这种周期信号,因此连续几帧都输出假识别信号的概率极小。所以这种错误的同步维持状态存在的时间是短暂的。

当然,同步保护器中的÷3电路的分频比也可以设置为其他值,此值越大,在维持状态下允许的识别器的漏识别概率也越大。在维持态下对同步信号实施的保护措施称为前方保护,在捕捉态下实施的同步保护措施称为后方保护。本同步器中捕捉态下的高门限属于后方保护措施之一,它可以减少假同步概率。当然,还可以采取其他电路措施进行后方保护。低门限及÷3电路属于前方保护,它可以保护已建立起来的帧同步信号,避免识别器偶尔出现的漏识别造成帧同步器丢失帧同步信号(即减少漏同步概率)。同步器中的其他保护电路用来减少维持态下的假同步概率。

四、实验内容

(一) 仿真实验

根据帧同步原理,用 SystemView 创建如图 1.35 所示的仿真电路图,说明各个图符的设置参数,观察系统中各信号的波形并对实验结果进行分析。

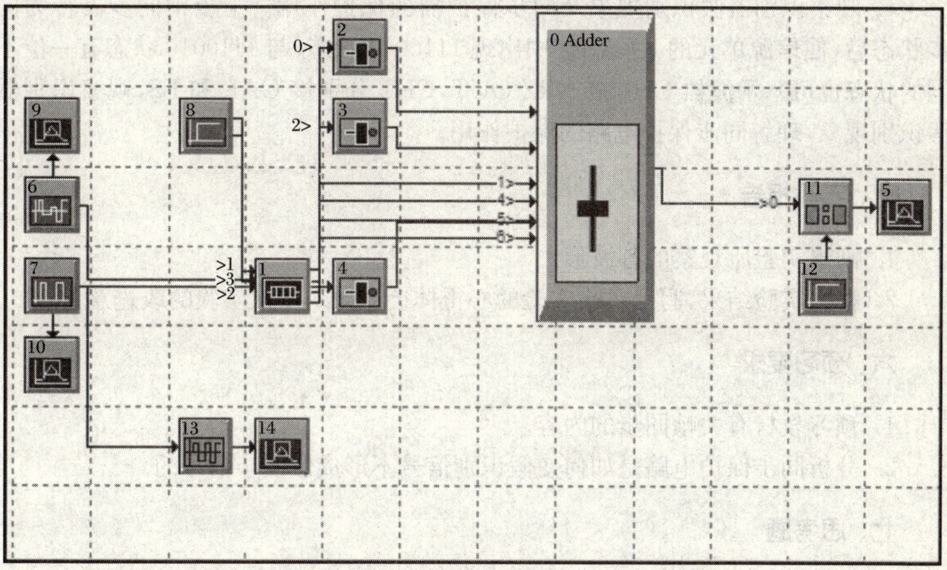

图 1.35　巴克码识别器仿真电路图

(二) 硬件实验

1. 熟悉帧同步单元的工作原理,将信源单元的 NRZ-OUT,BS-OUT 用信号连线分别与帧同步单元的 S-IN,BS-IN 对应相连,接通实验箱电源。

2. 观察同步器的维持态(同步态)。将数字信源单元的 K_1(左边的八位微动开关)置于×1110010 状态(1110010 为帧同步码,×是无定义位,可任意置"1"或置"0")、K_2 置为 10000000 状态、K_3 则置为全 0 状态;示波器 CH1 接信源单元的 NRZ-OUT,CH2 分别接帧同步单元的 GAL,÷24,TH 及 FS,观察并纪录上述信号波形以及与 NRZ-OUT 的相位关系(TH 为零电平,帧同步模块的 P_3 指示灯熄,P_1,P_2 亮,表示识别门限为 6)。使信源的帧同步码(K_1 的第二位到第八位)中错一位,重新观察上述信号,此时 GAL,÷24,TH,FS 应不变。使信源帧同步码再错一位重作上述观察。(此时同步器应转入捕捉态,仅÷24 波形不变,请根据原理框图分析思考此过程)。

3. 观察同步器的捕捉态(失步态)。上步中电路已经由同步态变为捕捉态,示波器仍观察÷24 信号，此时断开电源再接通电源，可看到÷24 波形的下降沿已不再对准第一个数据位（相位随机），观察其他信号可见 TH 为高电平，FS 无输出。将信源 K_1 从刚才错两位状态还原为仅错一位状态，观察÷24 信号相位是否变化；再将信源 K_1 还原为正确的帧同步码（×1110010），观察÷24 信号相位是否变化。分析÷24 信号相位变化原因，从而理解同步器从失步态转为同步态的过程。

4. 观察识别器假识别现象及同步保护器的保护作用。上步中同步器转为同步状态后，使信源单元的 K_2 或 K_3 中出现 1110010 状态（与 1110010 状态有一位不同的状态也可），示波器 CH1 接 NRZ-OUT，CH2 分别接 GAL 和 FS，观察识别器假识别现象，理解同步保护电路的保护作用。

五、实验报告

1. 画出实验所观察的各波形。
2. 根据实验结果，写出本次实验的心得体会以及对本次实验的改进意见。

六、预习要求

1. 预习教材有关帧同步的内容。
2. 分析同步保护电路是如何使假识别信号不形成假同步信号的。

七、思考题

1. 根据实验结果，画出同步器处于同步状态及失步状态时各点的波形。
2. 本实验中同步器由同步态转为捕捉态时÷24 信号相位为什么不变？

实验六　PCM 编 译 码

一、实验目的

1. 掌握 PCM 编译码原理。
2. 掌握同步时分复用 PCM 基带信号的复接和分接原理。
3. 了解语音信号 PCM 编译码系统频率特性的定义及测量方法。

二、实验仪器

通信原理实验箱 TX-6B，示波器，信号发生器。

三、实验原理

(一) 点到点 PCM 多路电话通信原理

脉冲编码调制(PCM)技术与增量调制(ΔM)技术已经在数字通信系统中得到了广泛应用。当信道噪声比较小时一般用 PCM,否则一般用 ΔM。目前在速率为 155 Mbps 以下的准同步数字系列(PDH)中,国际上存在 A 律和 μ 律两个 PCM 数字复接系列;速率在 155 Mbps 以上的同步数字系列(SDH)中,将这两个系列统一起来,在同一个等级上两个系列的速率相同。而 ΔM 在国际上无统一标准,但它在通信环境比较恶劣时可显示出巨大的优越性。

点到点 PCM 多路电话通信原理可用图 1.36 表示。对于基带通信系统,广义信道包括传输媒质、收滤波器、发滤波器等;对于频带系统,广义信道包括传输媒质、调制器、解调器、发滤波器、收滤波器等。

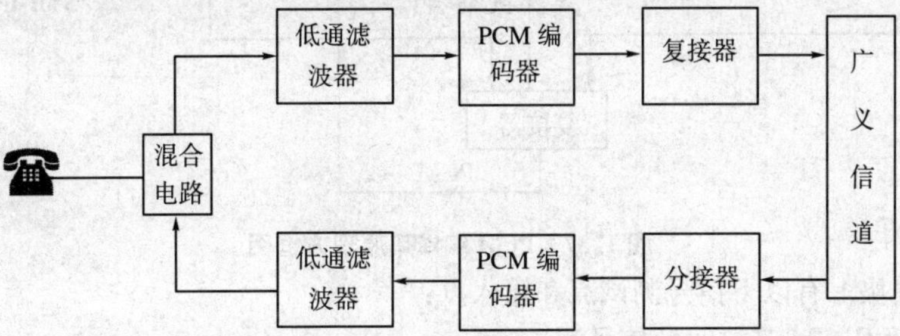

图 1.36 点到点 PCM 多路电话通信原理框图

本实验采用 PCM 编译码模块传输两路音频正弦信号或两路话音信号。PCM 编译码模块的核心器件是 TP3057 编译码器,它包括了图 1.36 中的收端和发端的低通滤波器及 PCM 编码器和 PCM 译码器。编码器输入信号可以是本实验模块内部产生的正弦信号,也可以是外部信号源的正弦信号或话音信号。本实验模块中不含电话机和混合电路,广义信道是理想的,即将复接器输出的 PCM 信号直接送给分接器。

(二) PCM 编译码模块原理

本模块的原理方框图如图 1.37 所示,电路原理图如图 1.38 所示,模块内部使用+5 V 和-5 V 电压,其中-5 V 电压由-12 V 电源经 7905 变换得到。

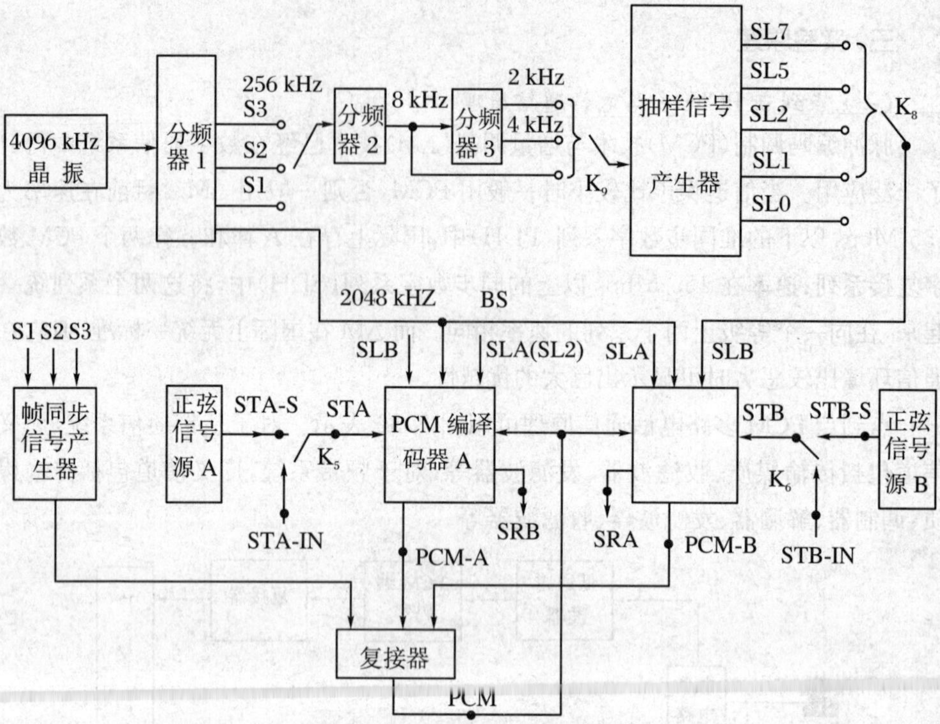

图 1.37 PCM 编译码原理方框图

该模块上有以下信号测试点和输入点：

➢ BSP：CM 基群时钟信号测试点；

➢ SL0P：CM 基群第 0 个时隙同步信号测试点；

➢ SLA：信号 A 的抽样信号，即时隙同步信号测试点；

➢ SLB：信号 B 的抽样信号，即时隙同步信号测试点；

➢ SRB：信号 B 译码器输出信号测试点；

➢ STA：输入到编码器 A 的信号测试点；

➢ SRA：信号 A 译码器输出信号测试点；

➢ STB：输入到编码器 B 的信号测试点；

➢ PCM：时分复用 PCM 信号测试点；

➢ PCM-A：信号 A 编码结果测试点；

➢ PCM-B：信号 B 编码结果测试点；

➢ STA-IN：外部音频信号 A 输入点；

➢ STB-IN：外部音频信号 B 输入点。

本模块有多个设定开关：开关 K_5，K_6 用来选择两个编码器的输入信号，开关手柄处于左边（STA-IN，STB-IN）时选择外部信号，处于右边（STA-S，STB-S）时选择模块内部音频正弦信号；开关 K_8 用来选择 SLB 信号，它可以为时隙同步信号 SL1，SL2，SL5，SL7 中的任何一个；开关 K_9 用来选择抽样频率，可为 8 kHz，4 kHz 或 2 kHz 中的任何一种。图 1.37 各单元与图 1.38 中元器件之间的对应关系如下：

➢ 晶振——U75：非门 74LS04；CRY1：4096 kHz 晶体；

➢ 分频器 1——U78A：D 触发器 74LS74；U79：计数器 74LS193；

➢ 分频器 2——U80：计数器 74LS193；U78：B：D 触发器 74LS74；

➢ 分频器 3——U91：D 触发器 74LS74；

➢ 抽样信号产生器——U81：单稳态触发器 74LS123；U76：移位寄存器 74LS164；

➢ PCM 编译码器 A——U82：PCM 编译码集成电路 TP3057；

➢ PCM 编译码器 B——U83：PCM 编译码集成电路 TP3057；

➢ 帧同步信号产生器——U77：八位数据产生器 74HC151；U86D：与门 7408；

➢ 正弦信号源 A——U86D，U86A：运算放大器 LM324；

➢ 正弦信号源 B——U86B，U86C：运算放大器 LM324；

➢ 复接器——U85：或门 74LS32。

晶振、分频器 1、分频器 2 及抽样信号（时隙同步信号）产生器构成一个定时器，为两个 PCM 编译码器提供 2.048 MHz 的时钟信号和 8 kHz 的时隙同步信号。在实际通信系统中，译码器的时钟信号（即位同步信号）及时隙同步信号（即路同步信号）应从接收到的数据流中提取。此处将同步器产生的时钟信号及时隙同步信号直接送给译码器。

由于时钟频率为 2.048 MHz，故 PCM-A 及 PCM-B 的速率都是 2.048 Mbps。当抽样信号频率为 8 kHz 时，1 帧 PCM-A 或 1 帧 PCM-B 中有三十二个时隙，其中一个时隙为信号 A 或信号 B 的编码数据，另外三十一个时隙都是空时隙。

时分复用 PCM 信号速率也是 2.048 Mbps，当抽样信号频率为 8 kHz 时，一帧 PCM 中的三十二个时隙中有二十九个是空时隙，第零时隙为帧同步码（×1110010），第二时隙为信号 A 的编码结果，第一（或第五，或第七时隙由开关 K_8 控制）时隙为信号 B 的编码结果。

由于两个 PCM 编译码器只用一个时钟信号，所以可以对它们进行同步复接（即不需要进行码速调整）。又由于两个编码器输出数据处于不同时隙，故可对 PCM-A 和 PCM-B 进行线或。本模块中用或门 74LS32 对 PCM-A、PCM-B 及帧同步信号进行复接。在译码之前，不需要对 PCM 进行分接处理，译码器的时隙同步信号实际上起到了对信号分路的作用。

在通信工程中，主要用动态范围和频率特性来说明 PCM 编译码器的性能。

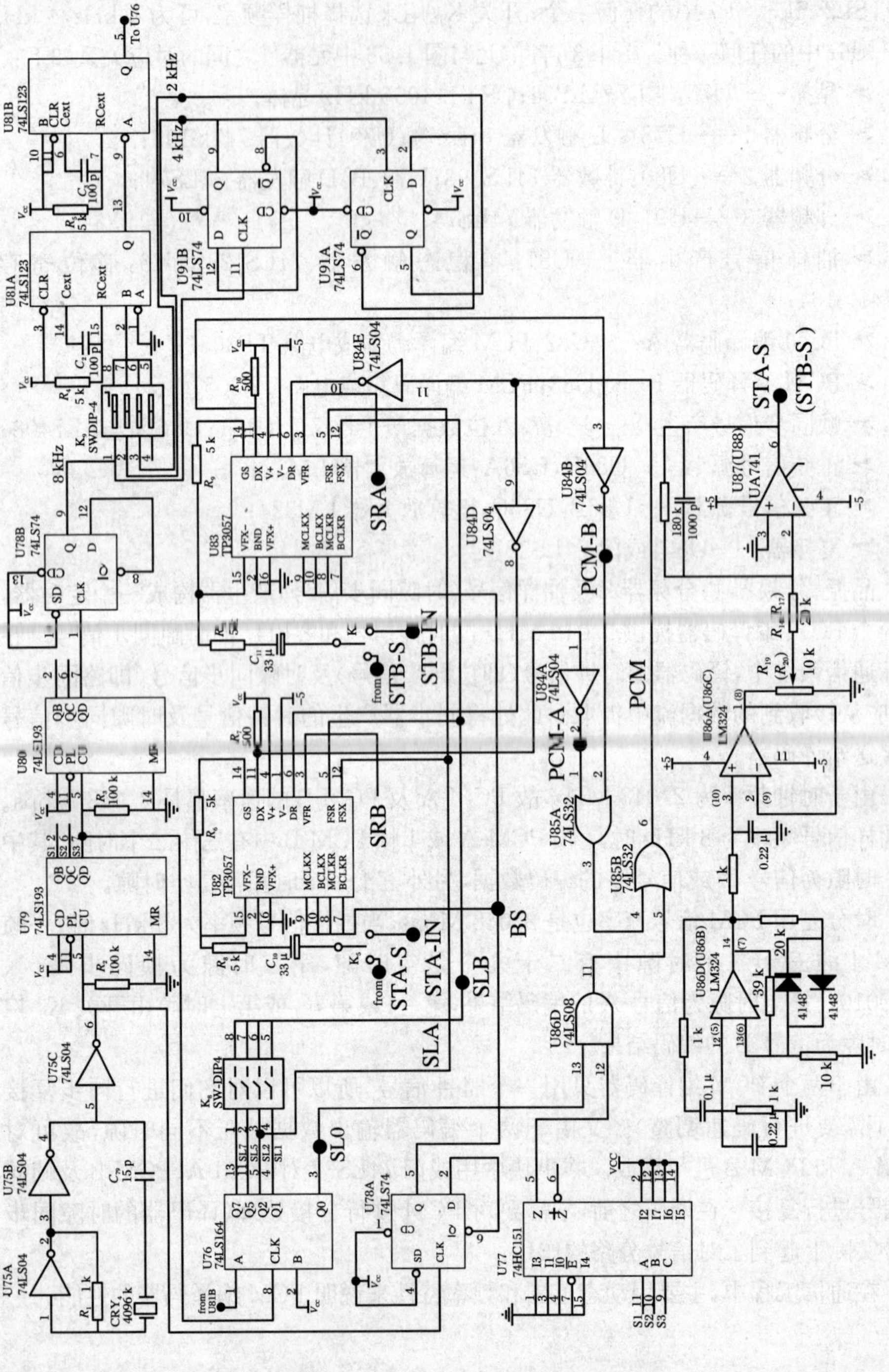

图1.38 PCM编译码原理电路方框

动态范围的定义是译码器输出信噪比大于 25 dB 时允许编码器输入信号幅度的变化范围。PCM 编译码器的动态范围应大于图 1.39 所示的 CCITT 建议框架(样板值),图中 dBm0 取 1 mW 作基准值,相对于零相对电平点的、以 dB 表示的信号绝对功率电平。

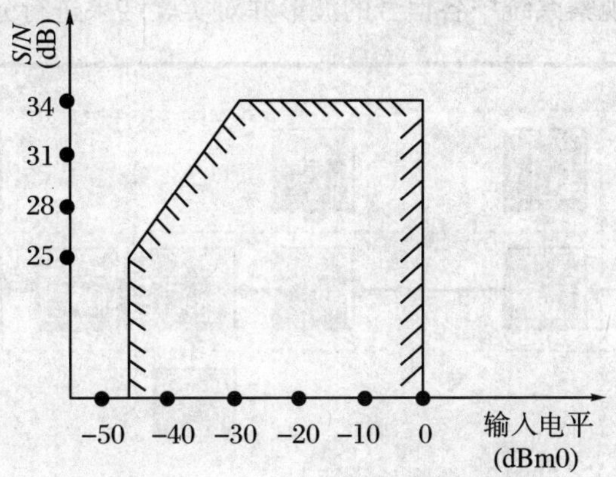

图 1.39 PCM 编译码系统动态范围样板值

当编码器输入信号幅度过大时,出现过载噪声,量化信噪比急剧下降;当编码器输入信号幅度过小时,由于信号功率太小而使量化信噪比小于 25 dB。TP3057 编译码系统不过载时输入信号的最大幅度为 $5V_{P\text{-}P}$。

由于采用对数压扩技术,PCM 编译码系统可以改善小信号的量化信噪比,TP3057 采用 A 律十三折线对信号进行压扩。当信号处于某一段落时,量化噪声不变(因在此段落内对信号进行均匀量化),因此在同一段落内量化信噪比随信号幅度减小而下降。十三折线压扩特性曲线将正负信号各分为八段,第一段信号最小,第八段信号最大。当信号处于第一、二段时,量化噪声不随信号幅度变化而变化。因此当信号太小时,量化信噪比会小于 25 dB,这就是动态范围的下限。TP3057 编译码系统动态范围内的输入信号最小幅度约为 $0.025V_{p\text{-}p}$。

常用 1 kHz 的正弦信号作为输入信号来测量 PCM 编译码器的动态范围。语音信号的抽样信号频率为 8 kHz,为了不发生频谱混叠,常将语音信号经截止频率为 3.4 kHz 的低通滤波器处理后再进行 A/D 处理。语音信号的最低频率一般为 300 Hz。TP3057 编码器的低通滤波器和高通滤波器决定了编译码系统的频率特性,当输入信号频率超过这两个滤波器的频率范围时,译码输出信号幅度迅速下降。这就是 PCM 编译码系统频率特性的含义。

四、实验内容

(一) 仿真实验

根据 PCM 原理，用 SystemView 创建如图 1.40 所示的仿真电路图，说明各个图符的设置参数，观察系统中各信号的波形并对实验结果进行分析。

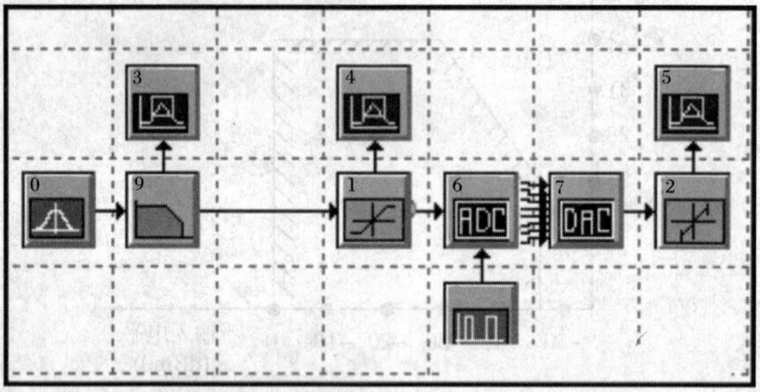

图 1.40　PCM 编码压缩与扩张仿真电路图

(二) 硬件实验

本实验使用 PCM 编译码模块。

1. 熟悉 PCM 编译码模块的工作原理，用开关 K_9 接通 8 kHz 抽样信号（即 K_9 置为 1000 状态），开关 K_8 置为 SL1（或 SL5、SL7），开关 K_5、K_6 分别置于 STA-S，STB-S 端，接通实验箱电源。

2. 将示波器置于内同步触发状态且设定 CH1 通道信号为内同步触发信号。用 CH1 通道分别观察 STA、STB，调节电位器 R_{20}（对应 STB），使正弦信号 STB 波形顶部不失真（峰峰值小于 5 V）。

3. 用示波器观察 PCM 译码器输出信号的量化噪声。示波器的 CH1 接 STA（或 STB），CH2 接 SRA（或 SRB），观察编码器输入信号和译码器输出信号波形的区别（注意观察译码输出信号的量化噪声，包括小信号量化噪声和大信号量化噪声）。

4. 用示波器观察 PCM 编码输出信号。示波器 CH1 接 SL0（调整示波器扫描周期以至少显示两个 SL0 脉冲，从而可以观察完整的一帧信号），CH2 依次接 SLA，PCM-A，SLB，PCM-B 以及 PCM，观察编码后的数据所处时隙位置与时隙同步信号的关系以及 PCM 信号的帧结构（注意：本实验的帧结构中有二十九个时隙是空时隙，SL0，SLA 及 SLB 的脉冲宽度等于一个时隙宽度）。开关 K_8 分别接通 SLB-1，2，5，7，观察 PCM 帧结构的变化情况。

5. 定量测试 PCM 编译码器的频率特性。频率特性测试框图如图 1.41 所示。将输入信号电压调至 $2V_{p\text{-}p}$左右，改变信号频率，测量译码输出信号幅度，将测试结果填入表 1.1。

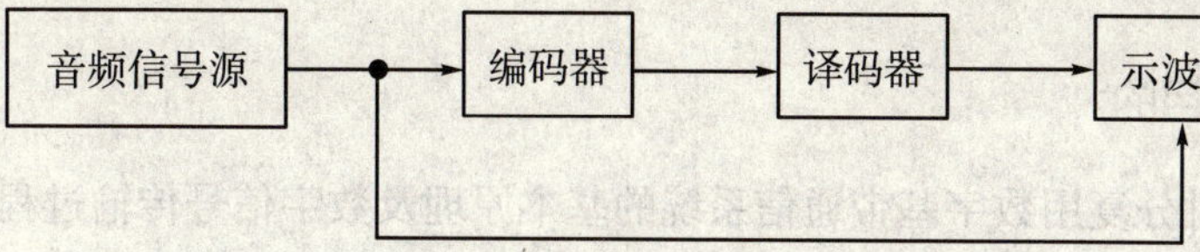

图 1.41 频率特性测试框图

表 1.1 译码输出信号的测试结果

输入信号频率(kHz)	4	3.8	3.6	3.4	3.0	2.5	2.0	1.5	1.0	0.5	0.3	0.2	0.1
输出信号幅度(V)													

五、实验报告

1. 画出实验所观察的波形，注意 PCM 帧结构的变化情况。
2. 根据实验结果，比较两路输入输出信号的差异。

六、预习要求

1. 预习教材有关脉冲编码调制 PCM 的内容。
2. 分析 PCM 编译码器的硬件实现电路，掌握它的调整测试方法。

七、思考题

1. 根据实验结果说明译码器输出信号波形与编码器输入信号波形有何区别？译码器输出信号的噪声与信号幅度有何关系？

2. 整理实验记录，画出量化信噪比与编码器输入信号幅度之间的关系曲线以及译码输出信号幅度与编码输入信号频率之间的关系曲线。

实验七　时分复用数字基带通信系统

一、实验目的

1. 掌握时分复用数字基带通信系统的基本原理及数字信号传输过程。
2. 掌握位同步信号抖动、帧同步信号错位对数字信号传输的影响。
3. 掌握位同步信号、帧同步信号在数字分接中的作用。

二、实验仪器

通信原理实验箱 TX-6B,示波器。

三、实验原理

本实验需要使用数字终端模块,下面先介绍数字终端模块工作原理,再介绍数字基带通信系统原理。

(一) 数字终端模块工作原理

数字终端模块原理框图如图 1.42 所示,电原理图如图 1.43 所示。它输入单极性非归零信号 S-IN、位同步信号 BS-IN 和帧同步信号 FS-IN,把两路数据信号从时分复用信号中分离出来,输出两路串行数据信号和两个八位的并行数据信号。两个并行信号驱动十六个发光二极管,左边八个发光二极管显示第一路数据,右边八个发光二极管显示第二路数据,二极管亮状态表示“1”码,熄灭状态表示“0”码。两个串行数据信号速率为数字源输出信号速率的 1/3。

在数字终端模块中,有以下信号测试点及输入点:

➢ S-IN:时分复用基带信号输入点;
➢ SD:延迟后的时分复用信号测试点;
➢ BD:延迟后的位同步信号测试点;
➢ FD:整形后的帧同步信号测试点;
➢ D1:分接后的第一路数字信号测试点;
➢ B1:第一路数据的时钟信号测试点;
➢ F1:第一路信号的路同步信号测试点;
➢ D2:分接后的第二路数字信号测试点;
➢ B2:第二路数据的时钟信号测试点;
➢ F2:第二路信号的路同步信号测试点。

图 1.42 中各单元与图 1.43 中元器件对的应关系如下：

➢ 延迟电路 1——U63：单稳态多谐振荡器 4098(4528)；

➢ 延迟电路 2——U62A：D 触发器 4013；

➢ 整形电路——U64A：单稳态多谐振荡器 4098(4528)；U62：B：D 触发器 4013；

➢ 延迟电路 3——U67，U68，U69：移位寄存器 40174；

➢ ÷3——U72：十进制计数器/脉冲分配器 4017；U73：C：与门 4081；U74：D：或门 4071；

➢ 分接与串并变换器——U65，U70：八级移位寄存器 4094；

➢ 并串变换器——U66，U71：八级移位寄存器 4021；

➢ 显示电路——三极管 9013；发光二极管。

延迟电路 1、延迟电路 2、延迟电路 3、整形电路及÷3 等五个单元的输出信号如图 1.44 所示，这些信号的相位可以满足分接与串并变换器以及并串变换器的要求。

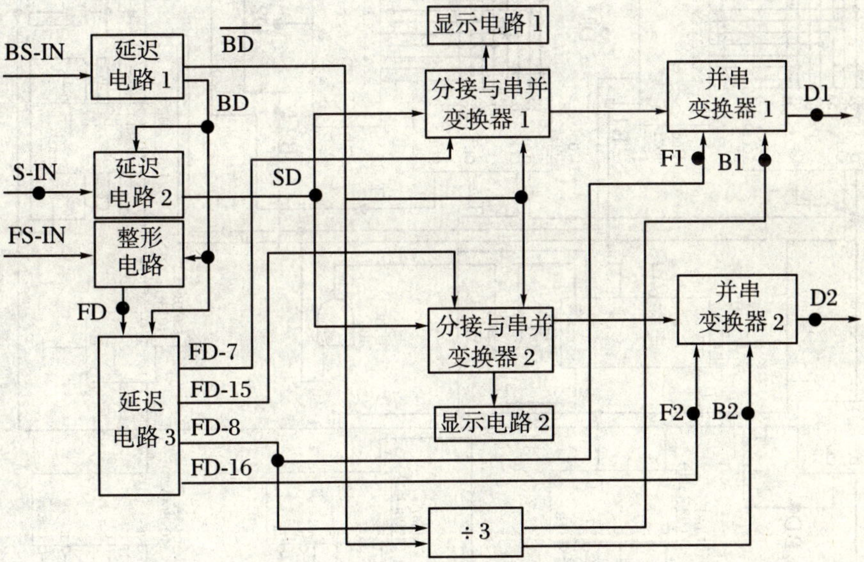

图 1.42　数字终端模块原理方框图

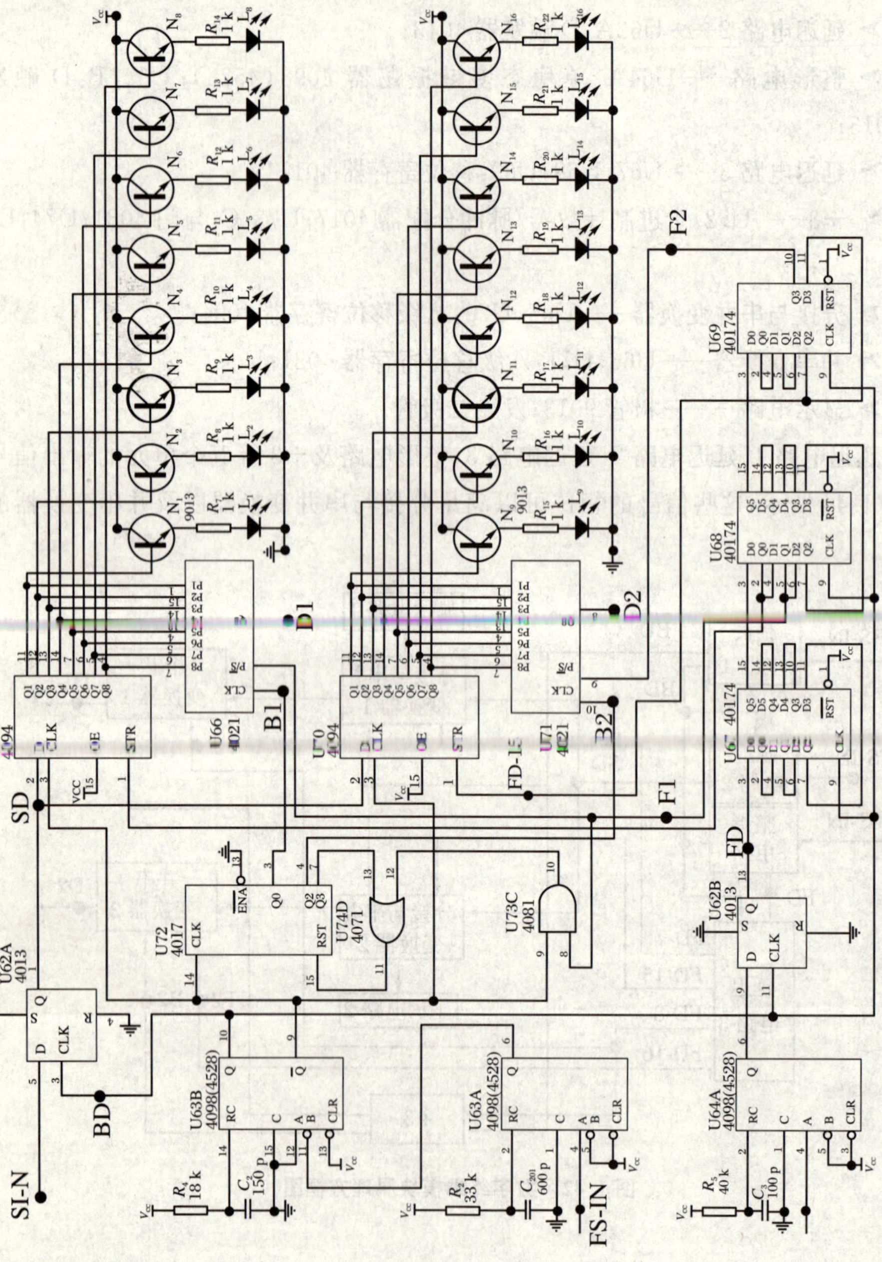

图1.43 数字终端模块电原理图

帧同步模块输出的帧同步脉冲信号宽度大于码元宽度且其上升沿滞后于位同步模块输出的位同步信号。将整形电路中的单稳态多谐振荡器设置为上升沿触发状态，其输出脉冲宽度略小于一个码元宽度，然后对此信号用延迟电路 1 输出的位同步信号 BD 进行抽样即得到图 1.44 所示的 FD 信号，它的脉冲宽度为一个码元宽度且上升沿与 BD 的上升沿对齐。延迟电路 1 由两个单稳态多谐振荡器构成，将其依次设置为上升沿触发状态和下降沿触发状态。输入信号 BS-IN 的延迟时间等于上升沿触发状态多谐振荡器输出的脉冲宽度。延迟电路 1 输出信号 BD 的脉冲宽度等于下降沿触发状态多谐振荡器输出的脉冲宽度，它的脉冲占空比小于 1/2。

延迟电路 2 是一个抽样电路，它的输出信号 SD 是一个单极性非归零码且其脉冲上升沿与 BD 信号脉冲上升沿对齐。÷3 单元将 BD 信号进行三分频，其输出信号 B1 和 B2，分别是第一路和第二路数据的时钟信号，它们的脉冲占空比为 1/3。

延迟电路 3 把 FD 延迟七、八、十五、十六个码元周期，可分别得到 FD-7，FD-15，FD-8(即 F1)和 FD-16(即 F2)四个帧同步信号(可分别称 F1 和 F2 为第一路数据和第二路数据的路同步信号)。在 FD-7 及 BD 的作用下，分接与串/并变换器 1 并从 SD 中分接出第一路数据信号且变为八位并行码。在 FD-15 和 BD 作用下，分接与串/并变换器 2 并从 SD 中分接出第二路数据信号且变为八位并行码。在 F1 及 B1 的作用下，并/串变换器 1 将第一路并行信号变为串行信号 D1；在 F2 及 B2 的作用下，并/串变换器 2 将第二路并行信号变为串行信号 D2。D1 信号和 D2 信号的速率为信源输出信号速率的 1/3。

U65，U70 输出的并行信号送给显示单元。根据数字信源和数字终端对应的发光二极管的状态，可以判断数据传输是否正确。

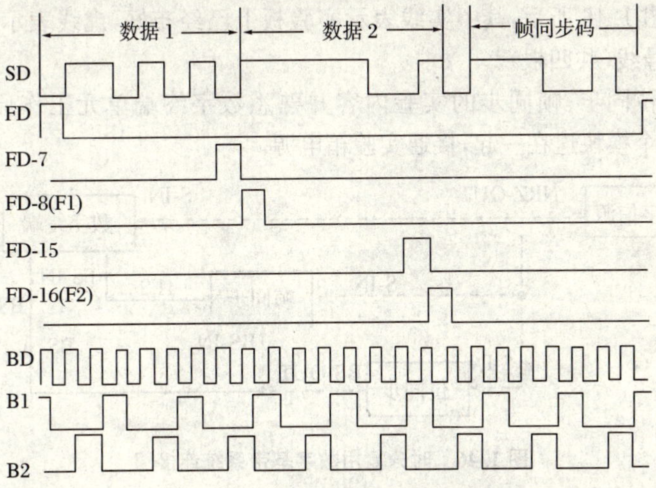

图 1.44 变换后的信号波形

应指出的是，当数字终端采用其他电路或分接出来的数据有其他要求时，对位同步信号及路同步信号的要求将有所不同。但不管采用什么电路，都需要符合某种相位关系的路同步信号和位同步信号才能正确分接出时分复用的各路信号。

（二）时分复用数字基带通信系统

图 1.45 为时分复用数字基带通信系统原理图。复接器输出时分复用单极性不归“0”码（NRZ 码），码型变换器将 NRZ 码变为适于信道传输的传输码（如 HDB3 码等）。发滤波器主要用来限制基带信号频带，收滤器可以滤除一部分噪声，同时与发滤波器、信道一起构成无码间串扰的基带传输特性。复接器和分接器都需要位同步信号和帧同步信号。

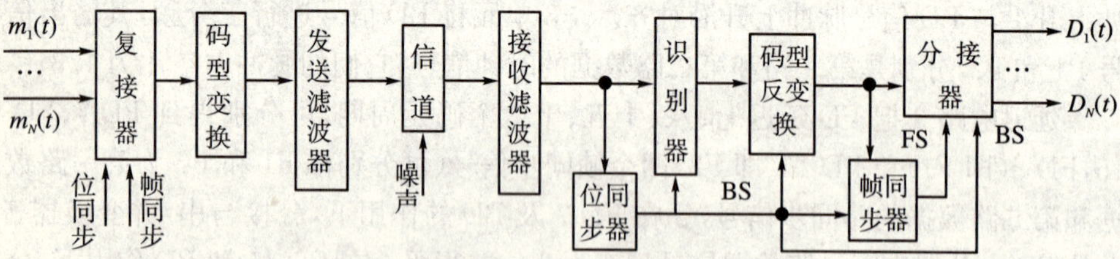

图 1.45　时分复用数字基带通信系统原理图

本实验中复接路数 $N=2$，信道是理想的，即相当于将发滤波器输出信号无失真地传输到收滤波器。为简化实验设备，收、发滤波器被省略掉。

四、实验内容及步骤

本次实验使用数字信源、位同步、帧同步、数字终端这四个单元。它们的信号连接关系如图 1.46 所示，其中实线表示实验板上已经布好，虚线表示实验中要手工连接的信号线（共四根）。

1. 复习位同步、帧同步的实验内容并熟悉数字终端单元工作原理，按照图 1.46 将这四个模块连在一起，接通实验箱电源。

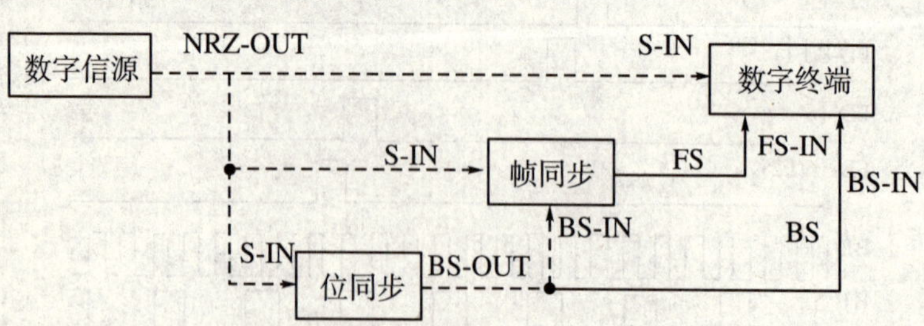

图 1.46　时分复用数字基带系统连接图

2. 用示波器 CH1 观察数字信源单元 NRZ-OUT 波形，判断信源单元是否正常工作。

3. 用示波器 CH2 观察位同步单元 BS-OUT，调节位同步单元的可变电容，使位同步信号 BS-OUT 对准信源的 NRZ 信号中间位置并且相位抖动最小。

4. 将数字信源单元的 K_1 置于×1110010，用示波器 CH2 观察帧同步单元 FS 信号与信源 NRZ 信号的相位关系，判断帧同步单元是否正常工作。

5. 当位同步单元和帧同步单元已正确地提取出位同步信号和帧同步信号时，通过发光二极管观察两路 8 b 数据已正确地传输到收终端。

6. 用示波器观察分接出来的两路 8 b 周期信号 D1（对应位同步 B1）和 D2（对应 B2）。

7. 观察位同步抖动对数据传输的影响。用示波器观察数字终端单元的 D1 或 D2 信号，然后缓慢调节位同步单元上的可变电容 C_2（增大位同步抖动范围），观察 D1 或 D2 信号波形变化情况和发光二极管的状况（C_2 在某一范围变化时，D1 或 D2 无误码；C_2 变化太大时出现误码）。

8. 观察帧同步对数据传输的影响。还原位同步单元到正确的状态，将数字信源单元的 K_1 置为 1110010X，观察数字终端分接出来的两路信号和数字信源单元的对应关系并分析原因。

五、实验报告

1. 画出数字基带输出系统仿真电路图。

2. 根据实验结果，画出数据终端各测量点的波形图，注意对应关系。

六、预习要求

1. 预习教材有关时分复用基带通信系统的内容，掌握数字基带通信系统的组成。

2. 分析数字终端模块中串/并变换和并/串变换电路的工作原理。

七、思考题

1. 本实验系统中，为什么位同步信号在一定范围内抖动时并不发生误码？位同步信号的这个抖动范围大概为多少？在图 1.43 所示的实际通信系统中是否也存在此现象？

2. 帧同步信号在对复用数据进行分接时起何作用，用实验结果加以说明。

实验八　时分复用 2DPSK 和 2FSK 通信系统

一、实验目的

1. 掌握时分复用 2DPSK 通信系统的基本原理。
2. 掌握时分复用 2FSK 通信系统的基本原理。

二、实验仪器

通信原理实验箱 TX-6B,示波器。

三、实验原理

图 1.47 给出了传输两路数字信号的时分复用 2DPSK 通信系统原理框图,将图中的 2DPSK 调制器和 2DPSK 解调器分别换为 2FSK 调制器和 2FSK 解调器并去掉载波同步信号 F12,即为时分复用 2FSK 通信系统。图中 $m(t)$ 为时分复用数字基带信号,为 NRZ 码,发滤波器及收滤波器的作用与基带系统类似。为便于用示波器观察数字信号的传输过程,本实验假设信道是理想的且收发端都无滤波器。

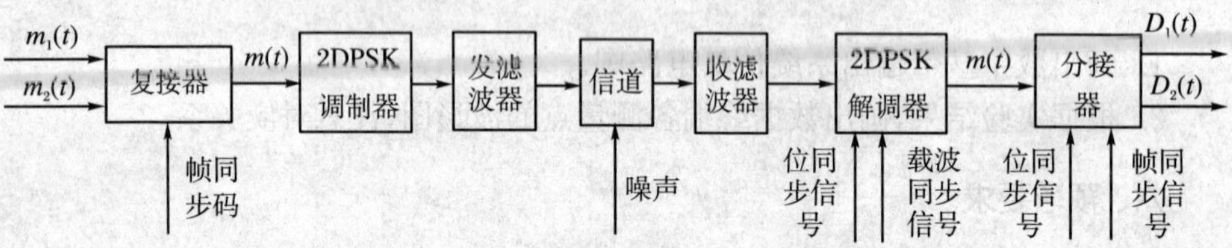

图 1.47　2DPSK 时分复用通信系统

四、实验内容

(一) 拟定 2DPSK 系统及 2FSK 系统各模块之间的信号连接方案

2DPSK 系统中包括数字信源、数字调制、载波同步、2DPSK 解调、位同步、帧同步及数字终端七个模块。在 2FSK 系统中,无载波同步模块,将 2DPSK 解调模块改为 2FSK 解调模块,其他模块与 2DPSK 系统相同。

进行本实验时,需要实验者将五根信号线正确地连接到有关模块:位同步模块的输入信号 S-IN 来自于 2DPSK 解调模块或 2FSK 解调模块的 CM 信号;帧同步模块和终端模块的输入信号 S-IN 来自于 2DPSK 解调模块或 2FSK 解调模块的

AK-OUT 信号；2DPSK 解调模块或 2FSK 解调模块以及帧同步模块所需的位同步信号 BS-IN 来自于位同步模块的 BS-OUT 信号。其他信号已在印刷板上连好，不需要实验者再连线。

（二）2DPSK 通信系统实验的操作

按拟订的方案连好信号连线，接通实验箱电源，将数字调制模块单刀双掷开关 K_7 置于左方 NRZ 端。若信源的两路数据可以正确地传输到终端，则用示波器观察信号的传输过程，从而掌握时分复用 2DPSK 通信系统的基本原理；若信源的两路数据不能正确地传输到终端，请分析原因并排除故障。

（三）2FSK 通信系统实验的操作

按拟订的方案连好信号连线，接通实验箱电源，将数字调制模块单刀双掷开关 K_7 置于左方 NRZ 端，使信源的两路数据正确地传输到终端。

五、实验报告

1. 用数字信源、数字终端、数字调制、2DPSK 解调、载波同步、位同步及帧同步七个模块构成一个理想信道时分复用 2DPSK 通信系统并使之正常工作。根据实验结果，画出数据终端各测量点的波形图，注意对应关系。

2. 用数字信源、数字终端、数字调制、2FSK 解调、位同步及帧同步六个模块构成一个理想信道时分复用 2FSK 通信系统并使之正常工作。根据实验结果，画出数据终端各测量点的波形图，注意对应关系。

六、预习要求

1. 画出 2DPSK 系统七个模块全部信号连接图，用虚线标出手工接线。
2. 画出 2FSK 系统六个模块全部信号连接图，用虚线标出手工接线。

七、思考题

1. 位同步信号的上升沿为什么要处于 2DPSK 解调器或 2FSK 解调器的低通滤波器输出信号的码元中心？
2. 做此实验时遇到过哪些问题？是如何解决的？
3. 2DPSK 系统中，若不能正确传输两路数据，排除故障的最优步骤是什么？

第二章　信号与系统实验

一、实验课程简介

“信号与系统”是无线电技术、自动控制、生物医学电子工程、信号图像处理、空间技术等专业的一门重要的专业基础课，也是国内各院校相应专业的主干课程。

该课程核心的基本概念、基本理论和分析方法都非常重要，而且系统性、理论性很强，因此在学习本课程时，开设必要的实验课能帮助学生加深理解、深入掌握基本理论和分析方法，培养学生分析问题和解决问题的能力；能使抽象的概念和理论形象化、具体化以增强学习的兴趣。做好本课程的实验，是学好本课程的重要教学环节。

二、THKSS-A 型信号与系统实验箱

本课程所用到的实验箱为 THKSS-A 型信号与系统实验箱，该实验箱是专门为“信号与系统”这门课程配套设计的。它集实验模块、交流毫伏表、稳压源、信号源、频率计于一体，结构紧凑、性能稳定可靠、实验灵活方便，有利于培养学生的动手能力。

三、Matlab 简介

Matlab 是美国 Math Works 公司推出的一种面向工程和科学计算的交互式计算软件。它以矩阵运算为基础，把计算、可视化、程序设计融合在一个简单易用的交互式工作环境中，是一款数据分析和处理功能都非常强大的工程实用软件。将 Matlab 应用到信号与系统中，借助其强大的运算和图形显示功能，使学生可以在电脑上轻松地完成许多习题的演算和波形的绘制。

实验一　二阶网络函数的模拟

一、实验目的

1. 掌握求解系统响应的一种方法——模拟解法。
2. 研究系统参数变化对响应的影响。
3. 掌握用基本运算器模拟系统的微分方程的方法。

二、实验仪器

信号与系统实验箱 THKSS-A，双踪示波器。

三、实验原理

1. 为了求解系统的响应，需建立系统的微分方程，一些实际系统的微分方程可能是一个高阶方程或者是一个微分方程组，它们的求解是很费时间甚至是困难的。由于描述各种不同系统（如电系统、机械系统）的微分方程有惊人的相似之处，所以可以用电系统来模拟各种非电系统并进一步用基本运算单元获得该实际系统响应的模拟解。这种装置又称为“电子模拟计算机”。应用它能较快地求解系统的微分方程并能用示波器将求解结果显示出来。在初学这一方法时不妨以简单的二阶系统为例（本实验就是如此），其系统的微分方程为

$$y''+a_1y'+a_0y=x \tag{2.1}$$

框图如图 2.1 所示。

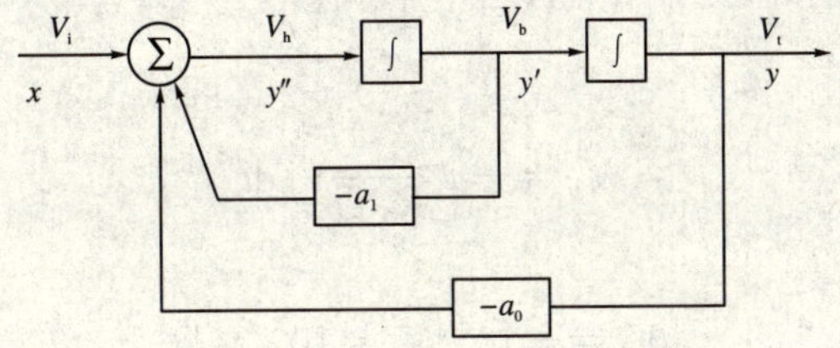

图 2.1　二阶网络函数框图

实验线路图如实验图 2.2 所示。

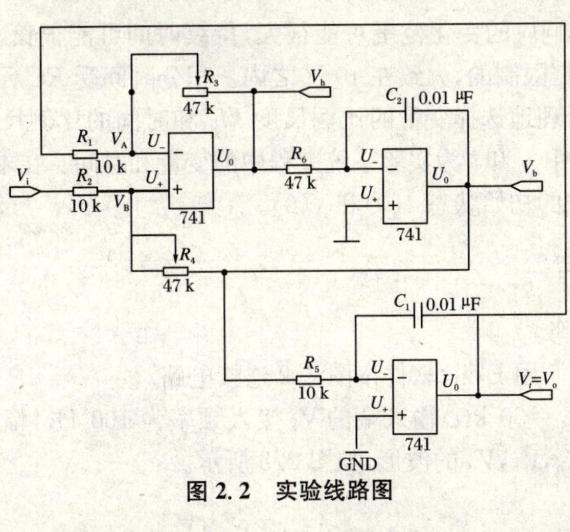

图 2.2　实验线路图

由模拟电路可得模拟方程为

$$\left(\frac{1}{R_2}+\frac{1}{R_4}\right)V_B-\frac{1}{R_2}V_i-\frac{1}{R_4}V_b=0 \tag{2.2}$$

$$\left(\frac{1}{R_1}+\frac{1}{R_3}\right)V_B-\frac{1}{R_1}V_i-\frac{1}{R_3}V_b=0$$

$$V_A=V_B$$

只要适当地选定模拟装置的元件参数，就可使模拟方程和实际系统的微分方程完全相同。

当 $R_1=10\ \text{k}\Omega, R_2=10\ \text{k}\Omega, R_3=30\ \text{k}\Omega, R_4=30\ \text{k}\Omega$ 时

$$V_t=V_i+\frac{1}{3}V_b-\frac{1}{3}V_h \tag{2.3}$$

而

$$V_t=-\int\frac{1}{R_5C_1}V_b\mathrm{d}t \tag{2.4}$$

所以

$$V_b=-10^{-4}V_t$$

又

$$V_b=-\int\frac{1}{R_6C_2}V_h\mathrm{d}t \tag{2.5}$$

则

$$V_h=-10^{-4}V_b=10^{-8}V_t''$$

代入式(2.3)有

$$V_i=V_t+\frac{10^{-4}}{3}V_t'+\frac{10^{-8}}{3}V_t'' \tag{2.6}$$

2. 实际系统响应的变化范围可能很大，持续时间可能很长，但是运算放大器输出电压是有一定限制的，大致在 10 V 之内。积分时间受 RC 元件数值限制也不能太长，因此要合理地选择变量的比例尺度 M_y 和时间的比例尺度 M_t，使得 $v^2=M_yy$，$t_m=M_tt$，式中 y 和 t 为实验系统方程中的变量和时间。在求解系统的微分方程时，需了解系统的初始状态 $v(0)$ 和 $y(0)$。

四、实验内容

(一) 仿真实验

1. 连接电路。用 EWB 软件按图 2.2 连接电路。

2. 使 $R_3=R_4=30\ \text{k}\Omega$，输入端的 V_i 接入频率为 100 Hz，幅值为 1 V 的正弦波，观察输出端 V_h，V_b，V_o 的波形，如图 2.3 所示。

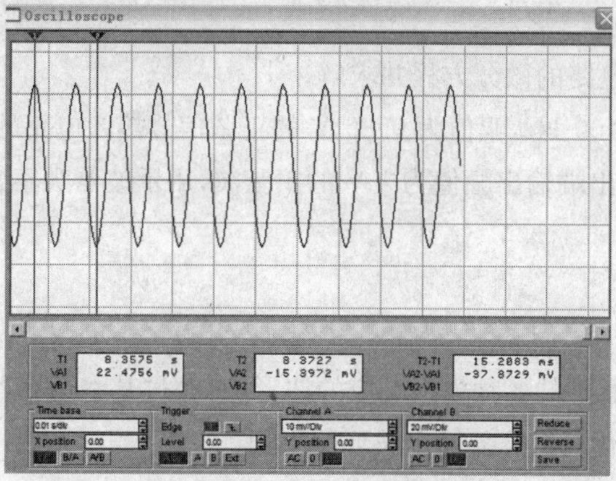

(a) V_h 的波形

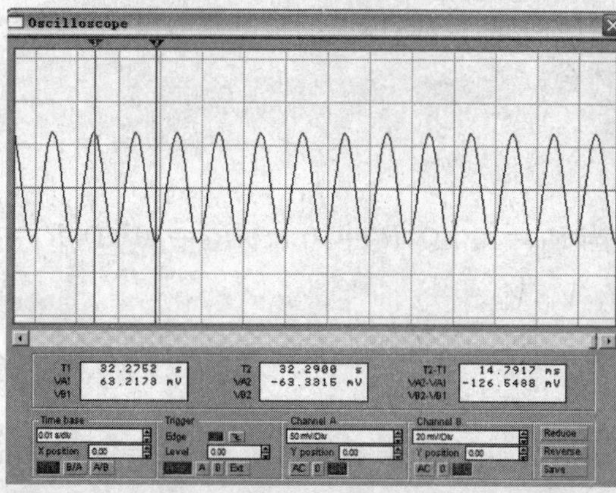

(b) V_b 的波形

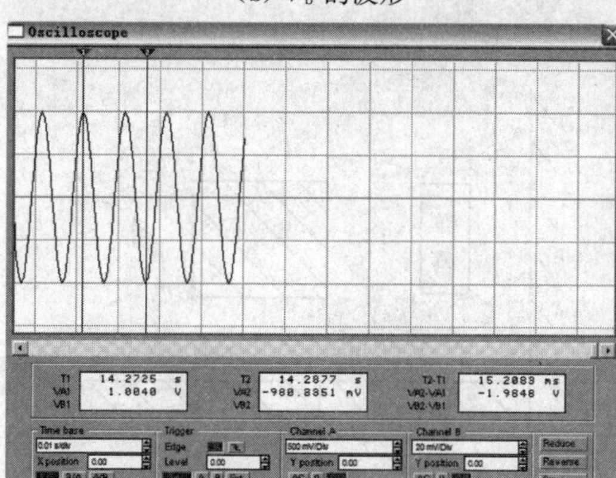

(c) V_o 的波形

图 2.3 $R_3 = R_4 = 30\ k\Omega$, $V_i = 100$ Hz, 1 V 正弦波时 V_h, V_b, V_o 的波形

（二）硬件实验

1. 列出实验电路的微分方程并求解。

2. 将频率为 100 Hz，幅值为 0.89 V 的正弦信号接入电路的输入端，调节 R_3，R_4 为 30 kΩ，使输出端输出幅值为 1 V 的正弦波，用示波器观察各测试点的波形并记录结果。

五、实验报告

1. 绘出所观察到的各种模拟响应的波形，对经过基本运算器前后的波形进行对比，分析参数变化对运算器输出波形的影响。

2. 归纳和总结用基本运算单元求解系统时域响应的要点。

3. （选做）绘制二阶高通、带通、低通网络函数的模拟电路的频率特性曲线。

4. 实验的收获体会。

六、预习要求

如图 2.2 所示，当 $R_1=10$ kΩ，$R_2=10$ kΩ，$R_3=30$ kΩ，$R_4=30$ kΩ 时，若 $V_o=\sin(2\,000\pi t)$ V，求 V_t，V_h，V_b。

七、思考题

1. 一物理系统如图 2.4 所示，弹簧的劲度系数 $k=100$ N/m·kg，物体离开静止位置距离为 y 且 $y_0=1$ cm，列出 y 变化的方程式。（提示：用 $F=ma$ 列方程）

2. 拟定求得上述方程模拟解的实验电路和比例尺。

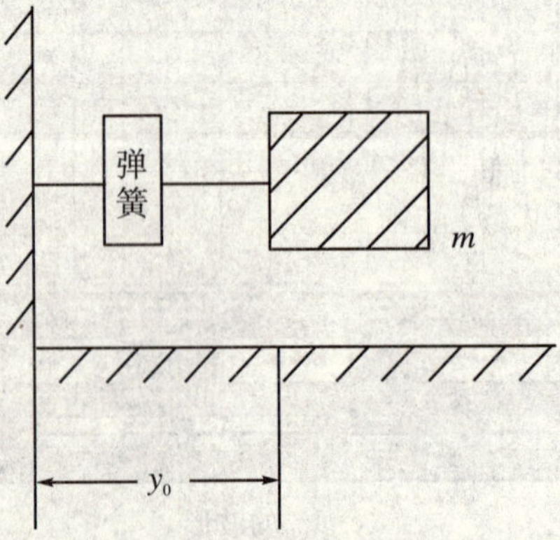

图 2.4　物理系统

实验二　电信号的分解与合成

一、实验目的

1. 同时分析法观测方波信号的频谱并与方波的傅里叶级数各项的频谱与系数作比较。

2. 观测基波和各次谐波分量的合成波形。

二、实验仪器

信号与系统实验箱,双踪示波器。

三、实验原理

任何电信号都是由各种不同频率、幅度和初相的正弦波叠加而成的。对于周期信号,由它的傅里叶级数展开式可知,各次谐波为基波频率的整数倍。而非周期信号包含了从零到无穷大的所有频率成分,每一频率成分的幅度均趋向无限小,但其相对大小是不同的。

通过一个选频网络可以将电信号中所包含的某一频率成分提取出来。本实验采用最简单的选频网络,即一个 LC 谐振回路。对周期信号波形分解的实验方案如图 2.5 所示。

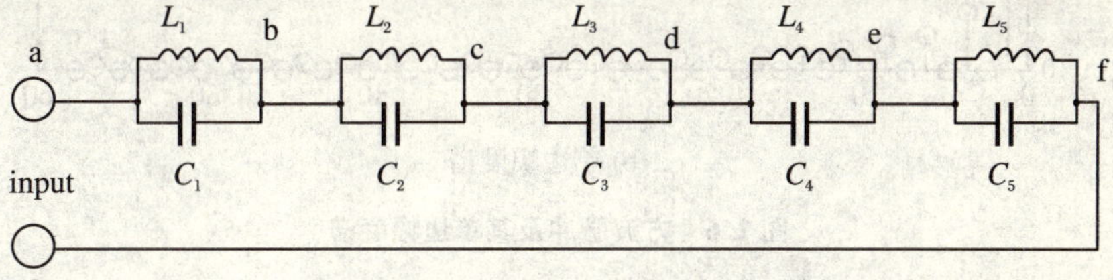

图 2.5　方波信号的分解

将被测方波信号加到分别调谐于其基波和各次奇谐波频率的一系列并联谐振回路串联而成的电路上。从每一谐振回路两端可以用示波器观察到相应频率的正弦波。若有一个谐振回路既不谐振于基波又不谐振于谐波,则观察不到波形。本实验所用的被测信号是 50 Hz 的方波,由傅里叶级数展开式可知,L_1C_1 谐振于 50 Hz,L_3C_3 谐振于 150 Hz,L_5C_5 谐振于 250 Hz,L_7C_7 谐振于 350 Hz,L_9C_9 谐振于 450 Hz，则一定能从各谐振回路两端观察到基波和各奇次谐波。在理想情况下，各次谐波幅度比例为 $1:\frac{1}{3}:\frac{1}{5}:\frac{1}{7}:\frac{1}{9}$。

四、实验内容

（一）仿真实验

周期方波脉冲信号，其幅度为 1 V，脉冲宽度（占空比）$duty=1/2$，周期 $T=5$ s。编写 Matlab 源程序，绘制方波脉冲及其单边幅度谱如图 2.6 所示。

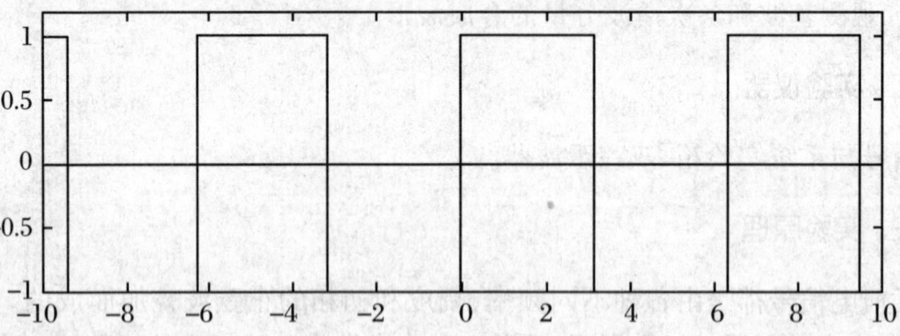

(a) 方波脉冲

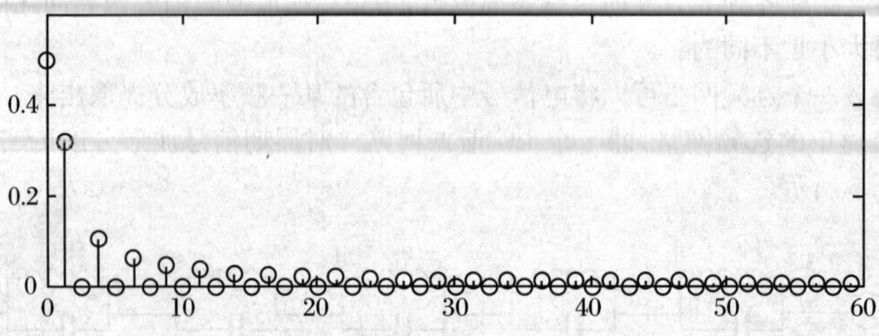

(b) 单边幅度谱

图 2.6　方波脉冲及其单边幅度谱

（二）硬件实验

1. 调节信号源，使其输出 50 Hz 左右的方波；然后，将其接至该实验模块的输入端，细调信号源的输出，使 50 Hz（基波）的 BPF 模块有最大的输出；最后，将各带通滤波器的输出分别接至示波器，观测各次谐波的频率和幅度并记录结果。

2. 将方波分解所得的基波和三次谐波分量接至加法器的相应输入端，观测加法器的输出波形并记录所得的波形。

3. 再将五次谐波分量加到加法器的相应输入端，观察叠加后的波形并记录结果。

五、实验报告

1. 据实验所得数据计算方波信号各次谐波分量的幅度比及谐振频率比并与理论值进行比较，计算其误差。
2. 分析误差产生的原因。
3. 实验心得及体会。

六、预习要求

认真预习教材中关于周期性信号傅里叶级数分解的有关内容，观察正弦波、方波、三角波、矩形波等各种波形傅里叶级数展开的形式并比较它们各次谐波幅度比的不同。

七、思考题

1. 什么样的周期性函数没有直流分量和余弦分量?
2. 分析理论合成的波形与实验观测到的合成波形之间误差产生的原因。

实验三　利用频谱分析仪分析频谱

一、实验目的

1. 了解频谱分析仪的工作原理。
2. 学会用频谱分析仪分析信号的频谱。

二、实验仪器

频谱分析仪，信号发生器，示波器。

三、实验原理

一般周期性信号的振幅谱特性为：一是离散性，即频谱由不连续的线条组成；二是谐波性，即频谱只出现在基波频率的整数倍频率上；三是收敛性，即各条谱线的幅值随着谐波次数的增高而逐渐减小。

1. 三角波：

$$f(t)=\frac{4E}{\pi^2}\left(\cos\omega_0 t+\frac{1}{3^2}\cos\omega_0 t+\cdots\right) \tag{2.7}$$

幅度谱：

$$|F_n|=\frac{2E}{\pi^2 n^2} \tag{2.8}$$

2. 方波：

$$f(t)=\frac{2E}{\pi}\left(\cos\omega_0 t-\frac{1}{3}\cos\omega_0 t+\cdots\right) \tag{2.9}$$

幅度谱：

$$|F_n|=\left|\frac{E}{\pi n}\right| \tag{2.10}$$

四、实验内容

（一）仿真实验

1. 周期方波脉冲信号，其幅度为 1 V，脉冲宽度（占空比）$duty=1/2$，周期 $T=5$ s。其对应的波形及频谱图如实验二中的图 2.6 所示。

2. 周期三角波脉冲，周期 $T=5$ s，其幅度为 1 V。绘制三角波脉冲及其单边幅度谱，如图 2.7 所示。

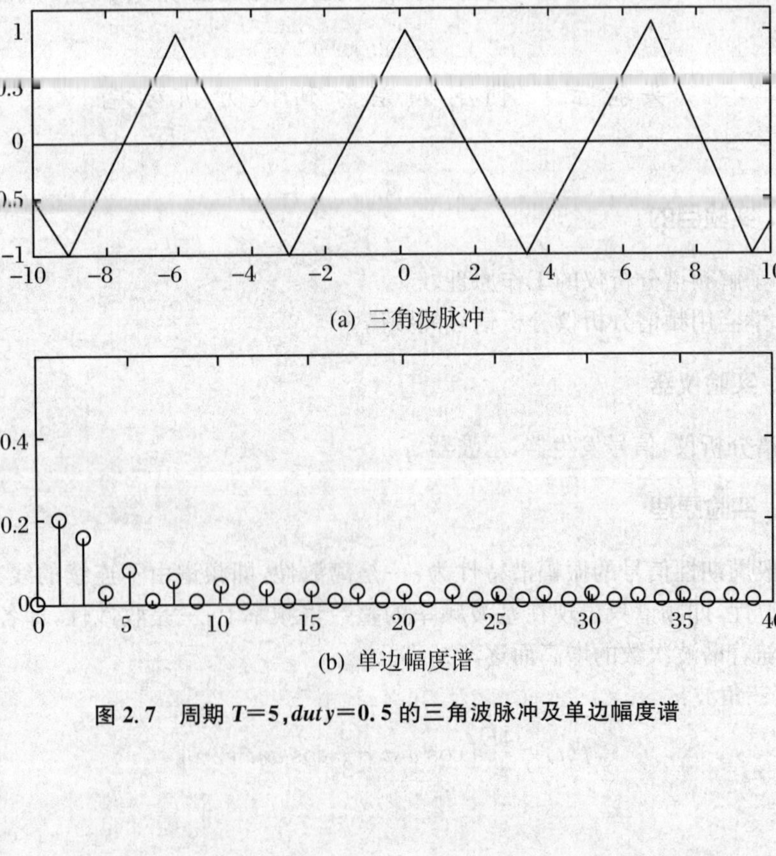

(a) 三角波脉冲

(b) 单边幅度谱

图 2.7　周期 $T=5$，$duty=0.5$ 的三角波脉冲及单边幅度谱

（二）硬件实验

将峰值为 0.1 V，频率分别为 1 MHz，2 MHz，5 MHz 的正弦波、三角波和方波，依次送入示波器观察波形后输入频谱分析仪，观察各谐波位置，确定三角波和方波谐波间的幅值关系。

五、实验报告

1. 据实验数据计算三角波、方波各次谐波间的幅值关系并与理论值进行比较，计算其误差。

2. 分析误差产生的原因。

3. 实验心得及体会。

六、预习要求

1. 利用功率关系所确定的电平可以称为功率电平（需要计量的功率值和功率为一毫瓦的零电平功率比较），用数学表达式描述就是

$$P_m=10\lg(P/1)\ (\mathrm{dB_m})$$

式中 P_m 代表功率电平；P 代表需要计量的绝对功率值，单位为毫瓦（mW），零电平功率为 1 mW。$\mathrm{dB_m}$ 表示以 1 mW 为基准的功率电平的分贝数。

若测得信号的功率电平，需要换算为对应的电压，利用 $P=2V/R$（单位 mW），或者将若以瓦为单位，公式为

$$P(\omega)=10\lg\left(\frac{x^2}{50}+1\ 000\right)=10\lg\frac{x^2}{50}+30=\left(10\lg\frac{x^2}{R}+30\right)\ (\mathrm{dB_m}) \quad (2.11)$$

式中，x 单位为伏，R 单位为欧姆。

2. 认真预习教材中关于周期性信号傅里叶级数分解的有关内容，观察正弦波、方波和三角波傅里叶级数展开的形式并比较它们各次谐波幅度比的不同。

七、思考题

1. 为什么正弦波仅有奇次谐波分量，而方波和三角波有其他奇次谐波分量？

2. 为什么方波和三角波无偶次谐波分量？

实验四　抽样定理

一、实验目的

1. 了解电信号的采样方法与过程以及信号恢复的方法。
2. 验证抽样定理。

二、实验仪器

信号与系统实验箱，双踪示波器。

三、实验原理

1. 离散时间信号可以从离散信号源获得，也可以从连续时间信号抽样获得。抽样信号 f_s 可以看成连续信号 $f(t)$和一组开关函数 $s(t)$的乘积。$s(t)$是一组周期性窄脉冲，如实验图 2.8 所示，T_s 称为抽样周期，其倒数 $f_s=1/T_s$ 称抽样频率。

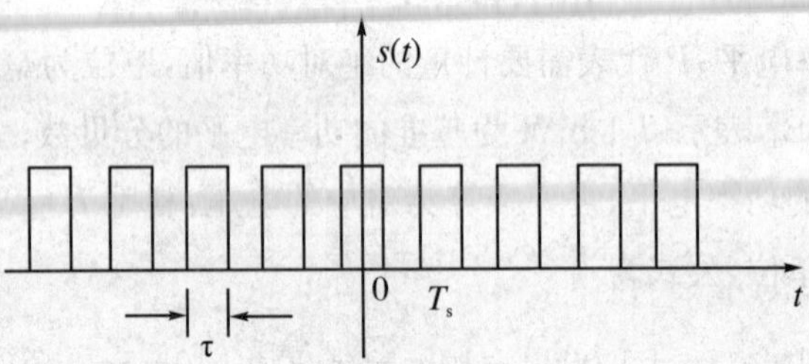

图 2.8　矩形抽样脉冲

对抽样信号进行傅里叶分析可知，抽样信号的频率包括了原连续信号以及无限个经过平移的原信号频率。平移的频率等于抽样频率 f_s 及其谐波频率 $2f_s$，$3f_s$，$4f_s$。当抽样信号是周期性窄脉冲时，平移后的频率幅度按$\left(\frac{\sin x}{x}\right)$规律衰减。抽样信号的频谱是原信号频谱周期的延拓，它占有的频带要比原信号频谱宽得多。

2. 正如测得了足够的实验数据以后，我们可在坐标纸上把一系列数据点连起来，得到一条光滑的曲线一样，抽样信号在一定条件下也可以恢复到原信号。用一截止频率等于原信号频谱中最高频率 f_h 的低通滤波器滤除高频分量，经滤波后得到的信号包含了原信号频谱的全部内容，故经低通滤波器输出可以得到恢复后的原信号。

3. 由于原信号得以恢复的条件是 $f_s \geqslant 2B$，其中 B 为原信号占有的频带宽度。而 $f_{min}=2B$ 为最低抽样频率，又称“奈奎斯特抽样率”。当 $f_s<2B$ 时，抽样信号的频谱会发生混叠，从发生混叠后的频谱中我们无法用低通滤波器获得原信号频谱的全部内容。在实际使用中，仅包含有限频率的信号是极少的，因此即使 $f_s=2B$，恢复后的信号失真还是难免的。图 2.9 画出了当抽样频率 $f_s>2B$(不混叠时)及 $f_s<2B$(混叠时)两种情况下冲激抽样信号的频谱。

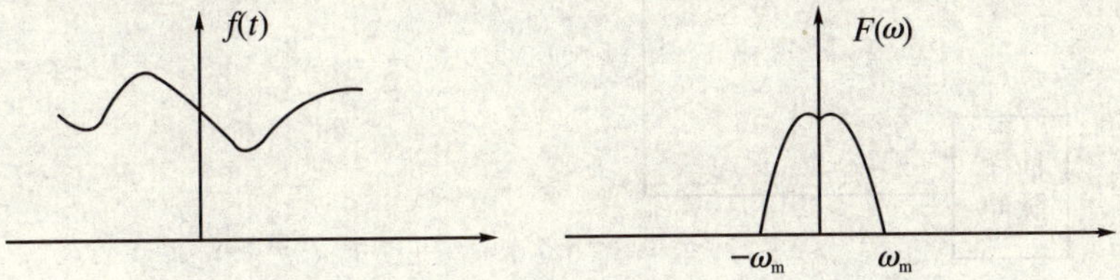

(a) 连续信号频谱

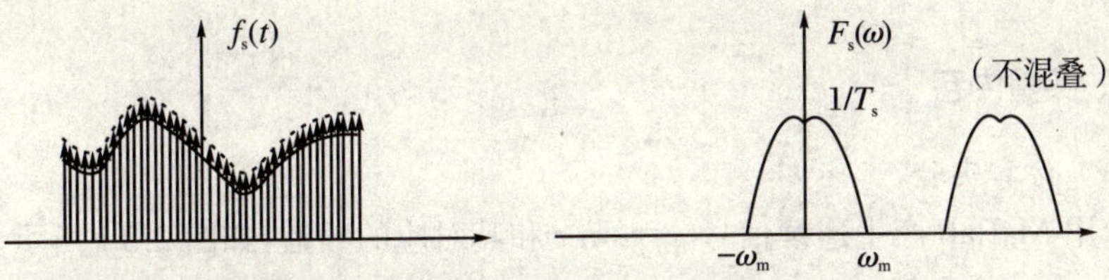

(b) 高抽样频率时的抽样信号及频谱

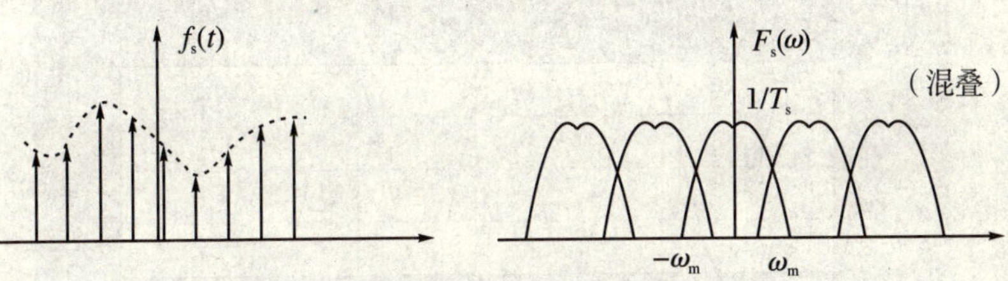

(c) 低抽样频率时的抽样信号及频谱

图 2.9　冲激抽样信号的频谱

实验中选用 $f_s>2B$，$f_s=2B$，$f_s<2B$ 三种抽样频率对连续信号进行抽样，以验证抽样定理——要使信号采样后能不失真地还原，抽样频率 f_s 必须大于信号频率中最高频率的两倍。

4. 为了实现对连续信号的抽样和抽样信号的复原，可用原理框图 2.10 的方案。除选用足够高的抽样频率外，常采用前置低通滤波器来防止原信号频谱过宽而造成抽样后信号频谱的混叠。但这也会造成失真。如果实验选用的信号频带较窄，则可不设前置低通滤波器。本实验就是如此。

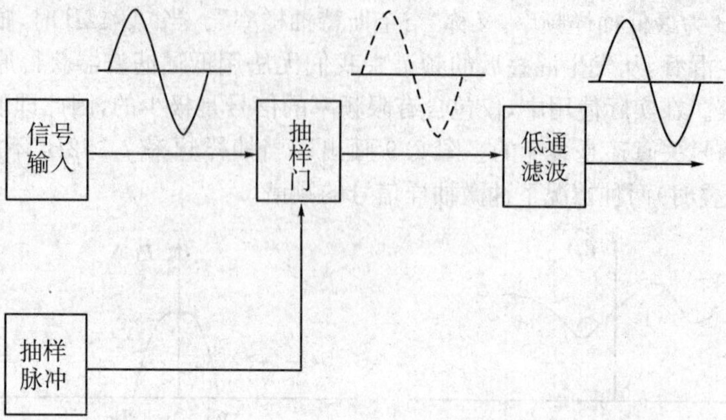

图 2.10 抽样定理实验方框图

四、实验内容

（一）仿真实验

1. 用 Matlab 产生连续信号 $y=\sin t$ 和其对应的频谱，如图 2.11 所示。

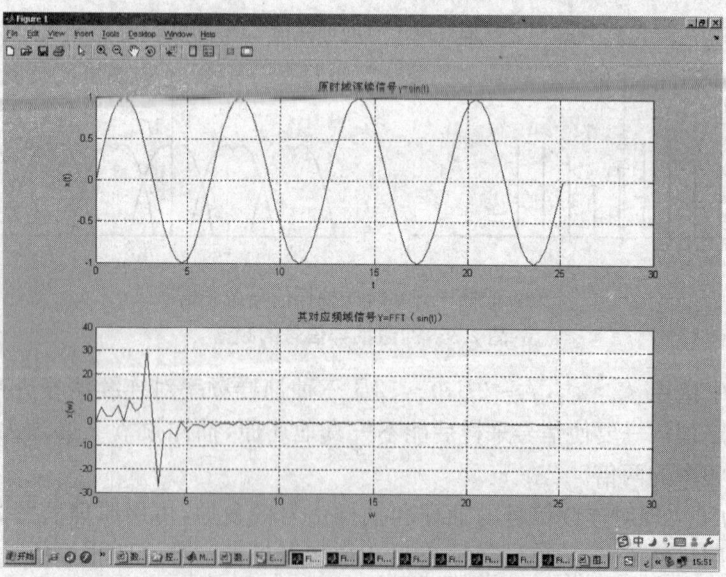

图 2.11 sin t 及其频谱图

2. 对连续信号 $y=\sin t$ 进行不同频率的抽样并产生其频谱，如图 2.12 所示。

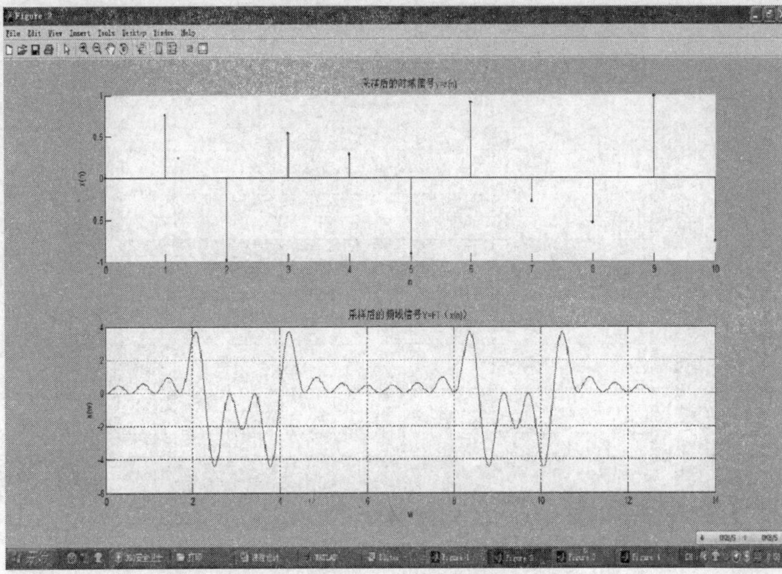

(a) 采样点 $n=10$ 时的结果

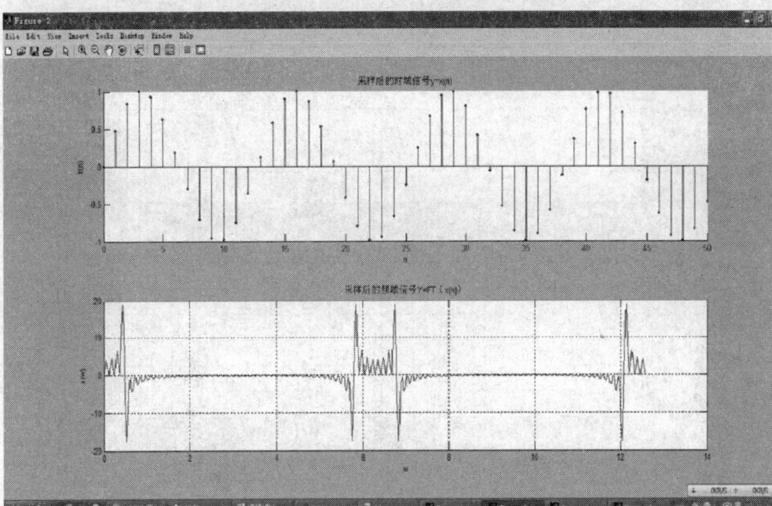

(b) 采样点 $n=50$ 时的结果

图 2.12　sin *t* 采样后的时域信号及频谱图

3. 通过低通滤波恢复原连续信号如图 2.13 所示。

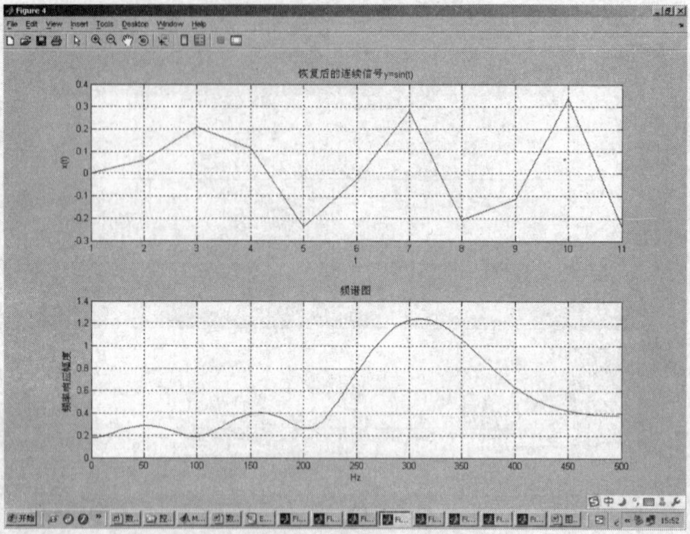

(a) 采样点 $n=10$ 采样后恢复的结果

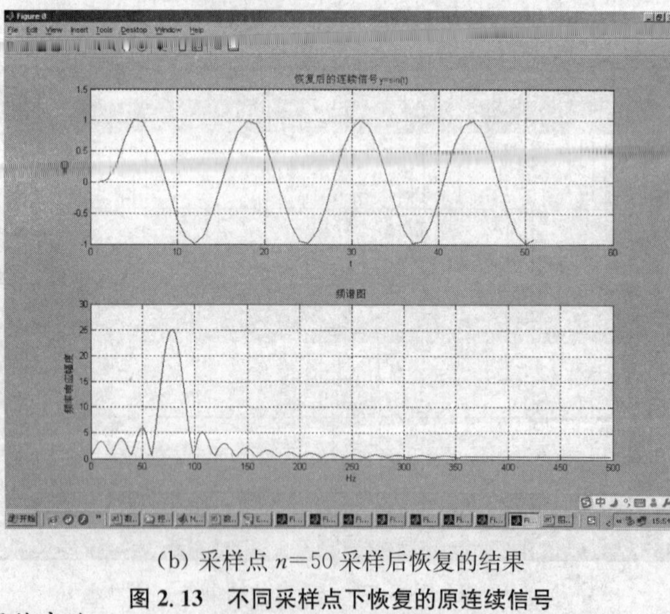

(b) 采样点 $n=50$ 采样后恢复的结果

图 2.13　不同采样点下恢复的原连续信号

(二) 硬件实验

1. 将频率为 150 Hz 的正弦波 $f(t)$ 和抽样脉冲 $s(t)$ 送入抽样器，改变抽样频率使 $f_s \geqslant 2B$ 和 $f_s < 2B$，观察复原后的信号，比较其失真程度。

2. 用同样的方法观察三角波和方波经抽样与复原后的信号。

五、实验报告

1. 据实验所得数据总结无失真恢复正弦波、三角波和方波的最低抽样频率并与理论值进行比较，分析两者不同的原因。

2. 实验心得及体会。

六、预习要求

1. 连续时间信号为 50 Hz 的正弦波，开关函数为 $T_s=0.5$ ms 的窄脉冲，试求其抽样信号。

2. 设计一个二阶 *RC* 低通滤波器，截止频率为 5 kHz。

七、思考题

三角波抽样后经过低通滤波器为什么不能完全无失真地恢复成三角波，而是恢复成频率等于三角波频率的正弦波。

实验五　无源和有源滤波器

一、实验目的

1. 了解 *RC* 无源和有源滤波器的种类、基本结构及其特性。
2. 对比研究无源和有源滤波器的滤波特性。
3. 学会列写无源和有源滤波器网络函数的方法。

二、实验仪器

信号与系统实验箱，双踪示波器，信号发生器。

三、实验原理

1. 滤波器是对输入信号的频率具有选择性的一个二端口网络，它允许某些频率(通常是某个频带范围)的信号通过，而其他频率的信号衰减或被抑制。这些网络可以是由 *RLC* 元件或 *RC* 元件构成的无源滤波器，也可以是由 *LC* 元件和有源器件构成的有源滤波器。

2. 根据幅频特性(图 2.14)所表示的通过或阻止信号频率范围的不同，滤波器可分为低通滤波器(LPF)、高通滤波器(HPF)、带通滤波器(BPF)和带阻滤波器

(BEF)四种。我们把能够通过信号的频率范围定义为通带，把阻止通过或衰减信号的频率范围定义为阻带。而通带与阻带的分界点的频率 f_c 称为截止频率或者转折频率。

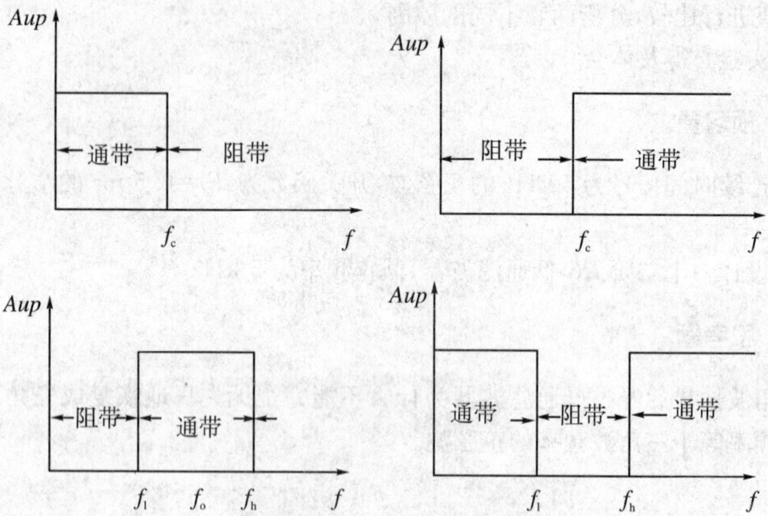

图 2.14　各种滤波器的理想幅频特性

图 2.14 中的 Aup 为通带的电压放大倍数，f_o 为中心频率，f_l 和 f_h 分别为低端和高端截止频率。四种无源滤波器和三种有源滤波器的实验线路分别如图 2.15 和图 2.16 所示。

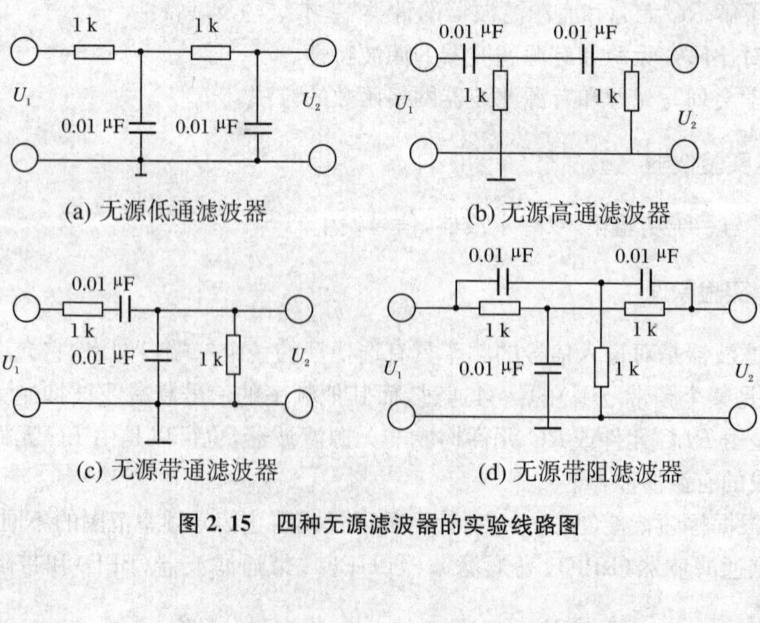

(a) 无源低通滤波器　(b) 无源高通滤波器

(c) 无源带通滤波器　(d) 无源带阻滤波器

图 2.15　四种无源滤波器的实验线路图

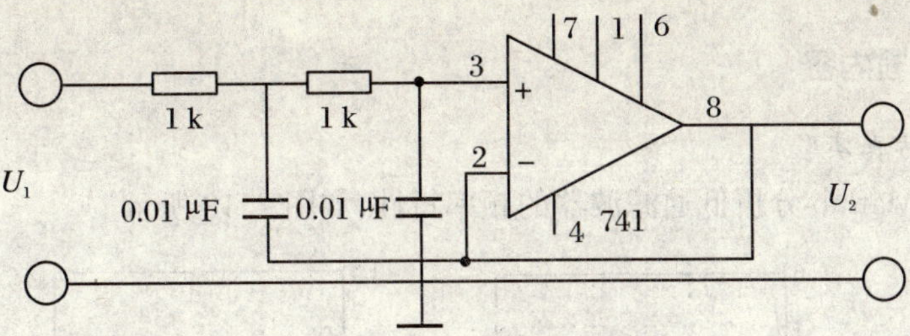

(a) 有源低通滤波器

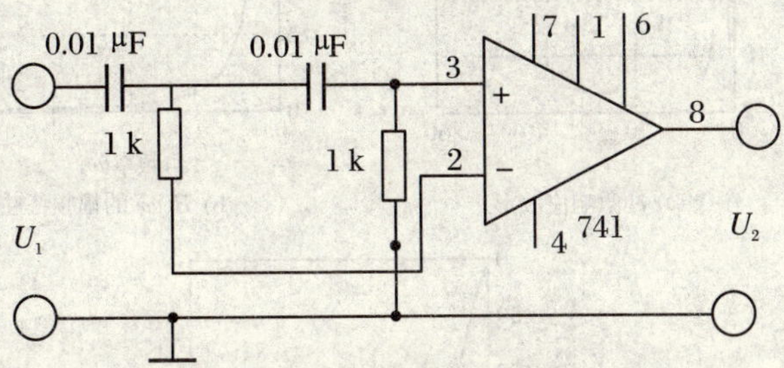

(b) 有源高通滤波器

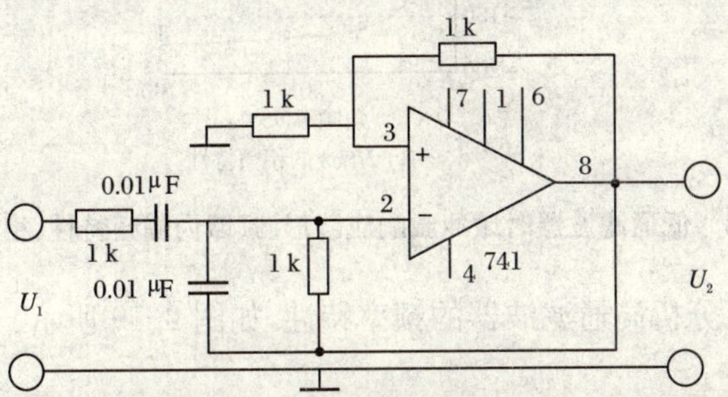

(c) 有源带通滤波器

图 2.16　三种有源滤波器的实验线路图

如图 2.17 所示滤波器的网络函数 $H(\mathrm{j}\omega)$ 为

$$H(\mathrm{j}\omega)=\frac{U_2}{U_1}=A(\omega)\theta(\omega)$$

上式又称为传递函数，它反映了滤波器的幅频和相频特征。可以通过实验方法来测量滤波器的上述幅频特性 $A(\omega)$。

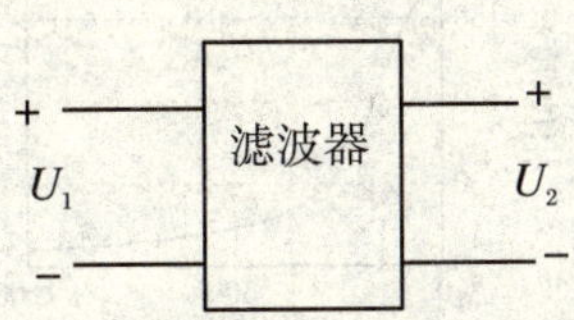

图 2.17　滤波器

四、实验内容

（一）仿真实验

1. 用 Matlab 分析低通滤波器的频率特性，如图 2. 18 所示。

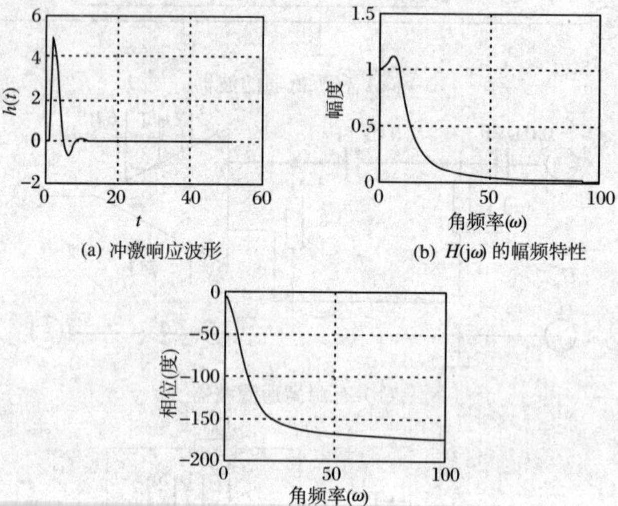

(a) 冲激响应波形　(b) $H(j\omega)$ 的幅频特性　(c) $H(j\omega)$ 的相频特性

图 2. 18　低通滤波器时域冲激响应波形、频域内幅频特性、相频特性

2. 用 Matlab 分析高通滤波器的频率特性，如图 2. 19 所示。

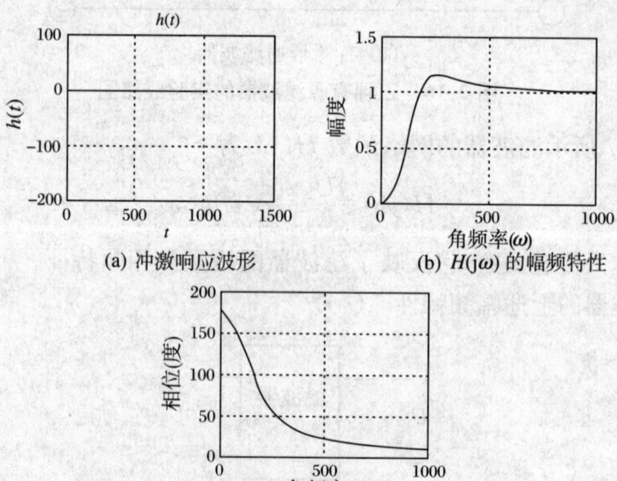

(a) 冲激响应波形　(b) $H(j\omega)$ 的幅频特性　(c) $H(j\omega)$ 的相频特性

图 2. 19　高通滤波器时域冲激响应波形、频域内幅频特性、相频特性

3. 用 Matlab 分析带通滤波器的频率特性如图 2.20 所示。

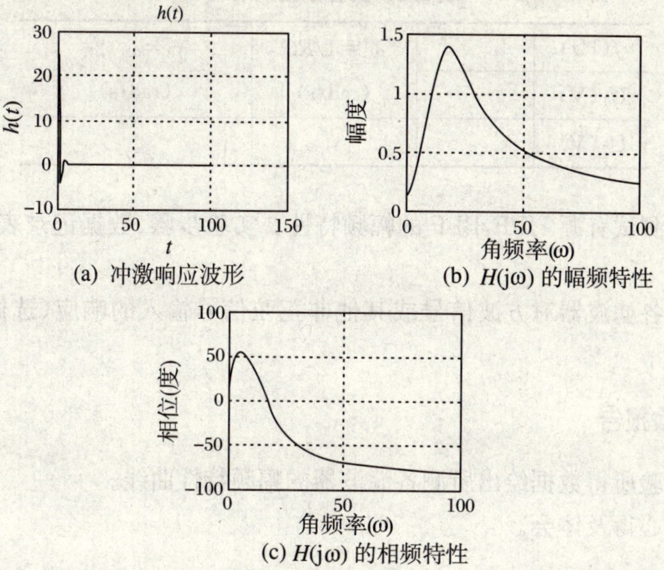

(a) 冲激响应波形 (b) $H(j\omega)$ 的幅频特性 (c) $H(j\omega)$ 的相频特性

图 2.20 带通滤波器时域冲激响应波形、频域内幅频特性、相频特性

(二) 硬件实验

1. 用信号源和示波器(或交流数字电压表)从总体上先观察各类滤波器的滤波特性。先将滤波器的输入口接信号源的输出口。再将滤波器的输出口接示波器或交流数字电压表。

2. 测试无源低通滤波器的幅频特性。测试 RC 无源低通滤波器的幅频特性。实验线路如图 2.21 所示。

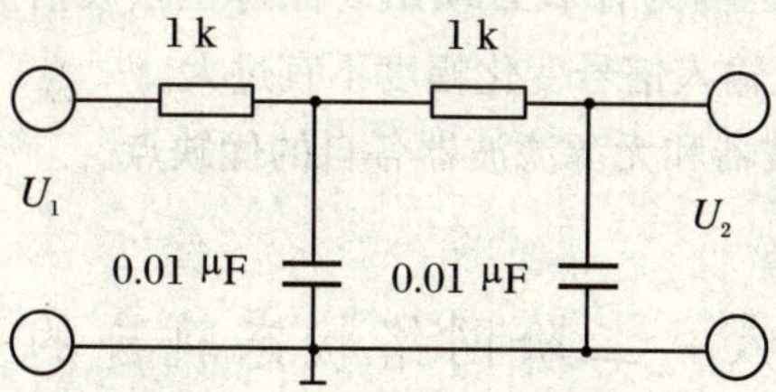

图 2.21 *RC* 无源低通滤波器

实验时,必须在保持正弦波信号输入电压 U_1 不变的情况下,逐渐改变其输出频率,用交流数字电压表($f<200$ Hz)测量 RC 滤波器输出端的电压 U_2。当改变信号源频率时,都必须观测一下 U_1 是否保持稳定,数据如有改变应及时调整,将测

量数据记入表 2.1。

表 2.1　实验数据记录表

f(Hz)		$\omega_0=1/RC$ (rad/s)	$f_0=\omega_0/2\pi$ (rad/s)
U_1(V)			
U_2(V)			

3. 分别测试有源 HPF，BPF 的幅频特性。实验步骤、数据记录表格及实验内容自行拟定。

4. 研究各滤波器对方波信号或其他非正弦信号输入的响应(选做，实验步骤自拟)。

五、实验报告

1. 据实验所得数据绘出所测各滤波器的幅频特性曲线。

2. 实验心得及体会。

六、预习要求

1. 为使实验能顺利进行，要求课前对教材和实验原理、内容、步骤、方法要作充分预习并预测实验的结果。

2. 推导各类无源和有源滤波器的网络函数，进一步掌握含有运算放大器电路的分析方法。

七、思考题

1. 在实验测量过程中，为什么必须始终保持正弦波信号源的输出(即滤波器的输入)电压 U_1 不变且输入信号变化幅度不宜过大。

2. 试比较有源滤波器和无源滤波器各自的优缺点。

实验六　二阶网络状态轨迹的显示

一、实验目的

1. 观察 RLC 电路的状态轨迹。

2. 掌握一种同时观察两个无公共接地端电信号的方法。

二、实验仪器

信号与系统实验箱，双踪示波器。

三、实验原理

1. 任何变化的物理过程在每一时刻所处的状态都可以概括地用若干被称为“状态变量”的物理量来描述，如一辆汽车可以用它在不同时刻的运动速度和加速度来描述它是处于停止状态、加速状态还是匀速运动状态；一杯水可以用它的温度来描述它是处于结冰的固态还是处于沸腾的开水状态。这里速度、加速度和温度都可以称为状态参量。由于物体所具有的动能等于$\frac{1}{2}mv^2$，而物体具有的热量等于 $mc(t_2-t_1)$，所以我们常将与物体储能直接有关的物理量作为状态变量。

电路也不例外，一个动态网络在不同时刻各支路电压所处的状态也都不相同。在所有六种可能的变量中 $V_C, I_C, V_L, I_L, V_R, I_R$，由于电容的储能为$(1/2)C_vC_2$，电感的储能$(1/2)L_iL_2$，所以选电容的电压和电感的电流作为电路的状态变量。了解了电路中 V_C 和 I_L 的变化就可以了解电路状态的变化。

2. 状态变量较确切的定义是能描述系统动态特性组最少量的数据。对一个网络来说，若选择全部电容电压和电感电流作为状态变量，那么根据这些状态变量和激励，就可确定网络中任一支路的电压和电流。但在一个网络中若存在三个电容构成一个回路，则只有两个电容的电压可选作状态变量。若有三个电感共一节点，则只有其中两个电感的电流可选作状态变量。

对 n 阶网络应该用 n 个状态变量来描述。可以设想一个 n 维空间，每一维表示一个状态变量，构成一个状态空间。随着时间的变化，点的移动形成一个轨迹，称为状态轨迹。电路参数不同，则状态轨迹也不相同。对三维网络状态空间可用一个三维空间来表达，而二阶网络可以用一个平面来表达，见实验图 2.22、图 2.23 和图 2.24。

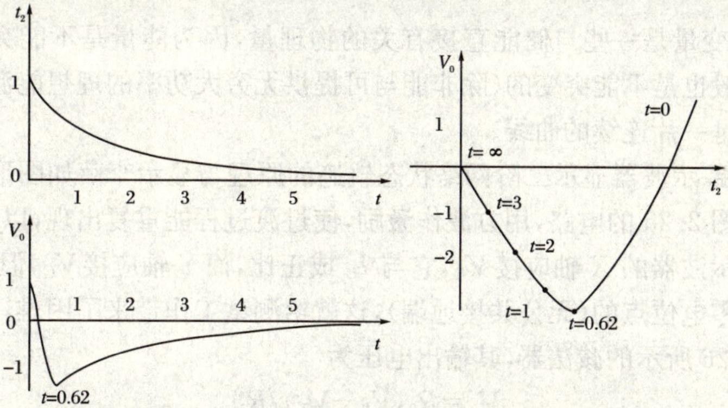

图 2.22　*RLC* 电路在过阻尼时的状态轨迹

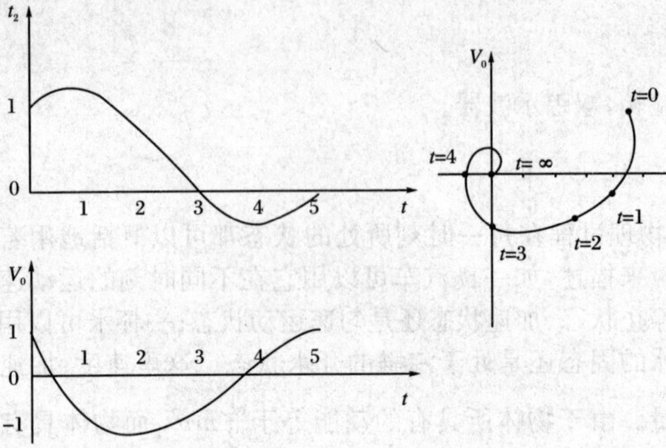

图 2.23　RLC 电路在欠阻尼时的状态轨迹

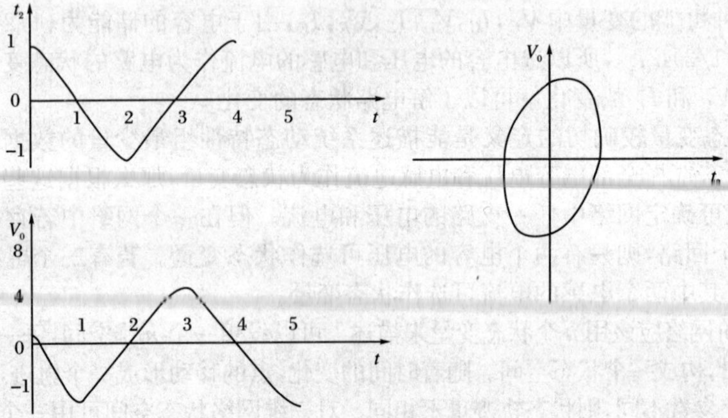

图 2.24　RLC 电路在 R=0 时的状态轨迹

3. 状态变量是一些与储能直接有关的物理量，因为能量是不能突变的，所以状态变量一般也是不能突变的(除非能与可提供无穷大功率的理想能源相接)。因而状态轨迹是一片连续的曲线。

4. 用双踪示波器显示二阶网络状态轨迹的原理与显示李萨如图形完全一样。它采用实验图 2.25 的电路，用方波作激励，使过渡过程能重复出现，以便用一般示波器观察。示波器的 X 轴应接 V_R，它与 I_L 成正比，而 Y 轴应接 V_C，但这两个电压不是对同一零电位点的(无公共接地端)，这就给测试工作带来了困难，为此采用一如实验图 2.26 所示的减法器，其输出电压为

$$V_0=R_2(V_2-V_1)/R_1$$

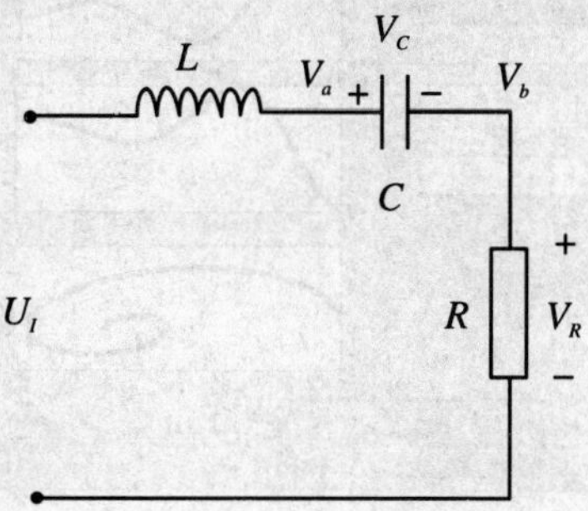

图 2.25　实验原理图

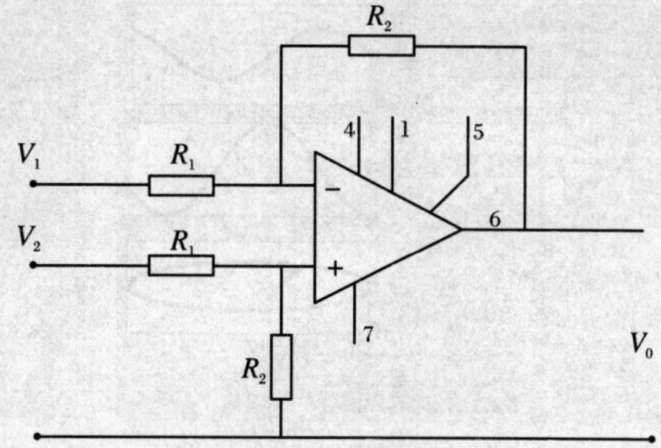

图 2.26　减法器

若将 V_a，V_b 分别接至 V_2，V_1 处，则减法器输出 V_0 为 $V_a-V_b=V_C$（即电容两端电压），该电压与 V_R 有公共接地端，从而使状态轨迹的观察成为可能。

5. 在 TKSS-B 型与 TKSS-C 型实验箱中，观察该状态轨迹则是采用一种简易的方法，如实验图 2.27 所示，由于电阻 R 阻值很小，在 b 点电压仍表现为容性，因此电容两端电压分别引到示波器 X 轴和 Y 轴仍能显示电路的状态轨迹。

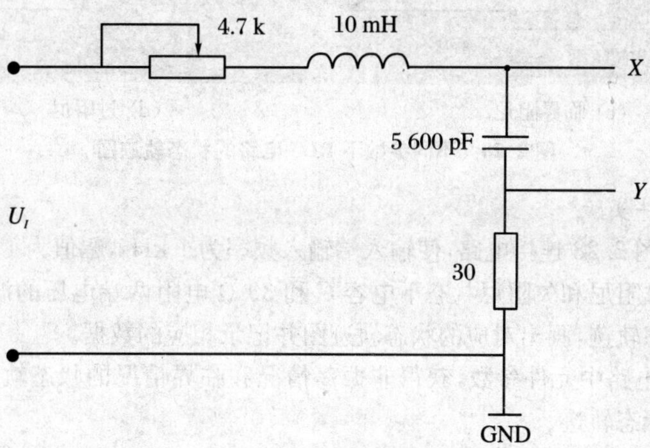

图 2.27　实验电路图

四、实验内容

（一）仿真实验

用 Matlab 分析 RLC 电路参数变化时，四种情况下 RLC 电路的状态轨迹如图 2.28 所示。

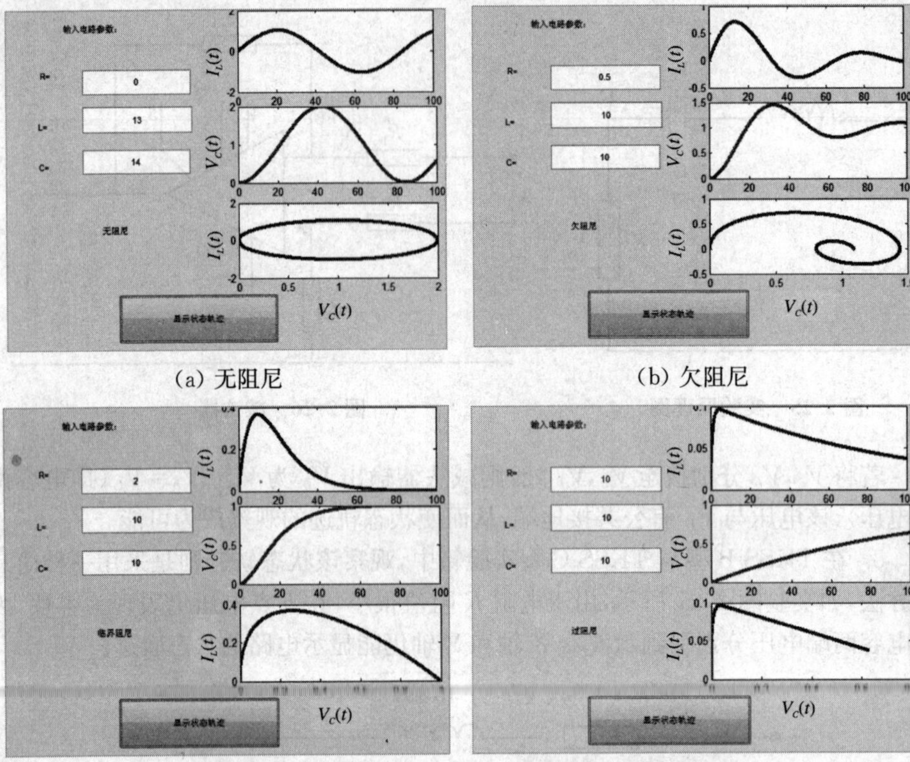

(a) 无阻尼　　(b) 欠阻尼

(c) 临界阻尼　　(d) 过阻尼

图 2. 28　不同参数下 RLC 电路的状态轨迹图

（二）硬件实验

1. 按照图 2. 28 连接电路，使输入端输入频率为 1 kHz，幅值为 1 V 的方波，用示波器观察过阻尼和欠阻尼状态下电容 C 和 30 Ω 电阻两端电压的波形并用示波器观察其状态轨迹，画出对应的状态轨迹图并记录相应的数据。

2. 调节电路中元件参数，获得非振荡情况和临界情况的状态轨迹，使之能观察到预期的状态轨迹。

五、实验报告

1. 分析实验数据，说明按照图 2. 27 的连接方法是否可以显示过阻尼和欠阻尼状态对应的状态轨迹图。

2. 实验心得及体会。

六、预习要求

1. 简述用示波器显示李萨如图形的原理及示波器的连接方法。

2. 哪些是实验线路图 2.27 电路的状态变量，在不同电阻值时相应的状态轨迹大致形状如何？

3. 观察状态轨迹时，示波器与电路应如何连接？

七、思考题

为什么状态轨迹能表征系统瞬态响应的特征？

第三章　数字信号处理实验

一、实验课程简介

“数字信号处理”课程是在学生学完了“信号与系统”的课程后，进一步为学习专业知识打基础的课程。数字信号处理实验是它的实践性教学环节，利用计算机或专用处理设备以数值计算的方法对信号进行采集、变换、综合、估值与识别等加工处理，借以达到提取信息和便于应用的目的。

通过完成数字信号处理系统结构和编程、FFT 谱分析、IIR 和 FIR 滤波器的设计这四个实验项目使学生将理论结合实践，将提高学生的计算机操作能力、分析能力、软件设计能力，引导学生由浅入深地掌握信号处理理论与工具开发，使其具备实际应用的信号处理软件开发与制作基础，为学生今后能应用 DSP 技术解决实际工作中的问题打下良好的理论和实践基础。

三、THRS-1 型实验箱

THRS-1 型实验箱具有模块化、开放性的特点。连接 DSP 仿真器和计算机等硬件装备、配合 CCS 应用软件可以完成各种数字信号处理实验。

三、DSP 仿真器和 CCS 应用软件

DSP 仿真器完全采用 USB 标准接口连接计算机，完全即插即用，传输速率可达 480 Mbps，支持 Windows 操作系统，支持 CCS 集成开发环境。

CCS 是一种针对 TI 的 DSP、微控制器和应用处理器的集成开发环境，包括一套用于开发和调试嵌入式应用程序的工具，提供单一的用户界面，提供基本的代码生成工具，具有一系列调试、分析能力。

实验一　数字信号处理系统结构和编程

一、实验目的

1. 学习 C 语言的编程。
2. 掌握在 CCS 环境下的 C 程序设计方法。
3. 学会使用 C 语言和汇编语言混合编程。
4. 熟悉用 C 语言开发 DSP 程序的流程。

二、实验仪器

计算机，仿真器，THRS-1 实验箱。

三、实验原理

数字波形信号发生器是利用微处理芯片，通过软件编程和 D/A 转换产生所需要信号波形的一种方法。在通信、仪器和控制等领域的信号处理系统中经常会用到数字正弦发生器。

一般情况下产生正弦波的方法有如下两种：

1. 查表法。此种方法用于对精度要求不是很高的场合。如果精度要求高，表就要很大，相应的存储器容量也要很大。

2. 泰勒级数展开法。这是一种更为有效的方法。与查表法相比，需要的存储单元很少且精度高。

角度为 θ 的正弦和余弦函数可以展开成泰勒级数，取前五项进行近似得

$$\begin{aligned}\sin\theta &= x-\frac{x^3}{3!}+\frac{x^5}{5!}-\frac{x^7}{7!}+\frac{x^9}{9!}\\ &= x\left(1-\frac{x^2}{2\cdot 3}\left(1-\frac{x^2}{4\cdot 5}\left(1-\frac{x^2}{6\cdot 7}\left(1-\frac{x^2}{8\cdot 9}\right)\right)\right)\right)\end{aligned} \tag{3.1}$$

$$\begin{aligned}\cos\theta &= 1-\frac{x^2}{2!}+\frac{x^4}{4!}-\frac{x^6}{6!}+\frac{x^8}{8!}\\ &= 1-\frac{x^2}{2}\left(1-\frac{x^2}{3\cdot 4}\left(1-\frac{x^2}{5\cdot 6}\left(1-\frac{x^2}{7\cdot 8}\right)\right)\right)\end{aligned} \tag{3.2}$$

式中，x 为 θ 的弧度值。

本实验用泰勒级数展开产生一正弦波并通过 D/A 输出。

四、实验内容及步骤

(一) 完成一个工程实例

1. 完成一个工程实例的载入、编译、链接、目标文件的生成、下载、运行的过程。

(1) 打开实验箱,仔细了解 DSP 开发系统的组成和结构,了解各组成部分的功能并记录之。

(2) 系统连接。进行 DSP 实验之前,必须先连接好仿真器、实验箱及计算机,连接方法如图 3.1 所示。

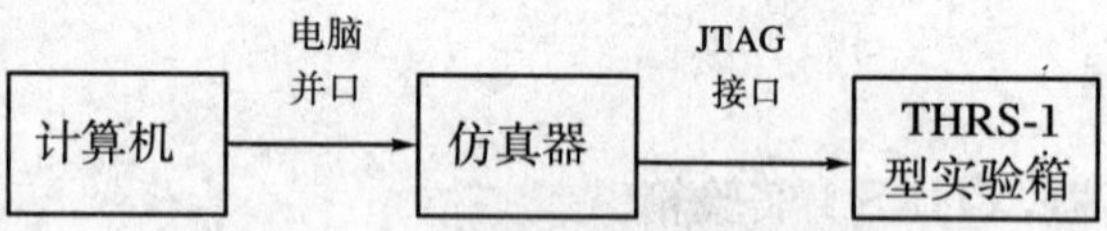

图 3.1　实验箱与计算机连接方式

2. 连接好 DSP 开发系统,给实验箱上电,运行 CCS。

(1) 上电复位。在硬件连接后,先接通仿真器+5 V 电源,再将实验箱 220 V 电源开关置为"开",最后启动计算机。此时仿真盒上的"红色小灯"点亮,说明系统上电复位。

(2) 运行 CCS 软件。打开 PC 机界面上的 CCS 2.0 软件,此时仿真器上的"绿色小灯"应点亮,表明系统连接正常且 CCS 软件正常启动。

(3) 按流程图编写 C 程序,实现所要求的功能。

(二) 验证 C54X 系列指令的用法(D_8 灯定时闪亮程序)

1. 将已编制好的"D_8 灯定时闪亮"程序(即"Exp01. asm"程序)通过仿真器下载到 CPU 的主芯片 TMS320VC5402 中,DSP5402 的普通 I/O 口 XF 引脚已与 LED 显示灯 D_8 连好。装入样例程序并全速运行程序,可见 D_8 指示灯闪亮。

2. 启动 CCS 2.0,用 Project/Open 打开"DSP54X-01"目录下的"DSP54X01. pjt"工程文件(图 3.2),双击"DSP54X01. pjt"及"Source"可查看各源程序并可加载"DSP54X01. out";单击"Run"运行程序可以观察到 D_8 指示灯闪烁。

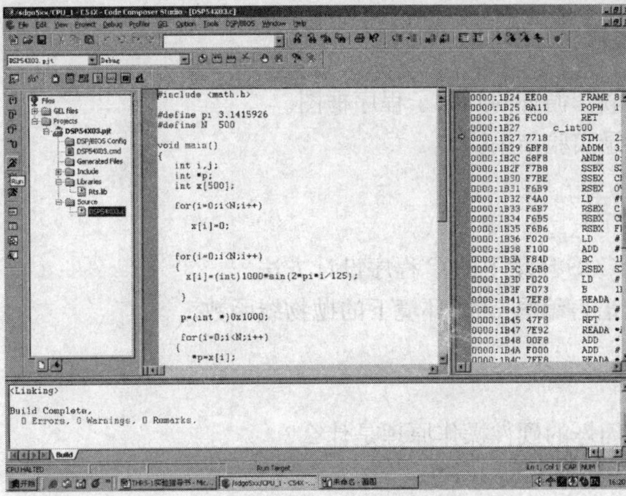

图 3.2　DSP54X01 工程文件源程序

（三）使用实验箱设计正弦波

用 View/Graph/Time/Frequency 打开一个图形观察窗口；设置该观察图形窗口变量及参数；观察变量为 x，长度为 500，数值类型为 16 位有符号整型变量；如图 3.3 所示，图中下半部分为观察图形窗口的设置，上半部分为观察的图形。

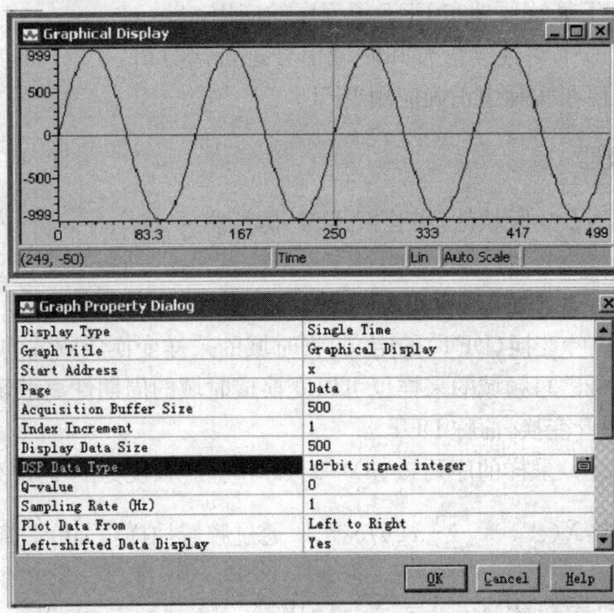

图 3.3　正弦波图形观察窗口

五、实验报告

1. 完成一嵌套循环的延时子程序框图。
2. 观察记录实验结果。

六、预习要求

1. 预习在 CCS 环境下的 C 程序设计方法。
2. 使用 C 语言编写 CCS 环境下的抛物线函数。

七、思考题

D_8 指示灯闪烁的硬件操作原理是什么?

实验二　用 FFT 作谱分析

一、实验目的

1. 加深对 DFT 算法原理和基本性质的理解。
2. 熟悉 FFT 算法原理和 FFT 子程序的应用。
3. 学会用 FFT 对连续信号和时域信号进行谱分析,了解可能出现的分析误差及其原因,以便在实际中正确应用 FFT。

二、实验仪器

计算机,CCS 2.0 版软件,实验箱,DSP 仿真器。

三、实验原理

1. 离散傅里叶变换(DFT)的定义:将时域的采样变换成频域的周期性离散函数(周期离散信号谱),频域的采样也可以变换成时域的周期性离散函数,这样的变换称为离散傅里叶变换,简称 DFT。

连续信号 $x_a(t)$采样的序列:$x(n)=x_a(t)|_{t=nT}$。长度为 N 的序列 $x(n)$的频谱是 ω 的连续函数:$X(e^{j\omega})=\sum\limits_{n=-\infty}^{\infty}x(n)e^{-j\omega n}$。通过频域抽样将 $\omega=\frac{2\pi}{N}$离散化,从而得

$$X(k)=X(e^{j\omega})|_{\omega=\frac{2\pi}{N}k}=\sum_{n=0}^{N-1}x(n)W_N^{nk}\quad(k=0,1,\cdots,N-1)\tag{3.3}$$

式中,$X(k)$是 $X(e^{j\omega})$在$[0,2\pi]$区间上的 N 个等间隔采样点,即长度为 N 的序列

$x(n)$的离散傅里叶变换；$W_N=\mathrm{e}^{\mathrm{j}\frac{2\pi}{N}}$是旋转因子（$N$点）。

将式(3.3)DFT运算写成矩阵形式：

$$\begin{bmatrix} X(0) \\ X(1) \\ X(2) \\ \vdots \\ X(N-1) \end{bmatrix} = \begin{bmatrix} W^{0\times 0} & W^{0\times 1} & W^{0\times 2} & \cdots & W^{0\times(N-1)} \\ W^{1\times 0} & W^{1\times 1} & W^{1\times 2} & \cdots & W^{1\times(N-1)} \\ W^{2\times 0} & W^{2\times 1} & W^{2\times 2} & \cdots & W^{2\times(N-1)} \\ \vdots & \vdots & \vdots & & \vdots \\ W^{(N-1)\times 0} & W^{(N-1)\times 1} & W^{(N-1)\times 2} & \cdots & W^{(N-1)\times(N-1)} \end{bmatrix} \begin{bmatrix} x(0) \\ x(1) \\ x(2) \\ \vdots \\ x(N-1) \end{bmatrix} \quad (3.4)$$

每一个点的DFT变换需要N次复乘和$N-1$次复加，因此N个点DFT变换大约就需要N^2次运算。计算量大，需要相当大的内存，难以实现实时处理。

2. 快速傅里叶变换（FFT）算法是DFT的一种快速算法，将DFT的N^2步减少为$(N/2)\log_2 N$步，极大地提高了运算的速度。

在FFT中，利用W_N^{nk}的周期性和对称性，将N点的DFT分解为两个$N/2$点的DFT，每个$N/2$点的DFT又分解为两个$N/4$点的DFT。我们将这种"一分为二"的思想不断进行下去，直到最后全部成为一系列两点DFT运算单元，那么N点的DFT变换就只需要$(N/2)\log_2 N$次的运算。当需要进行变换的序列的长度不是2的整数次方的时候，为了使用以2为基的FFT，可以用末尾补零的方法使其长度延长至2的整数次方。

FFT算法包括时间抽选法（DIT-FFT）和频率抽选法（DIF-FFT）两种。两种算法的计算量是相同的。按时间抽选的基2-FFT算法原理为将长度为N的序列按时间顺序的奇偶分解为越来越短的子序列：

① 根据W_N^{nk}的特性：$W_N^{nk}=\mathrm{e}^{-\mathrm{j}\frac{2\pi}{N}nk}$；

② 根据周期性：$W_N^{nk}=W_N^{n(k+N)}=W_N^{k(n+N)}$；

③ 根据对称性：$-W_N^{nk}=W^{(nk+N/2)}$；

④ 根据可约性：$W_{mN}^{mnk}=W_N^{nk}$，$W_{N/m}^{nk/m}=W_N^{nk}$；

⑤ 根据特殊点：$W_N^0=1$，$W_N^{N/2}=-1$。

这样，可以合并DFT运算中的某些项以及分解成短序列。

任何$X(k)=\sum\limits_{n=0}^{N-1}x(n)W_N^{nk}\ (k=0,1,\cdots,N-1)$可以变换为

$$\begin{cases} \text{前半部分：}X(k)=X_1(k)+W_N^k X_2(k) \\ \text{后半部分：}X(N/2+k)=X_1(k)-W_N^k X_2(k) \end{cases} \quad (k=0,1,\cdots,N/2-1) \quad (3.5)$$

$X_1(k)$，$X_2(k)$分别为按时间分解的短序列DFT变换。式(3.5)即形成蝶形运算：

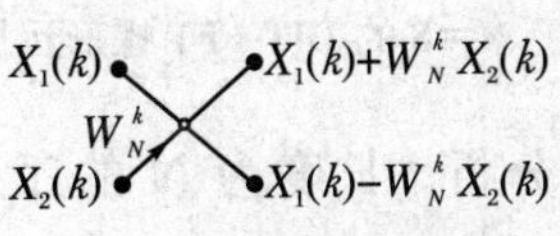

(3.6)

左边两路为输入，右边两路为输出，中间小圆表示加减运算。

$N=2^M$ 的 FFT 运算可分成 M 级，每一级两两构成一个蝶形（共有 $N/2$ 个蝶形）。每个蝶形都要乘以旋转因子 W_N^k，第 M 级共有 2^{M-1} 个不同的旋转因子。

【例】 求 $N=2^3=8$ 点的 DIT-FFT 变换。

解 先将 $N=8$ 点的 DFT 分解成两个 4 点 DFT 序列：

$$\begin{cases} x(0),x(2),X(4),X(6)\text{为偶子序列 } x_1(k) \\ x(1),x(3),x(5),x(7)\text{为奇子序列 } x_2(k) \end{cases} \tag{3.7}$$

构成的蝶形运算为

$$\begin{cases} \text{前半部分}:X(k)=X_1(k)+W_N^kX_2(k) \\ \text{后半部分}:X(N/2+k)=X_1(k)-W_N^kX_2(k) \end{cases} \quad (k=0,1,\cdots,N/2-1) \tag{3.8}$$

再将 $N/2$(4 点)子序列又按奇偶两两分解成 $N/4$ 点子序列：

$$\begin{cases} x(0),x(4)\text{为偶序列 } x_3(k) \\ x(2),x(6)\text{为奇序列 } x_4(k) \end{cases} \quad \begin{cases} x(1),x(5)\text{为偶序列 } x_5(k) \\ x(3),x(7)\text{为奇序列 } x_6(k) \end{cases} \tag{3.9}$$

得到

$$\begin{cases} X_1(k)=X_3(k)+W_{N/2}^kX_4(k) \\ X_1(N/4+k)=X_3(k)-W_{N/2}^kX_4(k) \end{cases} \quad (k=0,1,\cdots,N/4-1) \tag{3.10}$$

$$\begin{cases} X_2(k)=X_5(k)+W_{N/2}^kX_6(k) \\ X_2(N/4+k)=X_5(k)-W_{N/2}^kX_6(k) \end{cases} \quad (k=0,1,\cdots,N/4-1) \tag{3.11}$$

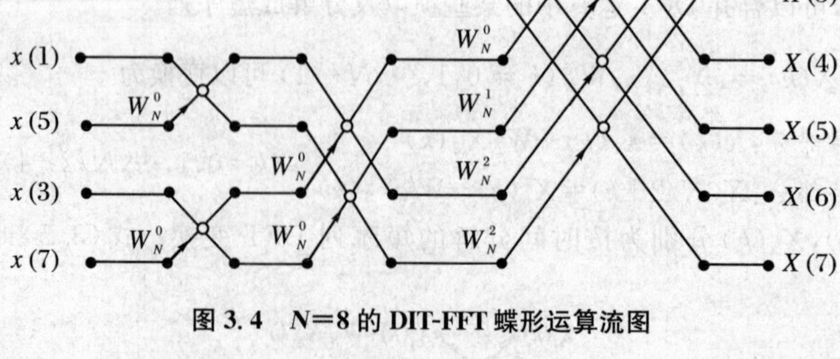

图 3.4 N=8 的 DIT-FFT 蝶形运算流图

3. 利用 FFT 进行频谱分析。长度为 N 的序列 $x(n)$ 的离散傅里叶变换

$X(k)$为

$$X(k)=\sum_{n=0}^{N-1}x(n)W_N^{nk}\quad(k=0,1,\cdots,N-1)\tag{3.12}$$

若信号本身是有限长的序列，计算序列的频谱就是直接对序列进行 FFT 运算求得 $X(k)$，即求得了序列在$[0,2\pi]$之间的频谱值。

若信号是模拟信号，用 FFT 进行谱分析时，首先必须对信号进行采样，使之变成离散信号 $x(n)=x_a(nT)$，然后就可按照前面的 FFT 方法对连续信号进行谱分析了。

按采样定律，采样频率 f_s 因大于信号最高频率的两倍，为了满足采样定理，一般在采样之前要设置一个抗混叠低通滤波器。用 FFT 对模拟信号进行谱分析的方框图如图 3.5 所示。

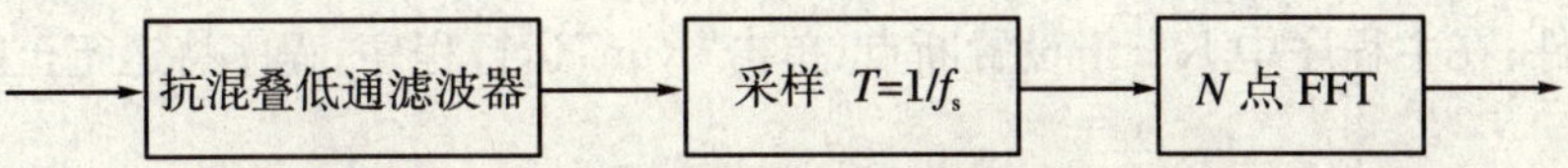

图 3.5 FFT 对模拟信号进行谱分析的方框图

四、实验内容及步骤

(一) 仿真实验

1. 使用 Matlab 实现信号的 FFT 分析：

(1) 利用 Matlab 编程产生和绘制下列有限量长序列：

$$x_1(n)=R_1(n),\quad x_2(t)=\cos(200\pi t)+\sin(100\pi t)+\cos(50\pi t)$$

(2) 使用 Matlab 编写 FFT 的通用子程序块；

(3) 画主程序框图并编写 FFT 实现主程序，实现信号的谱分析。

2. 分别以 $N=8,16,32$ 为变换区间对 $x_1(n)$进行 FFT，画出相应的幅频特性曲线。

3. 对模拟信号 $x_2(t)$选择采样频率和采样点数：选择采样频率 $f_s=64$ Hz，采样点数分别为 16，32，64。

4. 记录实验内容中各信号 $x(n)$的 $X(k)$值，作出频谱图并画出相应的幅频特性曲线。

(二) 硬件实验

1. 实验前准备。

(1) 正确完成计算机、DSP 仿真器和实验箱的连接后，给系统上电；

(2) 设置模数转换单元的拨动开关:1,5,6 置“ON”,其他置“OFF”。

注:有关以上连接说明,可参见模数转换单元跳线说明以及信号源单元跳线说明。对本实验箱上的信号发生单元三种波形的输出有如下说明:如信号源 1,频率选择 1,拨码开关 1,2,3 三个中的任意一个置为“ON”:当波形选择 1,拨码开关 1,2 同时置为“OFF”,3 置为“ON”,此时输出正弦波;当波形选择 1,拨码开关 2 置为“ON”,1,3 置为“OFF”,此时输出三角波;当波形选择 1,拨码开关 1 置为“ON”,1,3 置为“OFF”,此时输出方波。信号源 2 同 1 以上说明。

2. 实验。

(1) 启动 CCS 2.0,Project/Open 打开“DSP54X-02”目录下的“ExpFFT.pjt”工程文件;双击“ExpFFT.pjt”及“Source”查看各源程序(图 3.6)并加载“ExpFFT.out”文件;在主程序中 K++设置断点;单击“Run”运行程序,程序将运行至断点处停止。

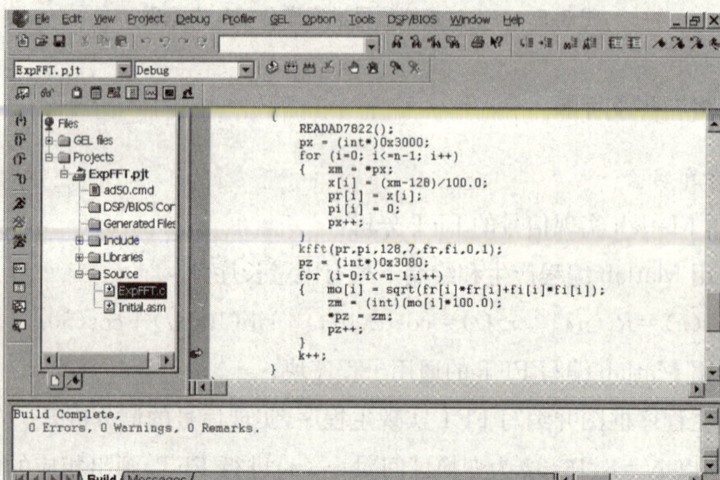

图 3.6　ExpFFT 工程文件的源程序

(2) 用 View/Graph/Time/Frequency 打开一个图形观察窗口;设置该观察图形及参数(图 3.7);采用双踪观察起始地址分别为 0×3000H 和 0×3080h、长度为 128 的单元中数值的变化,数值类型为 16 位有符号整型变量。这两段存储单元中分别存放的是经过 AD782 转换的混叠信号(信号源单元产生)和对该信号进行 FFT 变换的结果(图 3.8)。

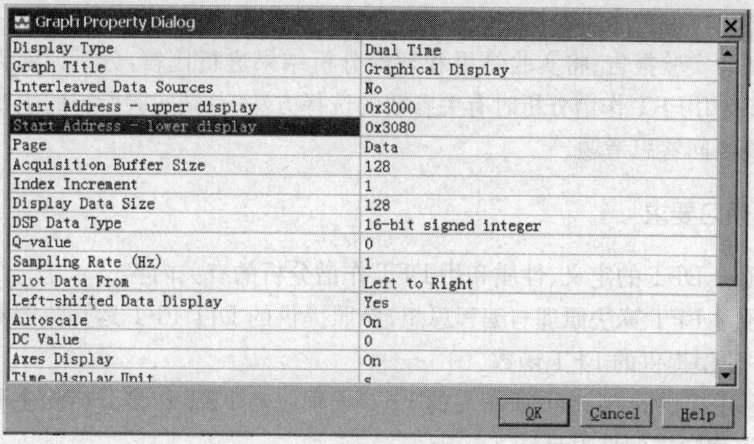

图 3.7　图形参数窗口

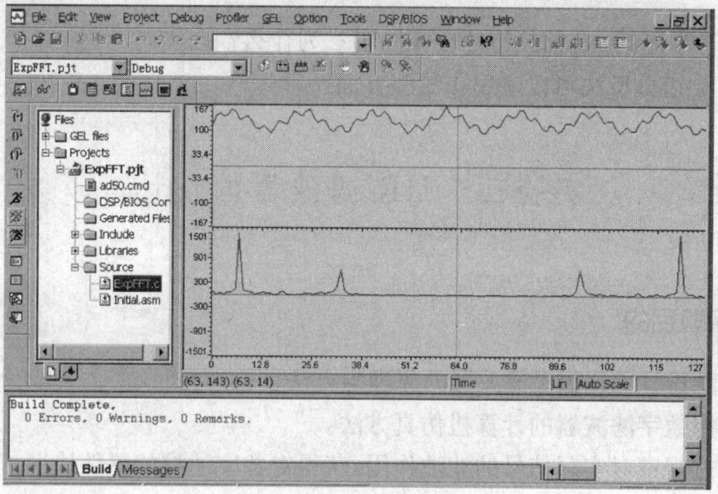

图 3.8　FFT 变换结果

(3) 单击“Animate”运行程序或按 F10 运行；调整观察窗口并观察输入信号波形及其 FFT 变换结果；调节信号源单元中两路信号的波形选择调节、频率调节、幅值调节，观察混叠信号及其 FFT 变换结果的变化情况。

(4) 单击“Halt”暂停程序运行，关闭窗口，本实验结束。

五、实验报告

1. 简述实验目的及实验原理。
2. 编程实现各实验内容，列出实验清单及说明。

3. 提供样例程序实验操作说明，记录必要的参数。

4. 填写实验报告；将实验结果和理论分析结果进行比较，分析说明误差产生的原因以及用FFT作谱分析时有关参数的选择方法；总结实验所得的主要结论。

5. 简要回答思考题。

六、预习要求

1. 预习DFT的定义、性质和用DFT作谱分析的有关内容。

2. 预习FFT算法原理与编程思想，参照提供的DIT-FFT运算流图和程序流图读懂并使用提供的FFT函数。

3. 利用提供的Matlab所编写的FFT子程序与FFT作谱分析的主程序完成仿真实验(程序样例见附录)。

七、思考题

1. 对于不同的N，幅频特性会相同吗？为什么？

2. FFT谱分析法可以应用在哪些方面？

实验三　IIR滤波器的设计

一、实验目的

1. 熟悉设计IIR数字滤波器的原理与方法。
2. 掌握数字滤波器的计算机仿真方法。
3. 通过观察对实际信号的滤波作用，获得对数字滤波的感性认识。

二、实验仪器

计算机，CCS 2.0版软件，实验箱，DSP仿真器。

三、实验原理

1. 数字滤波器是指输入、输出都是离散时间信号且通过一定运算关系可改变输入信号所含频率成分的相对比例或者滤除某些频率成分的器件。

离散系统的频域表示法：

$$Y(e^{j\omega})=X(e^{j\omega})H(e^{j\omega}) \tag{3.13}$$

式中$Y(e^{j\omega})$，$X(e^{j\omega})$分别是数字滤波器的输出序列和输入序列的频域特性；$H(e^{j\omega})$

为系统单位抽样响应的频率响应。选择不同的 $H(e^{j\omega})$，系统就可以选择不同的频谱。

一个数字滤波器可以用系统函数表示为

$$H(z)\big|_{z=e^{j\omega}}=\frac{Y(z)}{X(z)}=\frac{\sum_{k=0}^{M}b_k z^{-k}}{1-\sum_{k=1}^{N}a_k z^{-k}} \tag{3.14}$$

当系统的单位冲激响应 $h(n)$（时域）无限长时，将其称为无限长单位冲激响应(IIR)数字滤波器，其结构存在输出到输入的反馈。其差分方程为

$$y(n)=\sum_{k=0}^{M}b_k x(n-k)+\sum_{k=1}^{N}a_k y(n-k) \tag{3.15}$$

设计 IIR 数字滤波器就是求满足条件的 a_k，b_k 值，它是数学上的一种逼近问题，即在规定意义上（通常采用最小均方误差准则）去逼近系统的特性。

2. 实现数字滤波器的方法有两种：一种是采用计算机软件，通过程序实现；另一种是设计专用的数字处理硬件。

设计 IIR 数字滤波器的最通用方法是借助模拟滤波器的设计方法，把 s 平面映射到 z 平面，使模拟系统函数 $H(s)$ 变换成所需的数字滤波器的系统函数 $H(z)$。

(1) 常用的模拟滤波器主要有巴特沃斯、切比雪夫、贝塞尔滤波器等。模拟滤波器的设计，就是用模拟系统的系统函数 $H(s)$ 去逼近所要求的理想特性。标准的模拟低通滤波器设计公式是根据幅度平方函数来确定的，即

$$|H(j\Omega)|^2=H(j\Omega)H(-j\Omega)=H(s)H(-s)\big|_{s=j\Omega} \tag{3.16}$$

式中，$H(s)$ 是模拟滤波器的系统函数，它是 s 的有理函数；$H(j\Omega)$ 是其稳态响应，即滤波器频率特性；$|H(j\Omega)|$ 为滤波器的稳态振幅特性。

由幅度平方函数确定 $H(s)$ 的方法是：

(a) 在 $|H(j\Omega)|^2$ 中，令 $\Omega^2=-s^2$，得到 $H(s)$；

(b) 将 $H(s)H(-s)$ 有理式进行分解，得到零点和极点；

(c) 按照频域特性，确定增益常数；

巴特沃斯低通滤波器幅度平方函数定义为

$$|H(j\Omega)|^2=\frac{1}{1+\left(\dfrac{\Omega}{\Omega_c}\right)^{2N}} \tag{3.17}$$

式中，N 为正整数，代表滤波器阶数，Ω_c 为截止频率。

(2) 映射方法主要有三种：冲激响应不变法、阶跃响应不变法、双线性变换法。其中前两种方法最大的缺点就是产生频率响应的混叠而失真。

双线性变换法从频域出发，是数字滤波器的频率响应与模拟滤波器的频率响

应的一种变换法。原理如下：

$$H(s)\xrightarrow{\text{压缩}}H(s_1)\xrightarrow{\text{映射}}H(z) \tag{3.18}$$

$$\omega\xrightarrow{\omega_1=\frac{2}{T}\arctan\frac{\omega T}{2}}\omega_1\xrightarrow{\Omega=\omega_1 T}\Omega \tag{3.19}$$

由模拟频率与数字频率的关系得到映射关系：

$$\omega=\frac{2}{T}\tan\frac{\Omega}{2}\xrightarrow[z=\mathrm{e}^{\mathrm{j}\Omega}]{s=\mathrm{j}\omega}z=\frac{1+s}{1-s} \tag{3.20}$$

为了使模拟滤波器的某一频率与数字滤波器的任一频率有对应的关系，引入待定常数 c，使式(3.20)变成

$$z=\frac{c+s}{c-s} \tag{3.21}$$

式中，变换常数 c 的选择有两种，其中低频特性时，$c=\frac{2}{T}$。

四、实验内容及步骤

（一）仿真实验

1. 利用 Matlab 编程设计低通 IIR 数字滤波器。

（1）确定数字低通滤波器的技术指标：通带边界频率 ω_p、通带最大衰减 α_p、阻带截止频率 ω_s、阻带最小衰减 α_s。

（2）将数字低通滤波器的技术指标转换成相应的模拟低通滤波器的技术指标。

（3）按照模拟低通滤波器的技术指标设计过渡模拟低通滤波器。

（4）用所选的转换方法，将模拟滤波器 $H(s)$ 转换成数字低通滤波器系统函数 $H(z)$。

2. 使用 Matlab 自带的模拟低通滤波器编写 IIR 数字滤波器程序。

（1）确定最小阶数 N 和频率参数，可供选用的阶数择函数有：buttord，cheblord，cheb2ord，ellipord 等。

（2）根据最小阶数直接设计模拟低通滤波器原型，可用 butter，cheby1，cheby2，ellip，bessel 等函数。

（3）运用脉冲响应不变法或双线性变法把模滤波器转化为数字滤波器，调用的函数是 impinvar 和 bilinear。

（4）用 freqz 函数验证设计结果。

3. 画出主程序框图和流程图。

4. 记录实验内容中相应的幅频特性曲线。

（二）硬件实验

实现基于 DSP 仿真器的低通 IIR 数字滤波器的设计和使用。

1. 阅读本实验所提供的样例子程序。

2. 实验前准备。

(1) 正确完成计算机、DSP 仿真器和实验箱的连接后，给系统上电；

(2) 设置模数转换单元的拨动开关：1，5 置“ON”，其他置“OFF”；

(3) 用示波器分别观测信号源单元的 S1 和 S2 输出的模拟信号，分别调节信号波形选择、信号频率、信号输出幅值等旋钮，直到满意为止。（本样例实验程序建议：采用两路正弦波信号的混叠信号为输入信号；低频正弦波信号峰峰值 11 V，频率＜4 kHz；高频正弦波信号峰峰值 5 V，频率＞40 kHz）

(4) 设置模数转换单元的拨动开关：1，5，6 置“ON”，其他置“OFF”，即采样频率选择 181 kHz，两路信号混叠输入，可在引出点“SC”处(模数转换单元)用示波器观察混叠信号。

注：有关以上连接说明，可参见使用说明书中模数转换单元跳线说明以及信号源单元跳线说明。

3. 运行 CCS 软件，对样例程序进行跟踪，分析结果。

(1) 启动 CCS 2.0，用 Project/Open 打开“DSP54X-03”目录下的“ExpIIR. pjt”工程文件；双击“ExpIIR. pjt”，再双击“Source”可查看各源程序(图 3.9)并可加载“ExpIIR. out”文件；在主程序中 K＋＋处设置断点；单击“Run”运行程序，程序将运行至断点处停止。

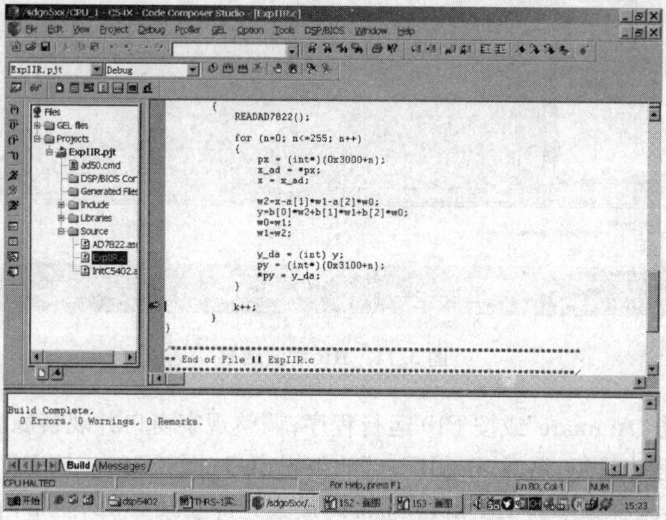

图 3.9　ExpIIR 工程文件源程序

(2) 用 View/Graph/Time/Frequency 打开一个图形观察窗口,设置该观察图形及参数(图 3.10);采用双踪示波器观察起始地址分别为 0×3000H 和 0×3100H、长度为 256 的单元中数值的变化,数值类型为 16 位有符号整型变量。这两段存储单元中分别存放的是经 A/D 转换后的混叠信号和对该信号进行低通 IIR 滤波后的输出信号结果(图 3.11)。

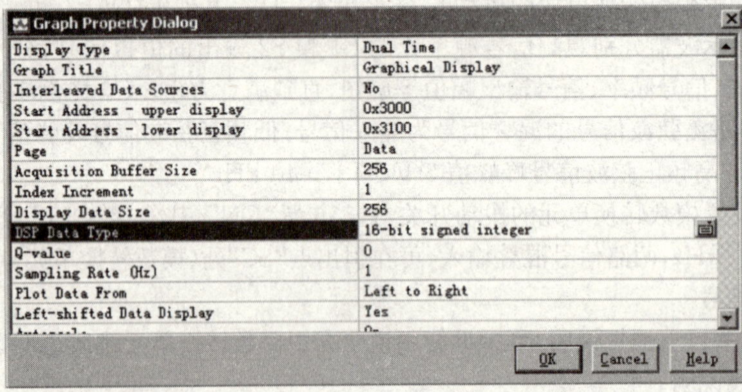

图 3.10　图形参数窗口

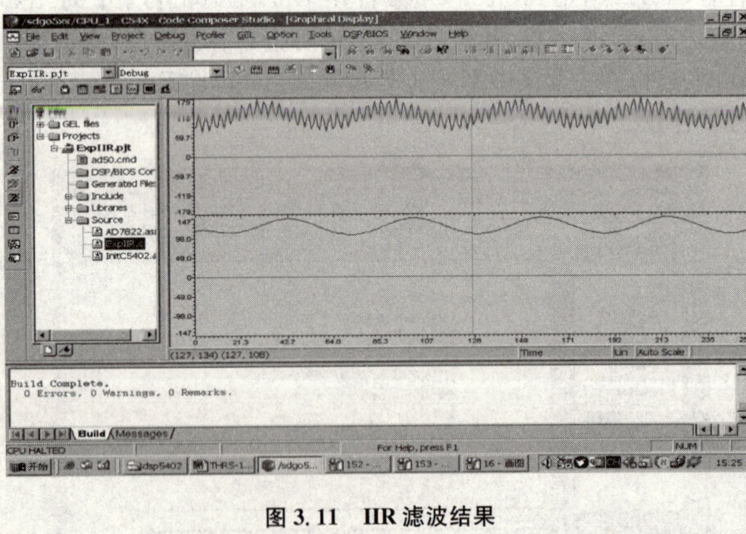

图 3.11　IIR 滤波结果

(3) 单击"Animate"或按 F10 运行程序;调整观察窗口并观察滤波结果;单击"Halt"暂停程序运行,激活"ExpIIR. c"的编辑窗口(图 3.12)。该 IIR 低通滤波器性能参数为:采样频率为 181 kHz,通带内最大允许衰减 3 dB,阻带内最小衰减大于 30 dB,过渡带宽度约为 36 kHz;通带上限频率为 4 kHz;阻带下限截止频率为

40 kHz。可以通过修改以上归一化参数“npass”和“mstop”来改变滤波器性能。

(4) 修改“ExpIIR. c”程序中“nlpass”和“nlstop”参数改变 IIR 低通滤波器的滤波性能。重新“Rebuild All”后，加载并单击“Animate”可得到不同的结果。

(5) 在 CCS 2.0 环境下，同步观察输入信号及其 IIR 低通滤波结果。

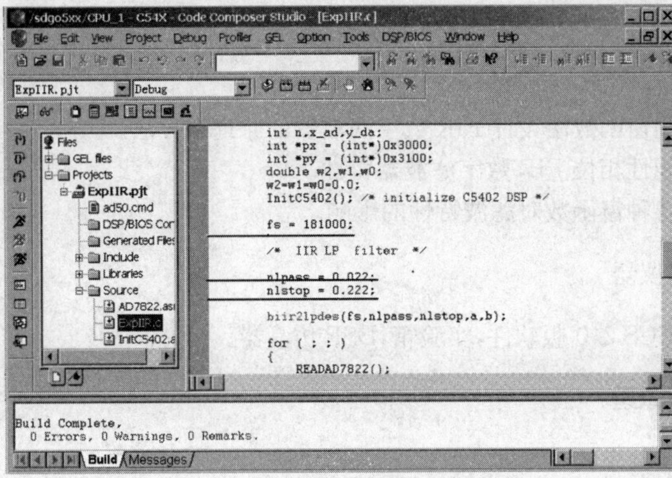

图 3.12 ExpIIR 源程序编辑窗口

五、实验报告

1. 简述 IIR 滤波器的基本原理。
2. 简述 IIR 数字滤波器的设计原理和步骤。
3. 给出所设计低通 IIR 数字滤波器的输入输出曲线。

六、预习要求

1. 预习有关巴特沃斯滤波器设计和用双线性变换法设计 IIR 数字滤波器的知识。

2. 参照提供的 IIR 设计流图和程序流图，读懂和使用提供的 Matlab 设计 IIR 滤波器的程序例子(程序样例见附录)。

3. 使用 Matlab 设计一个 butterworth 数字低通滤波器，要求通带临界频率 $f_p=3\,400$ Hz，阻带临界频率 $f_s=5\,000$ Hz，通带内的最大衰减 $R_p=2$ dB，阻带内的最小衰减 $R_s=20$ dB，采样频率 $F_s=22\,050$ Hz。

七、思考题

1. 试述用双线性变换法设计数字滤波器的过程?
2. 实验中，计算每个二阶滤波器的输出序列时，如何确定计算点数?

3. 对于滤波前后的信号波形,说明数字滤波器的滤波过程与滤波作用。

实验四　FIR 滤波器的设计

一、实验目的

1. 掌握用窗函数法设计 FIR 数字滤波器的原理和方法。
2. 熟悉线性相位 FIR 数字滤波器特性。
3. 了解各种窗函数对滤波特性的影响。

二、实验仪器

计算机,CCS 2.0 版软件,实验箱,DSP 仿真器。

三、实验原理

(一) FIR 数字滤波器

在数据传输和图像处理领域中,要求信号不能有明显的相位失真,因而具有严格线性相位的有限长单位冲激响应(FIR)数字滤波器得到发展和应用。FIR 滤波器的单位冲激响应 $h(n)$ 为一个有限个 $N(0\leqslant n\leqslant N-1)$ 点的序列 ,则滤波器的系统函数为

$$H(z)=\sum_{n=0}^{N-1}h(n)z^{-n} \tag{3.22}$$

上式可以看成 z^{-1} 的 $N-1$ 阶多项式,在有限 $z(0\leqslant|z|\leqslant\infty)$ 平面内有 $N-1$ 个零点,而 z 平面原点($z=0$)处有 $N-1$ 阶极点。

线性相位滤波器不会改变输入信号的形状,是只在时域上使信号延时而不用矫正的滤波器。

式(3.22)的频率响应为

$$|H(e^{j\omega})|_{z=e^{j\omega}}=\sum_{n=0}^{N-1}h(n)e^{-j\omega n}=\pm|H(e^{j\omega})|e^{-j\theta\omega} \tag{3.23}$$

式中 $|H(e^{j\omega})|$ 是幅度响应,要表达严格的线性相位,需要满足

$$\theta(\omega)=-\tau\omega \tag{3.24}$$

或

$$\theta(\omega)=\beta-\tau\omega \tag{3.25}$$

式中 τ,β 都是常数,表示相位是通过原点坐标 $\omega=0$ 或 $\theta(0)=\beta$ 的斜直线。

将式(3.24)和(3.25)分别代入式(3.23)可得

$$\sum_{n=0}^{N-1} h(n)\sin[(\tau-n)\omega]=0 \tag{3.26}$$

$$\sum_{n=0}^{N-1} h(n)\sin[(\tau-n)\omega-\beta]=0 \tag{3.27}$$

要使式(3.26)或(3.27)成立，必须满足

$$\tau=\frac{N-1}{2},\quad h(n)=h(N-1-n)$$

或

$$h(n)=-h(N-1-n),\quad \beta=\pm\frac{\pi}{2}\quad (0\leqslant n\leqslant N-1) \tag{3.28}$$

根据单位冲激响应，$h(n)$的奇偶对称性和 N 的奇偶性可以分为四种情况的线性相位 FIR 滤波器。

（二）窗函数设计法

以理想低通滤波器为例，其频率响应为

$$H_d(e^{j\omega})=\begin{cases}1e^{-j\omega\alpha} & (\omega\leqslant\omega_c)\\ 0 & (\omega_c<\omega\leqslant\pi)\end{cases} \tag{3.29}$$

式中，ω_c 为截止频率，幅度值为 1，相位是$-\omega\alpha$。

设计一个 FIR 滤波器频率响应 $H_d(e^{j\omega})=\sum_{n=0}^{N-1}h(n)e^{-j\omega n}$ 来逼近 。而窗函数法设计是在时域上进行的，因此可由 $H_d(e^{j\omega})$ 的傅里叶反变换导出

$$h_d(n)=\frac{1}{2\pi}\int_{-\pi}^{\pi}H_d(e^{j\omega})e^{j\omega n}d\omega=\frac{1}{2\pi}\int_{-\omega_c}^{\omega_c}e^{j\omega(n-\alpha)}d\omega=\frac{\sin[\omega_c(n-\alpha)]}{\pi(n-\alpha)} \tag{3.30}$$

为了通过无限长的序列 $h_d(n)$得到有限长且具线性相位的 FIR 滤波器 $h(n)$，可以使用一个有限长度的窗口函数序列 $\omega(n)$[本例中取矩形窗 $\omega(n)=R_N(n)$]来截取 $h_d(n)$，则必须有

$$\begin{cases}h(n)=h_d(n)R_N(n)=\begin{cases}h_d(n) & (0\leqslant n\leqslant N-1)\\ 0 & (n\text{ 为其他值})\end{cases}\\ \alpha=\dfrac{N-1}{2}\end{cases} \tag{3.31}$$

在频域上

$$H(e^{j\omega})=\frac{1}{2\pi}\int_{-\pi}^{\pi}H_d(e^{j\omega})R_N(e^{j(\omega-\theta)})d\theta \tag{3.32}$$

因而 $H(e^{j\omega})$逼近 $H_d(e^{j\omega})$的好坏完全取决于窗函数的频率特性 $R_N(e^{j\omega})$。因此窗函数序列的形状及长度的选择很关键。

（三）常用窗函数

1. 矩形窗

窗函数为

$$\omega(n)=R_N(n)=\begin{cases}1 & (0\leqslant n\leqslant N-1)\\ 0 & \text{其他}\end{cases} \tag{3.33}$$

幅度函数为

$$W_R(\omega)=|W_R(\mathrm{e}^{\mathrm{j}\omega})|=\frac{\sin\left(\frac{N\omega}{2}\right)}{\sin\left(\frac{\omega}{2}\right)}$$

$$\begin{aligned}&\text{主瓣宽度}:2\times2\pi/N=4\pi/N\\&\text{过渡带宽}:\Delta\omega=0.9\times2\pi/N\end{aligned} \tag{3.34}$$

2. 三角窗

窗函数为

$$\omega(n)=\begin{cases}\dfrac{2n}{N-1} & \left(0\leqslant n\leqslant\dfrac{N-1}{2}\right)\\ 2-\dfrac{2n}{N-1} & \left(\dfrac{N-1}{2}<n\leqslant N-1\right)\end{cases} \tag{3.35}$$

幅度函数为

$$W_R(\omega)=|W_R(\mathrm{e}^{\mathrm{j}\omega})|=\frac{2}{N}\left[\frac{\sin\left(\frac{N\omega}{4}\right)}{\sin\left(\frac{\omega}{2}\right)}\right] \tag{3.36}$$

主瓣宽度：$4\times2\pi/N=8\pi/N$

过渡带宽：$\Delta\omega=2.1\times2\pi/N$

3. 汉宁窗

窗函数为

$$\omega_n=\frac{1}{2}\left[1-\cos\left(\frac{2\pi n}{N-1}\right)\right]R_N(n) \tag{3.37}$$

幅度函数为

$$W(\omega)=0.5W_R(\omega)+0.25\left[W_R\left(\omega-\frac{2\pi n}{N-1}\right)+W_R\left(\omega+\frac{2\pi n}{N-1}\right)\right] \tag{3.38}$$

主瓣宽度：$4\times2\pi/N=8\pi/N$

过渡带宽：$\Delta\omega=3.1\times2\pi/N$

4. 海明窗

窗函数为

$$\omega_n=\left[0.54-0.46\cos\left(\frac{2\pi n}{N-1}\right)\right]R_N(n) \tag{3.39}$$

幅度函数为

$$W(\omega)=0.54W_R(\omega)+0.23\left[W_R\left(\omega-\frac{2\pi n}{N-1}\right)+W_R\left(\omega+\frac{2\pi n}{N-1}\right)\right] \tag{3.40}$$

主瓣宽度：$4\times 2\pi/N=8\pi/N$

过渡带宽：$\Delta\omega=3.3\times 2\pi/N$

5. 布拉克曼窗

窗函数为

$$\omega(n)=\left[0.42-0.5\cos\left(\frac{2\pi n}{N-1}\right)+0.08\cos\left(\frac{4\pi n}{N-1}\right)\right]R_N(n) \tag{3.41}$$

幅度函数为

$$W(\omega)=0.42W_R(\omega)+0.25\left[W_R\left(\omega-\frac{2\pi n}{N-1}\right)+W_R\left(\omega+\frac{2\pi n}{N-1}\right)\right]$$
$$+0.04\left[W_R\left(\omega-\frac{4\pi n}{N-1}\right)+W_R\left(\omega+\frac{4\pi n}{N-1}\right)\right] \tag{3.42}$$

主瓣宽度：$6\times 2\pi/N=12\pi/N$

过渡带宽：$\Delta\omega=5.5\times 2\pi/N$

四、实验内容及步骤

（一）仿真实验

1. 使用 Matlab 编程设计低通 FIR 数字滤波器。

(1) 明确所给定要求的频率响应函数 $H_d(e^{j\omega})$；

(2) 求 $h_d(n)=IDTFT[H_d(e^{j\omega})]$；

(3) 因过渡带宽及阻带最小衰减的要求，需查表选定窗 $\omega(n)$ 的形状及 N 的大小，一般 N 要通过几次试探后才能确定；

(4) 根据 $h(n)=h_d(n)\omega(n)$ $(n=0,1,\cdots,N-1)$ 求得所设计的 FIR 滤波器的单位抽样响应；

(5) 求 $H(e^{j\omega})=DIFT[h(n)]$，检验是否满足设计要求，如不满足，则需重新设计。

2. 使用 Matlab 自带的模拟低通滤波器编写 FIR 数字滤波器程序。

(1) 确定低通 FIR 滤波器的性能指标（边界频率、过渡带宽）；

(2) 确定窗形状，选择合适的窗函数[Matlab 中的窗函数有：boxcar(N)，hanning(N)，hamming(N)，bartlett(N)，blackman(N)，triang(N)等等]；

(3) 使用 Matlab 自带的 FIR 数字滤波器函数 fftfilt(　)，filter(　)实现滤波验证。

3. 记录实验内容中相应的幅频特性曲线。

（二）硬件实验

实现基于 DSP 的低通 IIR 数字滤波器的设计和使用。

1. 阅读本实验所提供的样例子程序。

2. 实验前准备。

(1) 正确完成计算机、DSP 仿真器和实验箱的连接后,给系统上电。

(2) 设置模数转换单元的拨动开关:1,5 置“ON”,其他置“OFF”。

(3) 用示波器分别观测信号源单元的 S1 和 S2 输出的模拟信号,分别调节信号波形选择、信号频率、信号输出幅值等旋钮直到满意为止。

本样例实验程序建议采用两路正弦波信号的混叠信号作为输入信号:低频正弦波信号的峰峰值为 11 V,频率<4 kHz。

高频正弦波信号的峰峰值为 5 V,频率>40 kHz。

(4) 设置模数转换单元的拨动开关:1,5,6 置“ON”,其他置“OFF”,即采样频率选择 181 kHz,两路信号混叠输入,可在“SC”点用示波器观察混叠信号。

注:有关以上连接说明,可参见使用说明书中模数转换单元跳线说明以及信号源单元跳线说明。

3. 运行 CCS 软件,对样例程序进行跟踪,分析结果。

(1) 启动 CCS 2.0,用 Project/Open 打开“DSP54X-04”目录下的“ExpFIR.pjt”工程文件(图3.13)。

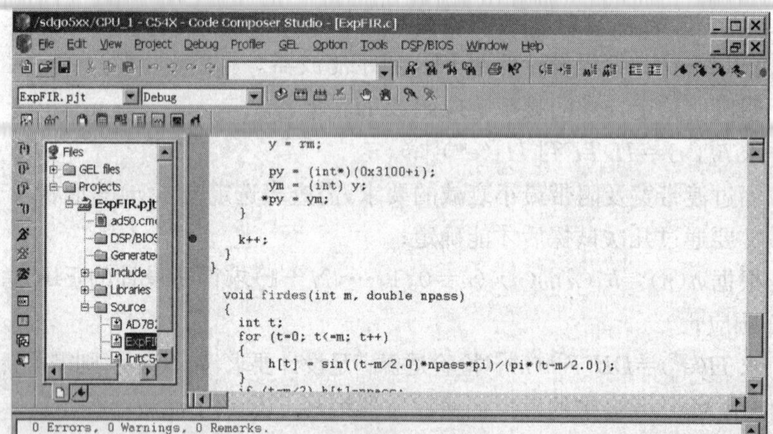

图 3.13 ExpFIR 工程文件源程序

(2) 双击“ExpFIR. pjt”及“Source”可查看各源程序;加载“ExpFIR. out”;在主程序中 K++处设置断点;单击“Run”运行程序,程序将运行至断点处停止。

(3) 用 View/Graph/Time/Frequency 打开一个图形观察窗口;设置观察图形窗口变量及参数(图 3.14);采用双踪观察在启动地址分别为 0×3000H 和 0×

3100H、长度为 256 的单元中数值的变化,数值类型为 16 位有符号整型变量。这两段存储单元中分别存放的是经 A/D 转换后的输入混叠信号(输入信号)和对该信号进行 FIR 滤波的结果(图 3.15)。

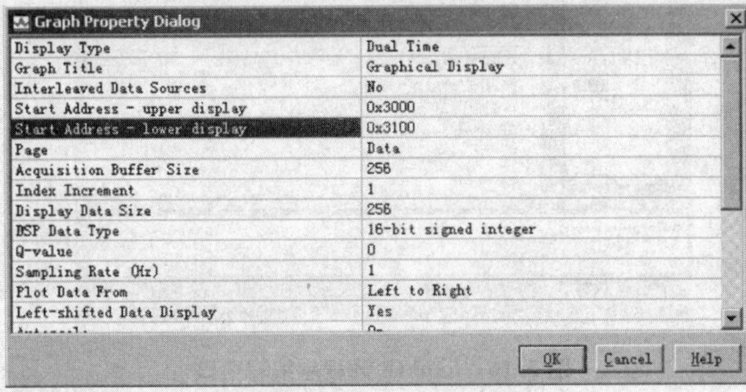

图 3.14 图形参数窗口

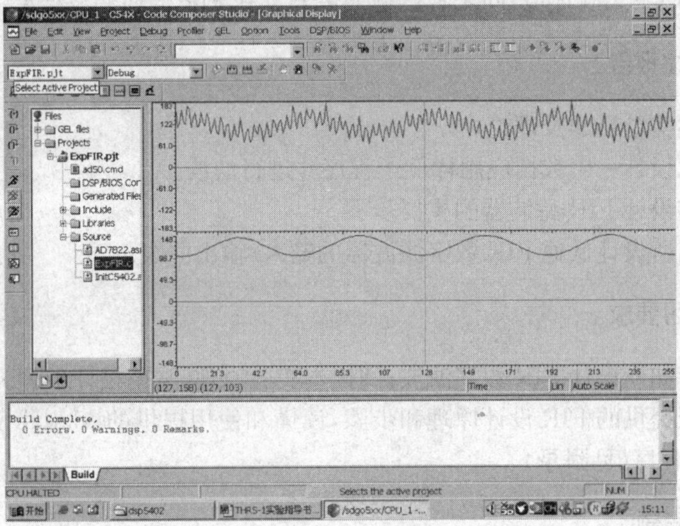

图 3.15 FIR 滤波结果

(4) 单击"Animate"或按 F10 运行程序;调整观察窗口并观察滤波结果;单击"Halt"暂停程序运行,激活"ExpFIR.c"的编辑窗口。

以上实验程序说明:该程序为五十一阶 FIR 低通滤波器算法程序,采用矩形窗函数实现,数组和 xmid 长度均为五十一,f_s 为采样频率,f_{stop} 为滤波器截止频率,可以修改以上参数来变滤波器性能(图 3.16)。

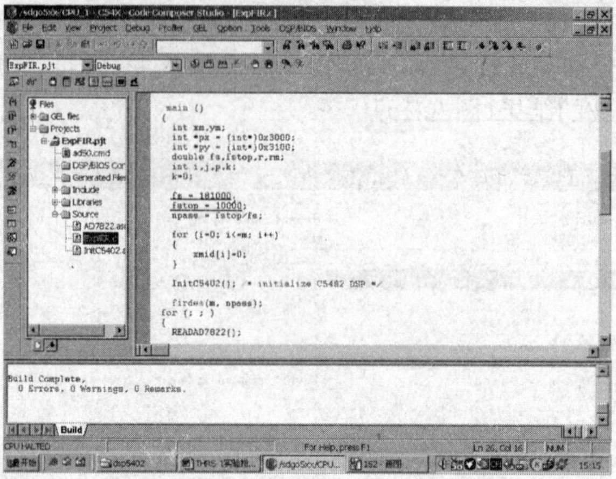

图 3.16　ExpFIR 源程序编辑窗口

(5) 点击“Rebuild All”后重新加载，单击“Animate”可得到不同的实验结果。

(6) 在 CCS 2.0 环境，同步观察输入信号及其 FIR 低通滤波结果。

五、实验报告

1. 简述实验目的及理论。
2. 自己设计一串数据应用样例子程序并进行滤波。
3. 总结设计 FIR 滤波器的主要步骤。
4. 给出所设计低通 FIR 数字滤波器的输入/输出曲线。

六、预习要求

1. 复习如何设计 FIR 数字滤波；阅读本实验原理，掌握设计步骤。
2. 参照提供的 FIR 设计原理和步骤，读懂和使用提供的 Matlab 设计 FIR 滤波器的样例程序(见附录)。

七、思考题

1. 如果给定通带截止频率和阻带截止频率以及阻带最小衰减，如何用窗函数法设计线性相位低通滤波器？写出设计步骤。
2. 定性说明本实验中 3 dB 截止频率的理论值在什么位置？是否等于理想低通滤波器的截止频率？
3. 如果要求用窗函数法设计带通滤波器且给定上下边带截止频率，试求理论值。

第四章　数字图像处理实验

一、实验课程简介

“数字图像处理”课程是电子类专业本科生的重要专业课程之一。图像处理又称为数字图像处理(Digital Image Processing)，是一门实践性较强的技术，其中实验占有重要地位。图像处理技术的迅速发展和其在当今社会中的广泛应用给“数字图像处理”课程的教学提出了新的更高的要求。

本实验指导书涵盖了“数字图像处理”课程中较为重要的知识点，从介绍图像的基本格式及在计算机中存在的形式入手到对图像的基本处理(如代数运算、图像增强、图像的分割等算法进行实验设计)，最后到通过简单的应用实例完成图像的描述与识别这一综合实验的设计。本章是学生对图像处理的基本内容进行编程实践的指导内容。

二、实验软件简介

该实验内容主要通过软件编程来完成，考虑到实验学时的限制以及让学生掌握各种基本图像处理算法原理的目的，实验课程推荐采用 Matlab 软件来完成实验内容。Matlab 软件是由美国 Math Works 公司发布的主要面对科学计算、可视化以及交互式程序设计的高科技计算环境。Matlab 可以进行众多的数学运算，已被广泛应用于工程计算信号处理与通信、图像处理等领域。该软件的图像处理工具箱中包含了大多数的通用图像处理算法，可以方便快捷地对各种算法进行编程实现。学有余力的同学可以在掌握算法的基础上，采用 VC＋＋等软件对算法进行实现。

实验一　数字图像处理基础

一、实验目的

1. 掌握常用的图像格式。
2. 熟练掌握采用 Matlab 软件对图像进行读写及显示操作。
3. 掌握对图像进行基本运算的方法和原理。

二、实验仪器

PC 机一台，Matlab 软件，实验所需图像。

三、实验原理

(一) 数字图像的表示和基本类别

一幅图像可以被定义为一个离散的二维矩阵，矩阵中每一个元素的值给出了该坐标位置下像素点的幅度(亮度)。灰度指明了黑白图像的亮度，而彩色图像是由三幅独立的分量图像(红、绿、蓝)组成的。因此黑白图像处理算法一般也适用于彩色图像处理。

Matlab 中采用矩阵来表达图像，矩阵的元素和图像的像素之间有着十分自然的对应关系。根据图像数据矩阵元素数值的不同，Matlab 将其分为灰度图像(Intensity Images)、二值图像(Binary Images)、索引图像(Indexed Images)以及 RGB 图像(RGB Images)四类。

对于灰度图像，其一般为 unit 8 型的二维矩阵，每个元素的取值范围为[0, 255](0 表示黑色，255 表示白色)。二值图像则是一种元素取值只能取 0 或 1 的二维矩阵，其数据类型为 logical 类型。这里 0 表示黑色，1 表示白色。索引图像使用了索引颜色，索引颜色通常也称为映射颜色。在这种模式下，颜色都是预先定义的并且其最多只能包含 256 种颜色。一幅索引颜色图像在图像文件里定义，当打开该文件时，构成该图像具体颜色的索引值就被读入程序里了，然后根据索引值就可找到最终的颜色。RGB 图像则是一个 $M \times N \times 3$ 的矩阵，其中每一个像素点由对应的红、绿、蓝三个分量组成。

(二) 读取图像文件

Matlab 提供了 imread 函数来完成图像文件的读取操作。其调用语法格式为：

I=imread('filename','fmt') 或 I=imread('filename.fmt')，其功能为将名字为

filename 且扩展名为 fmt(表示图像文件格式)表示的图像数据读入到 I 命名的矩阵中。Matlab 支持多种图像文件格式的读写和显示。因此参数 fmt 可以写为如下格式:

bmp:Windows 位图格式;

jpg 或 jpeg:联合图像专家组格式;

tif 或 tiff:标志图像文件格式;

gif:图形交换格式;

pcx:Windows 画刷格式;

png:可移动网络图形格式;

xwd:X Window Dump 格式。

例如:命令行

```
>>I=imread('lena.jpg');
```

表示将 jpeg 图像 lena 读入图像矩阵 I 中。

(三) 保存图像文件

Matlab 提供了 imwrite 函数;函数完成图像的输出和保存操作,其调用格式为

```
imwrite(I,'filename','fmt')
```

或

```
imwrite(I,'filename.fmt')
```

其中 I,filename 和 fmt 的意义同上所述。

(四) 图像文件的显示

一般来说,在 Matlab 软件中可以通过 imshow 函数来显示图像,其调用格式为

```
imshow(I)
```

如下面的语句用于显示一幅图像:

```
>> I=imread('lena.jpg');
>> imshow(I);
```

(五) 常用的图像类型转换

在实验中以灰度图像为主进行实验,如果给出的实验图像是彩色的,则需要进行将类型转换为灰度图像。Matlab 提供了 rgb2gray 函数来完成图像文件的彩色到灰度的转换,其调用语法格式为

```
G=rgb2gray(C)
```

表示将彩色图像 C 转换为灰度图像 G。如图 4.1 所示,左图为原始彩色图像,右图为转换后的灰度图像。

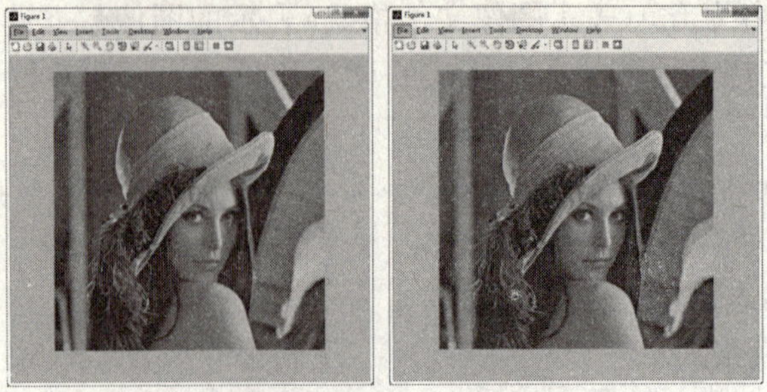

图 4.1　图像的类型转换

（六）图像的基本运算

Ⅰ. 图像的加法运算

图像相加一般用于对同一场景的多幅图像求平均效果，以便有效地降低具有叠加性质的随机噪声。在 Matlab 中可以调用 imadd 函数来实现图像的加法运算，其调用格式为

C = imadd(A,B)

表示将图像 A、B 相加后的结果放到图像 C 中。如图 4.2 所示，三幅图像从左到右依次为图像 A、图像 B 以及相加后得到的图像 C。

图 4.2　图像的加法运算

Ⅱ. 图像的减法运算

图像减法也称为差分方法，是一种常用于检测图像变化及运动物体的图像处理方法。在 Matlab 中可以使用 imsubtract 函数将一幅图像从另一幅图像中减去，或者从一幅图像中减去一个常数，其调用格式为

C=imsubtract(A,B)

其功能为将图像 A 和 B 相减后的结果放到图像 C 中。图 4.3 给出了一个减法示例，三幅图像从左到右依次为图像 A、图像 B 以及相减后得到的图像 C。

图 4.3　图像的减法运算

Ⅲ. 图像的乘法运算

两幅图像进行乘法运算可以实现掩模操作，即屏蔽掉图像的某些部分。特别地，一幅图像乘以一个常数将改变图像的亮度：当被乘常数大于 1 时将增强图像的亮度，小于 1 则会使图像变暗。在 Matlab 中，使用 immultiply 函数实现两幅图像的乘法（点乘），其调用格式为

C=immulitply(A,B)

其功能为将图像 A 和 B 相乘后的结果放到图像 C 中。乘法运算示例如图 4.4 所示，三幅图像从左到右依次为图像 A、图像 B 以及相乘后得到的图像 C。

图 4.4　图像的乘法运算

Ⅳ. 图像的除法运算

Matlab 提供了 imdivide 函数完成图像间的除法操作（点除）。imdivide 函数对两幅输入图像的所有相应像素执行元素对元素的除法操作（点除），并将得到的结果作为输出图像的相应像素值，其调用格式为

C=imdivide(A,B)

其功能为将图像 A 和 B 相除后的结果放到图像 C 中。除法运算示例如图 4.5 所示，三幅图像从左到右依次为图像 A、图像 B 以及相除后得到的图像 C。

图 4.5　图像的除法运算

四、实验内容及步骤

实验内容主要是练习使用 Matlab 软件对图像进行读写、格式转换以及简单运算并将显示处理后的结果。其步骤如下：

1. 在 Matlab 软件中读入一幅彩色图像并显示；
2. 将读入的彩色图像转换为灰度图像并显示，比较两类图像的异同；
3. 将灰度图像保存为名字为“gray.jpg”的图像文件；
4. 读入两幅灰度图像 A 和 B，求取相加后的结果图像 C 并分别显示；
5. 用第 4 步得到的结果图像 C 减去原始图像 B，得到结果图像 D 并分别显示；
6. 将图像 A 与固定值 20，80 分别相加并显示结果；
7. 将图像 A 与固定值 20，80 分别相减并显示结果；
8. 将图像 A 与固定值 1.1，1.5 分别相乘并显示结果；
9. 将图像 A 与固定值 1.1，1.5 分别相除并显示结果；
10. 实验完毕后，提交一份实验报告。

五、实验报告

实验报告要求描述实验的基本步骤及实验代码，用数据和图片给出各个步骤中取得的实验结果并进行必要的讨论，必须包括原始图像及其计算/处理后的图像。

六、预习要求

1. 掌握 Matlab 软件的基本使用方法。
2. 掌握数字图像的基本概念。
3. 熟悉图像的格式类别。
4. 熟悉图像基本运算的原理。

七、思考题

1. 若分别读入空间分辨率为 $M \times N$ 的灰度图像和彩色图像，则得到的矩阵的维数是否相同？如果不同，则分别是几维矩阵？

2. 图像 A 和 B 相加后得到图像 C，用图像 C 减去图像 B 得到图像 D，图像 A 和 D 是否相同？为什么？

3. 图像 A 乘以 1.5 后再除以 1.5 能否得到原始图像？为什么？

实验二　图像增强

一、实验目的

1. 掌握直方图的统计方法，理解并掌握采用直方图均衡化对图像进行增强的原理和方法。

2. 了解常用的噪声类型，掌握用 Matlab 对图像进行滤波的方法，了解几种不同滤波方式的异同和使用场合。

二、实验仪器

PC 机一台，Matlab 软件，实验所需图像。

三、实验原理

（一）图像的灰度分布

一般的图像处理中，希望被处理图像具备较好的对比度，这就需要了解图像的灰度分布情况。图像的灰度直方图直观地给出了图像中的像素灰度分布情况，因此通过直方图的统计可以判断灰度分布是否符合要求，在此基础上可以进一步通过直方图均衡化等处理对图像的质量进行调整。

Ⅰ. 直方图的统计

假设一幅数字图像的像素总数为 N，在范围$[0,T]$内共有 L 个灰度级，其直方图定义为离散函数 $h(r_k)=n_k$，其中 r_k 是区间$[0,T]$内的第 k 级的灰度，n_k 是灰度级为 r_k 的图像中的像素数。

为了更直观地对不同的直方图进行对比计算，通常会用直方图中所有元素 $h(r_k)$ 除以图像中的像素总数 N 而得到归一化后的直方图，即

$$p(r_k)=\frac{h(r_k)}{N}=\frac{n_k}{N}\quad (k=1,2,\cdots,L)$$

式中，$p(r_k)$表示灰度级 r_k出现的频数。

在 Matlab 软件中采用 imhist 函数来计算和显示图像，其直方图的调用格式为

imhist(I,b)

其中，I 为输入图像，b 为指定的灰度级数目，默认值为 256。图 4.6 给出了图像 lena 及其直方图。

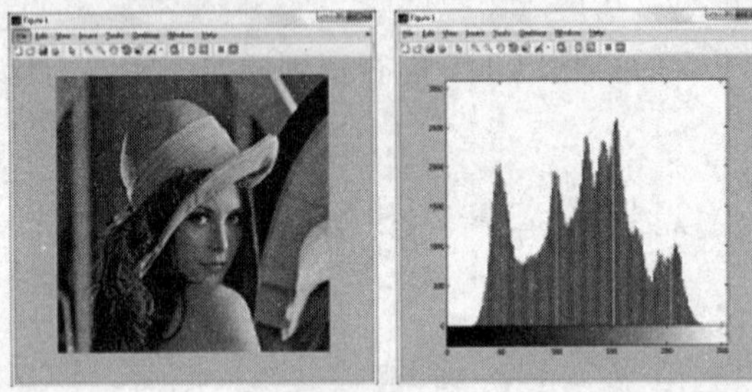

图 4.6　图像 lena 及其直方图

归一化直方图则可采用

q=imhist(I,b)/N

获得。其中，N 为图像中的像素总数，q 为归一化后的直方图。

Ⅱ. 直方图均衡化

直方图均衡化是将一已知灰度概率密度分布的图像经过某种变换，变成一幅具有均匀灰度概率密度分布的新图像，此时的图像扩展了像元取值的动态范围，从而达到增强图像整体对比度的效果。

设一幅图像总像元数为 N，灰度级数为 L 个，第 k 个灰度级 r_k出现的频数为 n_k，则第 k 个灰度级出现的概率为

$$p_r(r_k)=\frac{n_k}{N}\quad (0\leqslant r_k\leqslant 1 \text{ 且 } k=0,1,\cdots,L-1)$$

此时变换函数可表示为

$$s_k=T(r_k)=\sum_{j=0}^{k}p_r(r_j)=\sum_{j=0}^{k}\frac{n_j}{N}\quad (0\leqslant r_k\leqslant 1,k=0,1,\cdots,L-1)$$

根据原图像的直方图统计值就可算出均衡化后各像元的灰度值。直方图上灰度分布较密的部分被拉伸；灰度分布较稀疏的部分被压缩，使图像对比度总体上得到增强。

Matlab 图像处理工具箱提供了直方图均衡函数 histeq，其调用格式为

J=histeq(I,n)

其中，n 是均衡化后的灰度级数目，是一个可选参数，缺省值是 64。

（二）图像的降噪处理

一般进行图像处理前，除了要观察图像的灰度分布是否符合要求外，还要对图像进行降噪处理。噪声的去除可以在空间域中进行，基本方法是求以目标像素为中心的领域区域的平均值或中值。以下对常用噪声函数和滤波函数进行简要介绍。

Ⅰ. **噪声模拟**

Matlab 中提供了 imnoise 函数来对图像加入噪声，其调用格式为

J＝imnoise(I, 'type', parameters)

其中，I 是输入图像，J 是对 I 添加噪声后的输出图像。表 4.1 中列出了 imnoise 函数能够产生的五种噪声及其对应参数，图 4.7 为 lena 原始图像及其添加了强度为 0.1 的椒盐噪声的模拟图像。

表 4.1　噪声种类及参数说明

噪声类型	参数	说　明
高斯噪声	u,v	均值为 u，方差为 v 的高斯噪声，默认值 $u=0,v=0.01$
高斯白噪声	v	均值为 0，方差为 v 的高斯白噪声
泊松噪声	无	泊松噪声
椒盐噪声	d	噪声强度为 d 的椒盐噪声，默认值为 0.05
随机噪声	v	均值为 0，方差为 v 的均匀分布随机噪声

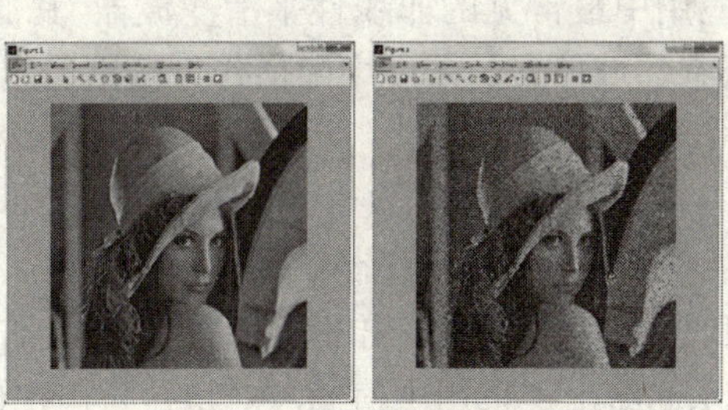

图 4.7　图像的噪声模拟

Ⅱ. **均值滤波**

在空域中对图像进行滤波是通过邻域操作来完成的，能由模板对相对应输入图像邻域内的像素值的运算得到滤波后的图像。

Matlab 提供了 imfilter 函数进行模板运算来实现对图像的滤波处理，该函数的调用格式为

B＝imfilter(A, H)

表示返回图像 A 经算子 H 滤波后的结果。其中参数 H 可以是自定义的滤波器模板,也可以是由 Matlab 提供的预定义滤波器模板。函数 fspecial 能生成滤波所用的预定义模板,其调用格式为

H=fspecial('type')

H=fspecial('type',parameters)

其中,参数 type 指定滤波器的种类,parameters 是与滤波器种类有关的具体参数,对图像像素邻域求平均值来完成均值滤波的语句如下:

```
>> H=fspecial('average',3);  %生成尺度为 3 的均值滤波算子
>> B=imfilter(A,H);  %利用生成的均值滤波算子对输入图
                         像 A 滤波得到图像 B
```

图 4.8 给出了采用均值滤波对椒盐噪声图像 lena(左图)进行滤波的结果(右图)。

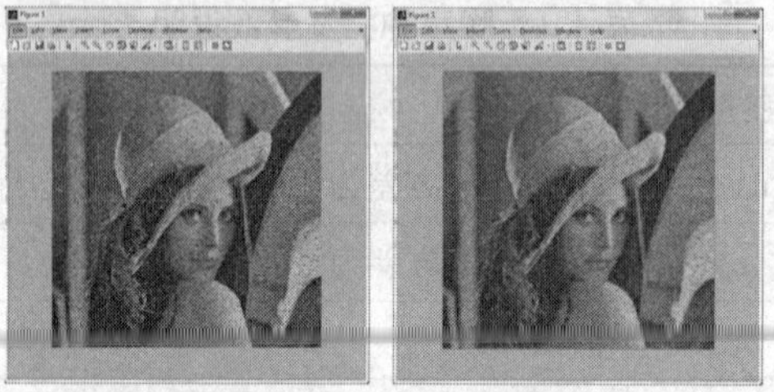

图 4.8　均值滤波示例

Ⅲ. 中值滤波

中值滤波是实际应用中最常见的非线性平滑滤波器,其滤波原理是对目标像素取一个邻域,选取所有邻域像素的灰度中间值作为输出像素值。在 Matlab 中其调用格式为

B=medfilt2(A)

B=medfilt2(A,[M N])

其中,A 是输入图像,B 是中值滤波后输出的图像。[M N]指定滤波模板的大小,默认大小为 3×3。图 4.9 给出了采用中值滤波对椒盐噪声图像 lena(左图)的滤波结果(右图)。

图 4.9　中值滤波示例

四、实验内容及步骤

首先，给定一幅实验图像，求出其直方图，将其显示并对其进行直方图均衡化操作，然后比较均衡化前后直方图的形状及图像的区别，分析产生区别的原因和直方图均衡化的作用。

其次，给定一幅实验图像，通过加入不同类型的噪声生成相对应的噪声图像。采用不同尺度的均值滤波和中值滤波模板对其进行滤波，然后比较并归纳不同滤波器的效果及其适用的噪声类型。具体步骤如下：

1. 求取灰度图像的直方图和归一化直方图并分别绘制出该图。
2. 对图像进行均衡化处理，显示均衡化后的图像及对应的直方图。
3. 分析均衡化前后图像的变化及其直方图的变化并思考为何发生这样的变化？
4. 重新读入实验图像并对图像添加均值为 0、方差分别为 100 和 300 的高斯噪声。
5. 分别用尺度大小为 3×3 和 5×5 的均值滤波器及中值滤波器对步骤 4 中的噪声图像进行滤波，观察滤波后图像增强的效果。
6. 重新读入实验图像并对图像添加噪声强度分别为 0.05，0.15 的椒盐噪声。
7. 分别用尺度大小为 3×3 和 5×5 的均值滤波器及中值滤波器对步骤 6 中的噪声图像进行滤波，观察滤波后图像增强的效果。
8. 讨论滤波器的尺度及噪声的类型对滤波效果的影响。
9. 实验完毕后，提交一份实验报告。

五、实验报告

实验报告要求描述实验的基本步骤及实验代码，用数据和图片（必须包括原始图像及其计算/处理后的图像）给出各个步骤中取得的实验结果并进行必要的讨论。

六、预习要求

1. 熟悉图像的读写和显示方法。
2. 理解图像直方图的概念及用途。
3. 理解直方图均衡化的概念及应用背景。
4. 熟悉均值滤波的原理。
5. 熟悉中值滤波的原理。

七、思考题

1. 一幅图像对应的直方图唯一吗？一个直方图对应的图像唯一吗？试通过举例说明。

2. 直方图经均衡化后得到的图像是绝对均衡的吗？为什么？

3. 根据实验结果，综合评价均值滤波器和中值滤波器对高斯噪声和椒盐噪声的去噪效果。

实验三　图 像 分 割

一、实验目的

1. 了解基于阈值的图像分割方法。
2. 了解基于边缘的图像分割方法。
3. 掌握常用的边缘检测算子。

二、实验仪器

PC 机一台，Matlab 软件，实验所需图像。

三、实验原理

图像分割是数字图像处理中最基础的内容之一，所谓图像分割就是通过某种方法把图像划分成具有某种共性的互不交叠的区域的集合。这些分割后的各个区域同时满足均匀性和连通性的条件。实验主要对两类分割方法——阈值法和边缘法——进行初步的算法实现。

（一）阈值法

阈值法进行图像分割的基本思想是：确定一个阈值，然后把每个像素点的像素值和阈值相比较，根据比较的结果把像素划分为两类——前景（像素值为 1）或背景（像素值为 0），从而得到分割后的二值图像。由此可看出，阈值法的实现关键在于如何确定最优的阈值。常用的阈值确定方法有直接观察法、类间最大方差法等。

Ⅰ. 直接观察法

该方法可以通过直接观察目标图像的直方图分布确定：如果直方图呈较明显的双峰分布，那么双峰之间的谷底就是比较理想的图像分割阈值 T。设原图像为 $f(x,y)$，在确定阈值 T 后即可通过下式得到分割后的图像 $g(x,y)$：

$$g(x,y)=\begin{cases}1 & f(x,y)>T\\0 & f(x,y)\leqslant T\end{cases}$$

Matlab 提供了相应的分割函数得到分割后的二值图像，其调用格式为

B=im2bw(A,*T*)

其中 A 为输入图像，B 为输出图像，*T* 为归一化后的分割阈值，其取值范围为 0～1，假设已确定分割的灰度阈值为 150，则 $T=150/255=0.59$。图 4.10 给出了当 $T=0.59$ 时 lena 图像的分割结果。

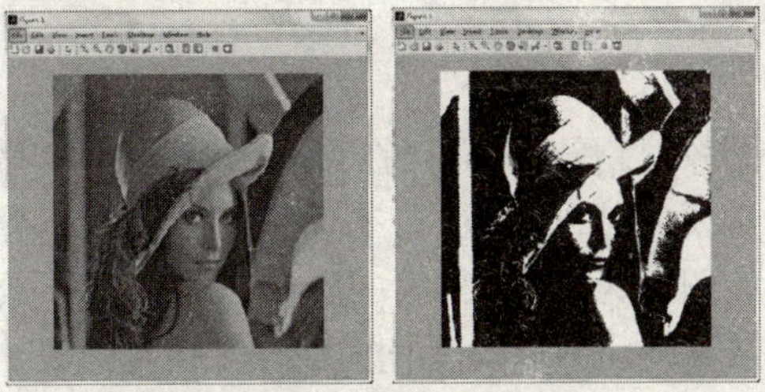

图 4.10　直接观察法示例

Ⅱ. 类间最大方差法

该方法由日本学者 Otsu 提出，所以又称为 Otsu 法。其基本思想是确定一个分割阈值，使得划分后的背景与前景两类间的方差最大。设图像 I 中，灰度值为 G 的像素数目为 n_i，令总像素为 N，则各灰度出现的概率也即其直方图为 $p_i=\dfrac{n_i}{N}$。设以 T 为分割阈值进行分割得到 A，B 两个区域。区域 A：灰度为 $1,2,\cdots,T$ 的像素，区域 B：灰度为 $T+1,T+2,\cdots,L$ 的像素，则两个区域所占概率分别为 $w_A=\sum\limits_{i=1}^{T}p_i=w(k)$ 和 $w_B=\sum\limits_{i=T+1}^{L}p_i$。假设 A 区和 B 区的平均灰度值分别为 μ_A,μ_B，而整体图像的灰度均值为 μ，令分割阈值 T 分别取从 1 到 L 中的一值，按下式计算两类间方差：

$$\sigma^2=w_A(\mu_A-\mu)^2+w_A(\mu_A-\mu)^2$$

则使上式取最大值的 T 即为最优分割阈值。

Matlab 提供 graythresh 函数采用 Ostu 法获取分割阈值。其调用格式为

level=graythresh(A)

其中，A 为输入图像，level 为获取的分割阈值。获取阈值后即可通过 B=im2bw(A,level)得到分割后的图像 B。图 4.11 给出了采用 Otsu 方法对 lena 图像的分割结果。

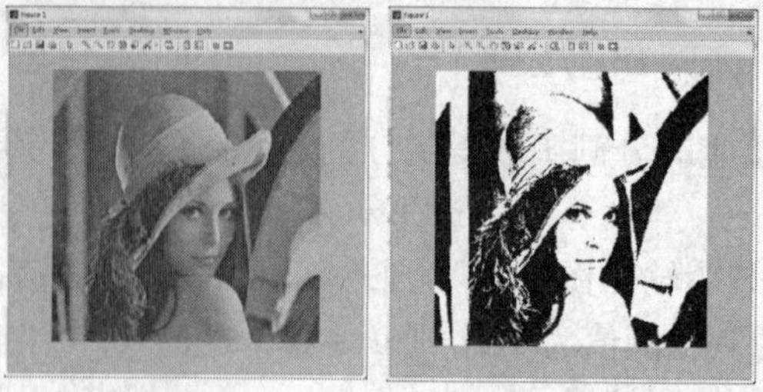

图 4.11　Ostu 分割方法示例

（二）边缘法

边缘检测不但在图像分割领域，而且在目标区域的识别、区域形状提取等图像分析领域都处于十分重要的基础地位，在工程应用中占有十分重要的地位。一般来说边缘检测是以原始图像为基础，利用一阶或二阶方向导数来观察图像中的各个像素的某领域内的灰度变化并以此变化为依据来检测边缘。常用的边缘检测方法有 roberts 边缘检测算子、sobel 边缘检测算子、prewitt 边缘检测算子等。

1. roberts 边缘检测算子根据任意一对方向互相垂直的差分可用来计算梯度的原理，采用对角线方向相邻两像素之差计算，其计算模板如图 4.12 所示。

-1	0
0	1

0	-1
1	0

图 4.12　roberts 算子的检测模板

2. sobel 算子则考察数字图像的每个像素上下左右邻点灰度的加权差，与之接近的邻点的权大。据此，sobel 算子的模板如图 4.13 所示。

-1	-2	-1
0	0	0
1	2	1

-1	0	1
-2	0	2
-1	0	1

图 4.13　sobel 算子的检测模板

3. prewitt 算子利用像素点上下左右邻点的灰度差检测边缘，在图像空间利用两个方向模板与图像进行邻域卷积来完成，这两个方向模板一个检测水平边缘，一个检测垂直边缘。prewitt 算子的检测模版如图 4.14 所示。

-1	-1	-1
0	0	0
1	1	1

-1	0	1
-1	0	1
-1	0	1

图 4.14　prewitt 算子的检测模板

Matlab 提供了边缘检测函数 edge 来完成上述算子的检测操作，其调用格式为

B=edge(A,'method')；　%采用 method 算子对 A 检测得到边缘图像 B，自动确定检测阈值

B=edge(A,'method',thresh)；　%采用 method 算子对 A 检测得到边缘图像 B，检测阈值为 thresh

其中，method 参数包括为上述的边缘检测子 sobel，prewitt，roberts 等，例如：要采用 soble 算子检测边缘，可以写为 B=edge(A,'sobel')。图 4.15 所示四幅图分别给出了 lena 原图、sobel 算子检测结果、prewitt 算子检测结果以及 roberts 算子检测结果（显示顺序为从左到右、从上到下）。

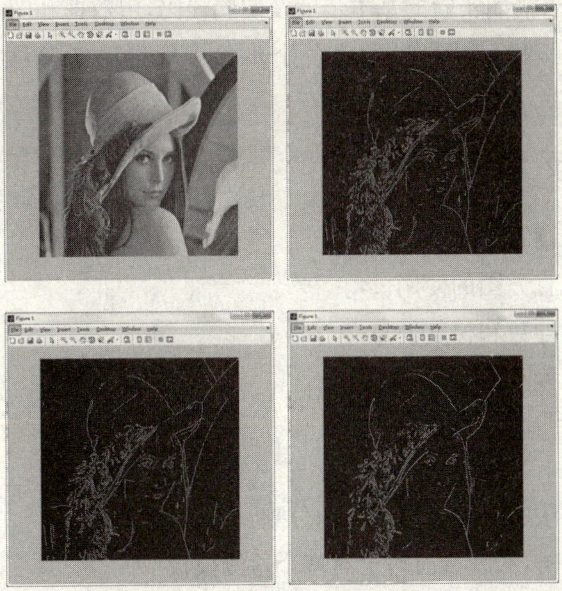

图 4.15　边缘检测示例

四、实验内容及步骤

给定一幅实验图像，用直接观察法选择直方图谷底阈值完成图像分割；进而实现 Otsu 法图像分割；最后采用常用的检测算子（sobel 算子、roberts 算子、prewitt 算子等）完成对图像的边缘检测。具体步骤如下：

1. 读入实验图像，进行直方图统计，观察谷底的位置以确定分割的阈值。
2. 将阈值归一化，采用 im2bw 进行分割，显示分割后的图像。
3. 采用 graythresh 函数求取原始图像的 Ostu 法阈值，采用 im2bw 进行分割，显示分割后的图像。
4. 比较两类方法的异同并归纳分割效果。
5. 分别采用 roberts，sobel 和 prewitt 算子对原始图像进行边缘检测并显示检测后的图像。
6. 比较三种算子的检测性能并归纳各自的优缺点。
7. 完成实验，撰写实验报告。

五、实验报告

实验报告要求描述实验的基本步骤及实验代码，用数据和图片（必须包括原始图像及其计算/处理后的图像）给出各个步骤中取得的实验结果并进行必要的讨论。

六、预习要求

1. 熟悉图像读写和显示。
2. 熟悉图像直方图的使用。
3. 理解图像导数和梯度的意义。
4. 熟悉边缘检测的原理。

七、思考题

1. 直接观察法适合什么场景下的分割？为什么？
2. 检测算子时，为什么有时会有多个检测模板？
3. 实验中使用几种不同的算子所得到的边界有什么异同？

实验四　图像的描述及识别

一、实验目的

1. 掌握统计图像连通域的方法。
2. 了解图像连通域的各种特征。

二、实验仪器

PC 机一台，Matlab 软件，实验所需图像。

三、实验原理

摄像机的标定是计算机视觉领域中基础且重要的一步，该步骤往往通过标定板来完成，如图 4.16 所示。假设在标定板上安装了位置已知的 LED 灯，那么在标定时需要将所拍标定板图像中的每个 LED 灯的图像坐标求解出来。在得到标定图像后，如果图像存在一定的噪声，则需要首先用滤波来进行图像增强。由于 LED 灯亮度较高，所以其属于图像中亮度高的部分，而其余背景则较暗，图像呈较明显的双峰图像。在得到图像的直方图后，可以用谷底像素值作为图像分割阈值对图像进行分割，得到二值图像。

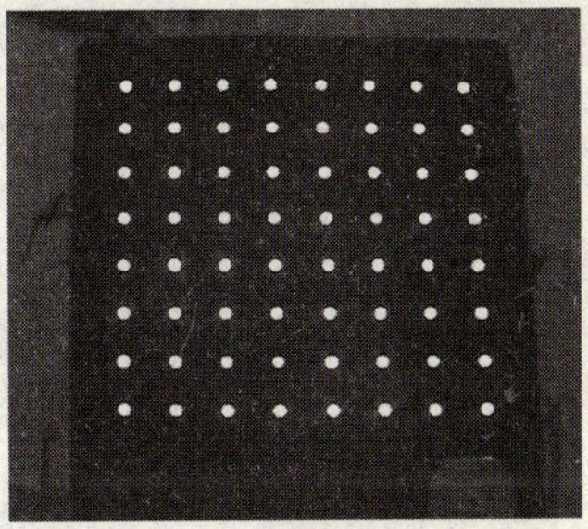

图 4.16　标定板示例

Matlab 中提供了 bwlabel 函数对二值图像中的连通域进行标注，其调用语法为

[L，num]＝bwlabel(B，c)

其中，B 是要标注连通域的二值图像，c 指明了标注时采用 4 连通还是 8 连通(默认为 8 连通，输出 L 称为标记矩阵)，参数 num 给出所找到连通域的个数。

在获得标注连通域的标记矩阵 L 后，可以采用 regionprops 函数获取每一个连通域的坐标、面积、周长等特征属性，其调用格式为

STATS＝regionprops(L，properties)

其中，L 输入标定矩阵；properties 指明了想要获得的特征属性，可以是单个字符串，也可以是由逗号分隔开的一个字符串列表或者包含字符串的单元数组(具体使用方法可以参考 Matlab 帮助文件)；返回值 STATS 是一个长度为连通域个数的

结构数组，结构数组的相应域定义了每一个区域相应属性下的度量，如下面的语句获取了图像中所有连通域的面积并放到 S 中：

S＝regionprops(L,'area')

四、实验内容及步骤

给定一幅摄像机标定板图像，求解出各标定控制点的图像坐标。具体步骤如下：

1. 读入实验图像，进行滤波处理。
2. 求取图像的直方图，获取分割阈值，进行图像分割。
3. 观察图像的分割效果，如果效果不好，调整阈值，直到得到较好的分割效果。
4. 对分割得到的二值图像进行连通域标注。
5. 获取每个连通域的位置坐标并保存。
6. 在原始图像上标注每个连通域的坐标位置(采用 line 或者 plot 函数)。
7. 完成实验，撰写实验报告。

五、实验报告

实验报告要求描述实验的基本步骤及实验代码，用数据和图片(必须包括原始图像及其计算/处理后的图像)给出各个步骤中取得的实验结果并进行必要的讨论。

六、预习要求

1. 熟悉图像读写和显示操作。
2. 熟悉相关的图像滤波方法。
3. 熟悉图像的分割方法。
4. 了解连通域的概念。

七、思考题

1. 实际中的图像处理应用大体包含哪几个步骤？各自的作用是什么？
2. 标注连通域时，4 连通和 8 连通有什么区别？

第五章　移动通信原理实验

一、实验课程简介

移动通信原理实验结合移动通信课程，验证移动通信中涉及的主要技术。实验通过终端技术和网络技术介绍当前移动通信中的典型技术。本实验主要通过模拟具有代表性的移动通信系统，让学生更充分地了解程控移动通信各个部分的基本结构以及工作原理。通过六个实验，要求学生：掌握 QPSK 调制解调原理，理解其优缺点；了解无线信道的概念、一般移动通信系统的无线多信道共用及空闲信道选取方式；了解移动通信系统的基本功能；掌握扩频的基本原理，理解扩频增益的概念；掌握绝对码，相对码的概念以及它们之间的变换关系和变换方法；掌握 CDMA 的基本原理。据此让学生了解移动通信中各种一般性原理，学习 GSM 的各种调制解调方式，对无绳电话系统、CDMA 系统有所了解并应能分析设计一些简单移动通信系统，为移动通信系统的管理维护、研究和开发打下必要的理论基础和技能。

二、所用 ZY12MCOM12BC1 移动通信实验箱简介

实验系统设计了数字调制解调实验、多址实验、发射机 / 接收机实验等多种单元实验，同时设计了两个典型的移动通信系统，模拟系统采用成熟的无绳电话系统，而数字系统选取 3G 中常用的 DS-CDMA 系统。其中 DS-CDMA 系统的设计着重突出教材的重点（PN 码的特性、扩频和解扩、同步和捕获等知识点），使学生通过实验进一步理解 CDMA 的精髓。无绳电话系统不仅包括无绳电话的接收机、发射机、双工器、信道切换等，还具有一定的交换功能，可以与有线电话交互。CDMA 系统不仅包含了直接扩频和解扩的功能，还包含码分多址、伪随机序列的捕获和跟踪、位同步、帧同步提取、载波恢复、纠错编解码等众多功能，可以构成一个完整的 CDMA 移动通信系统。整个实验系统的组成如图 5. 1 所示，可以完成调制与解调、无绳电话系统及 CDMA 系统移动通信实验二十多种。

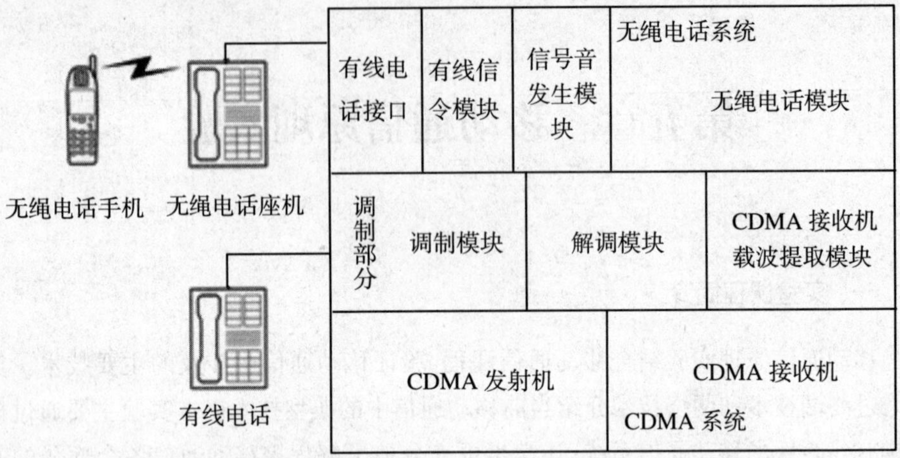

图 5.1　实验系统的组成

实验一　QPSK 调制解调实验

一、实验目的

1. 掌握 QPSK 调制解调原理。
2. 理解 QPSK 的优缺点。

二、实验内容

1. 观察 QPSK 调制过程各信号波形。
2. 观察 QPSK 解调过程各信号波形。

三、实验器材

移动通信原理实验箱一台，20 M 双踪示波器一台。

四、实验原理

(一) QPSK 调制原理

QPSK 即四相绝对相移调制，它利用载波的四种不同相位来表征数字信息。由于每一种载波相位代表两个比特信息，故每个四进制码元又被称为双比特码元。我们把组成双比特码元的前一信息比特用 a 代表，后一信息比特用 b 代表。双比特码元中 a，b 两个信息比特通常是按格雷码排列的，它与载波相位的关系如表 5.1

所示,矢量关系如图 5.2 所示。其中图 5.2(a)表示 A 方式下的 QPSK 信号矢量图,图 5.2(b)表示 B 方式下的 QPSK 信号矢量图。

由于正弦和余弦的互补特性,对于载波相位的四种取值:在 A 方式中为 45°,135°,225°,315°,则数据 I_k,Q_k 通过处理后输出的成形波形幅度有 $\pm\sqrt{2}/2$ 两种取值;在 B 方式中为 0°,90°,180°,270°,则数据 I_k,Q_k 通过处理后输出的成形波形幅度有±1,0 三种取值。

表 5.1 双比特码元与载波相位关系

双比特码元		载波相位	
a	*b*	A 方式	B 方式
0	1	225°	0°
1	0	315°	90°
1	1	45°	180°
0	1	135°	270°

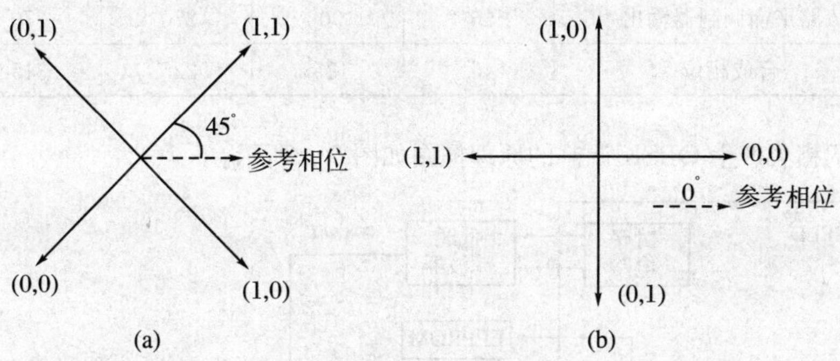

图 5.2 QPSK 信号的矢量图

下面以 A 方式的 QPSK 为例说明 QPSK 信号相位的合成方法。

串/并变换器将输入的二进制序列依次分为两个并行数据,然后通过基带成形得到双极性序列(从 D/A 转换器输出,幅度为 $\pm\sqrt{2}/2$)。设两个双极性序列中的二进制数字分别为 *a* 和 *b*,每一对 *ab* 称为一个双比特码元。双极性的 *a* 和 *b* 脉冲通过两个平衡调制器分别对同相载波及正交载波进行二相调制,得到如图 5.3 所示的虚线矢量,将两路输出叠加即得到 QPSK 调制信号,其相位编码关系如表5.2 所示。

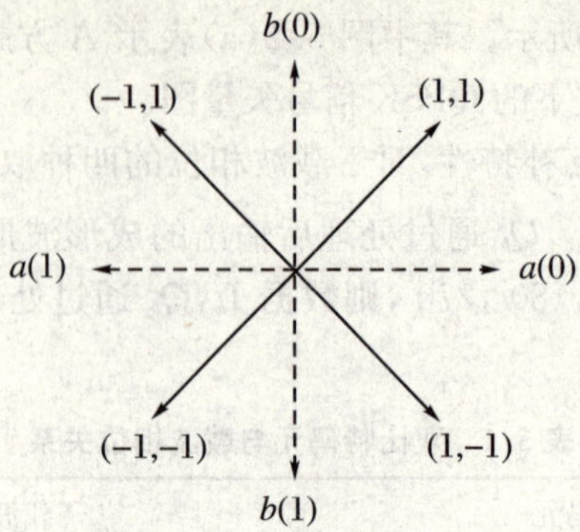

图 5.3　矢量图

表 5.2　QPSK 信号相位编码逻辑关系

a	1	−1	−1	1
b	1	1	−1	−1
a 路平衡调制器输出	0°	180°	180°	0°
b 路平衡调制器输出	90°	90°	270°	270°
合成相位	45°	135°	225°	315°

用调相法产生 QPSK 调制的原理框图如图 5.4 所示。

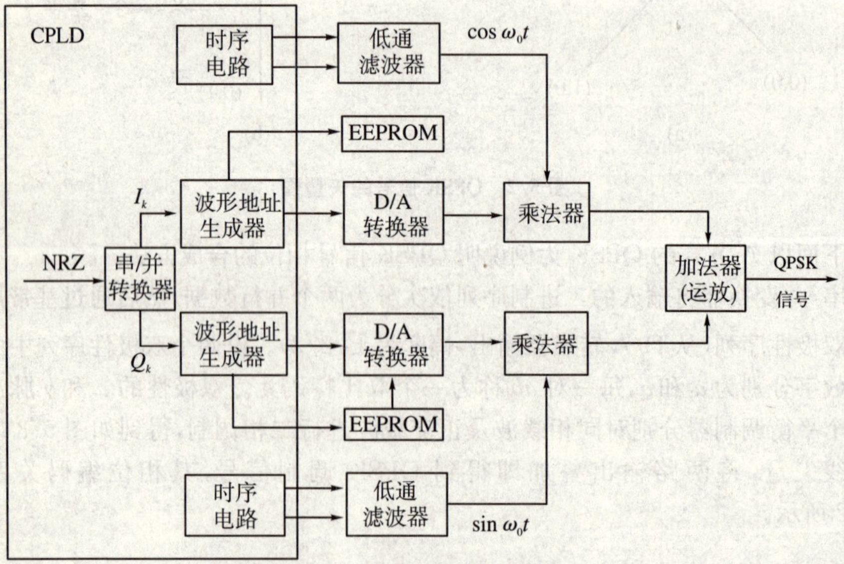

图 5.4　QPSK 调制原理框图

(二) QPSK 解调原理

由于 QPSK 可以看作是两个正交 2PSK 信号的合成,故它可以采用与 2PSK 信号类似的解调方法进行解调,即由两个 2PSK 信号相干解调器构成,其原理框图如图 5.5 所示。

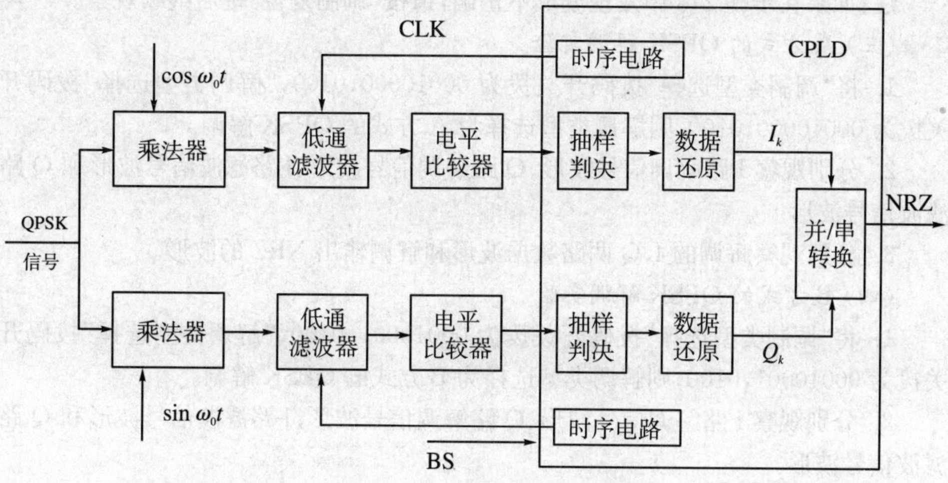

图 5.5 QPSK 解调原理框图

五、预习要求

1. QPSK 调制解调的基本原理。
2. QPSK 调制解调模块的工作原理及电路说明。

六、实验步骤

(一) A 方式的 QPSK 调制实验

1. 将“调制类型选择”拨码开关拨为 00010000,0001,则调制类型选择为 A 方式的 QPSK 调制。

2. 分别观察 NRZ 码经串/并转换得到的 DI(I 路),DQ(Q 路)两路数据波形。

3. 分别观察 I 路成形信号波形、Q 路成形信号波形、I 路调制同相调制信号波形、Q 路调制正交调制信号波形和调制输出波形。

4. 用示波器观察 I 路成形信号和 Q 路成形信号的 X-Y 波形(即星座图)。

(二) B 方式的 QPSK 调制实验

1. 将“调制类型选择”拨码开关拨为 00010001,0001,则调制类型选择为 B 方式的 QPSK 调制。

2. 分别观察 NRZ 码经串/并转换得到的 I,Q 两路数据波形。

3. 分别观察I路成形信号波形、Q路成形信号波形、I路调制同相调制信号波形、Q路调制正交调制信号波形和调制输出波形，然后同A方式的QPSK调制比较。

4. 用示波器观察I路成形信号和Q路成形信号的X-Y波形(即星座图)。

注：如果在步骤2,3中发现波形不正确，请按“调制复位”键后继续观察。

(三) A方式的QPSK解调实验

1. 将“调制类型选择”拨码开关拨为00010000,0100,“解调类型选择”拨码开关拨为00010000,0100,则解调类型选择为A方式的QPSK解调。

2. 分别观察I路解调信号波形、Q路解调信号波形、I路滤波信号波形和Q路滤波信号波形。

3. 分别观察解调的I,Q两路数据波形和解调输出NRZ的波形。

(四) B方式的QPSK解调实验

1. 将“调制类型选择”拨码开关拨为00010001,0100,“解调类型选择”拨码开关拨为00010001,0100,则解调类型选择为B方式的QPSK解调。

2. 分别观察I路解调信号波形、Q路解调信号波形、I路滤波信号波形和Q路滤波信号波形。

3. 分别观察解调的I,Q两路数据波形和解调输出NRZ的波形。

注：如果发现解调输出波形不正确，请按下“解调复位”键后继续观察。

七、实验思考题

1. 分析QPSK调制解调原理。

2. 观察QPSK调制解调中的X-Y波形，比较其与理论值的区别并分析产生这种区别的原因(提示：从调制信号NRZ码的角度考虑)。

实验二　信道分配实验

一、实验目的

1. 了解无线信道的概念。
2. 了解一般移动通信系统无线多信道共用、空闲信道选取方式。
3. 了解移动通信原理实验箱无绳电话部分的基本工作原理。
4. 掌握实验箱的基本操作方法。

二、实验内容

1. 观察无绳电话在通话时信道切换的规律以及对话音的影响。

2. 通过实验箱测量无绳电话通话状态下切换信道操作后通话信道的改变，了解其切换信道的功能。

3. 通过实验箱观测无绳电话多信道共用、空闲信道选取的方式。

三、实验器材

移动通信原理实验箱一台，CT1 无绳电话（带手动选频功能）一部，60 M 双踪示波器（选用）一台，频谱分析仪（选用）一台。

四、实验原理

（一）关于无绳电话

无绳电话机俗称子母机，20 世纪 70 年代问世之后，无绳电话因其独特的功能及优越性而深受广大用户的喜爱，所以发展较为迅速。早期生产的无绳电话机大多属于普通型，通常主机不设有有线电话机及免提电话机功能，易受串扰及同频机干扰。随着电子科技的迅速发展，各种专用集成电路和先进元器件的不断涌现，无绳电话机在性能、结构及功能等方面都有了很大的改进和提高。根据不同的要求，无绳电话机已普遍采用了导频或编码控制电路、多频道选择和空闲信道自动搜索等电路，有效地提高了无绳电话机的通信保密性和抗同频干扰能力。采用无线调频和抗干扰检测电路，既保证了通信质量，又提高了发射效率。采用射频功率专用放大器，能进一步提高发射功率，增加通信距离。近年来，相继出现了一大批性能好、体积小、效率高、成本低、功能多的无绳电话机。

我们通常所说的无绳电话机均属于第一代模拟无绳电话系统，即 CT1 系统，它只是固定电话机的无限局部延伸，仅限于家庭或办公室等室内电话用户使用，也是目前正在大量使用的无绳电话机。自从 1997 年我国颁布《无绳电话系统设备总规范》(GB/T 16891—1997)以来，无绳电话产业得到了快速的发展，无绳电话销量这几年也逐年上升，如 1993 年无绳电话机销量仅占电话机销量的 1%左右，而从 1998 年市场的基本情况来看，无绳电话机的销量至少占到 10%，有一些地方甚至达到 15%。目前国内电话用户数几乎每天以 8 万户的速度增加。依我国近几年经济的稳步增长来看，无绳电话市场应该有着很大的潜力。目前我国无绳电话机已经初步形成了一批具有一定市场认同度的品牌，如步步高、高科、侨兴、TCL、夏新、佰灵通等。

CT1 无绳电话属于 FDMA 系统，数十个双工频道全部被无绳电话共用，采用话音模拟调频及数字信令技术。系统有一个基地台，即无绳电话座机，通过用户线接入电话网交换机，可带多部移动台，即无绳电话手机(每一时刻，只能有一部手机通话)。无绳电话是为方便有线电话用户而提出的。它将有线电话座机与通话手柄之间的电缆(绳)去掉并用无线信道代替，通话手柄成为无绳电话手机。用户持无绳手机在以座机为中心的小范围内可进行移动通话，十分方便。虽然从使用功能上看，无绳电话是有线电话的无线延伸，但其工作原理及使用的技术都属于移动通信范畴，CT1 无绳电话及在其后发展起来的各种数字无绳电话组成了无绳电话大家族，成为常用的四类移动通信系统之一。

(二) 无绳电话的空闲信道选取方式

多信道共用的移动通信系统，在基站控制的小区内，有多个无线信道供移动用户共用。那么在某一用户主呼或被呼时，如何从几个信道中选择一个空闲信道分配给该用户使用呢？空闲信道选取方式以有下四种：

(1) 专用呼叫信道(专用控制信道)方式；

(2) 循环定位方式；

(3) 循环不定位方式；

(4) 循环分散定位方式。

无绳电话的多信道共用是一个小区(所研究的无绳电话电磁波覆盖范围内自然形成的小区域)内所有无绳电话，共用二十个信道。然而，与蜂窝移动通信系统及集群移动通信系统不同，无绳电话小区内的全休无绳电话无统一的基站控制器，它由每台无绳电话各自独立地选用空闲信道。若采用循环定位方式及循环分散定位方式，已挂机的无绳电话也要占用一个信道发示闲音，一个小区最多只能容纳二十部无绳电话的容量太小，故不能采用。实际能采用的只有专用呼叫信道方式及循环不定位方式或两种方式的变形及组合方式。

专用呼叫信道方式呼叫速度快，但在呼叫信道上受干扰的概率较大；循环不定位方式基本不存在互相干扰，但呼叫速度慢。当前国内生产的 CT1 无绳电话大多采用专用呼叫信道方式。

一台无绳电话的手机与座机重新对识别码(ID 码)后，由识别码按一定算法确定新的呼叫信道。所有的呼叫都在呼叫信道上进行，因此同一台无绳电话的“专用”呼叫信道也是可变的：首先，小区内不同无绳电话识别码一般不相同，呼叫信道一般也各不相同；其次，其他无绳电话通话时占用本台无绳电话呼叫信道的概率及占用时间都是有限的；第三，本台无绳电话手机距离座机一般是最近的，收到的信号最强。总之，采用专用呼叫信道方式的无绳电话在呼叫信道受强干扰而不能完成呼叫接续的概率不大。

采用专用呼叫信道的无绳电话空闲通话信道是如何确定的呢？采用专用呼叫

信道方式的无绳电话系统在挂机状态下座机及手机都守候在自己的专用呼叫信道上，座机还时分扫描其他十九个通话信道且检测并记录其中的空闲信道。当手机主呼或被呼时，座机通过呼叫信道给手机指定一个存贮的空闲信道，座机和手机由呼叫信道转移到指定的空闲信道。在后续的拨号(手机主呼时)及通话过程中一直占用该空闲通话信道，直至挂机返回呼叫信道守候。

(三) 无绳电话的信道切换

无绳电话在通话过程中可以切换通话信通。若用户感觉当前通话信道上有干扰，可按手机上的“频道”键或“转换”键(不同的无绳电话厂商有不同的功能键)。启动切换信道的信令传输过程，座机给手机重新指定一个空闲信道，双方一起转移到新的空闲信道继续通话。这与蜂窝移动通信系统的越区信道切换相似。区别在于后者由系统与移动台自动测量和切换信道，前者由人工测量(听话音效果)和启动，然后再自动切换信道。

五、预习要求

1. 无绳电话的使用说明，掌握具体的操作方法。
2. 国内 CT1 无绳电话的工作原理及工作频率。
3. 预习移动通信中关于信道的相关部分。

六、实验步骤

(一) 无绳电话的使用

将实验箱附带的无绳电话按照说明书的方法组装起来(注意手机和座机的供电，手机与座机电话线的连接)：座机的水晶头插入实验箱的水晶头插座(电话 1 或电话 2)，实验箱附带的另外一部电话插入电话 2 或电话 1。这时实验箱通电，摘机可听见拨号音，按照实验箱上的电话号码拨另外一部电话，双方可以实现通话。此时，若无绳电话作为被叫，手机在说明书允许的距离范围内可以听见振铃音乐；若无绳电话作为主叫，则按下手机的通话键可以听见拨号音，手机在说明书允许的距离范围内可以拨打另外一部电话，双方可以通话。此外，也可以在公众电话网(PSTN)上用同样的方法使用无绳电话。关于无绳电话的来电转接、对讲等功能详见无绳电话的使用说明书。需要特别说明的是，无绳电话在使用前一定要对码，对码的具体操作与不同的无绳电话厂家有关，但大多为同时按住手机和座机的“对码”键，听到提示音(如“嘀”的一声响)则表明对码成功。

(二) 信道的切换

在上述通话的基础上，注意观察无绳电话的手机和座机上均有此时的通话信道，如 01，02，03，…，18，19，20 等，或者用手机呼叫座机(有的厂家称为对讲，即按手机的“对讲”键），听见座机发出响声指示后，按座机的“免提”键或拿起话筒均可以实现通话，这时在手机和座机的液晶屏上均有此时通话的信道（需要带有手动选频功能的无绳电话，若无此功能，则看不见通话的信道，只能通过专用仪器测试得知。本移动通信原理实验箱所配的无绳电话具有该功能，但是在“对讲”模式下，是不能进行信道的切换的）。此时如果通话效果不佳，则可以利用该功能，按下手机的“信道”键（不同品牌的无绳电话可能有不同的称呼），则可以实现信道的切换并可以从手机和座机的液晶屏上看出信道的变化。但是在有的情况下，空闲信道受到较强的干扰而使座机寻找空闲信道失败，双方均会发出相应的响声提示，这时就不能实现信道的切换了。将组装好的无绳电话按照上述步骤进行对讲通话后进行信道切换的实验。

（三）观测信道的切换

本移动通信原理实验箱的无绳电话部分集成了一个接收部分、一个发射部分，相当于实现了一部无绳电话的功能。因此我们可以利用实验箱所配无绳电话和实验箱进行通信。将实验箱无绳电话部分的 SW101（模式选择）开关拨到“座机（灯亮）”模式，此时 LED101 指示灯亮，表明接收的是无绳电话手机发射的信号。按下“复位”键，信道号的数码管显示 01 信道，即此时接收的是 1 信道的信号。我们可以通过“信道加”和“信道减”键来实现信道的加减切换。将扬声器的“音量调节”旋钮 VR201 调到合适的位置，此时可以听见扬声器中发出的“沙沙”声音。为了避免相互之间的干扰，做实验时请将“发射选择”开关拨到“不发射”位置，将手机紧挨实验箱天线且手机不抽出天线，以避免同一个实验室里多台实验箱之间相互干扰。按照实验步骤（一）和（二）的方法实现手机与座机的对讲时，为了使接收的声音听得更真切，不要使用座机的“免提”键（即摘机通话）。对讲成功后查看此时通话的信道，然后通过“信道加”和“信道减”键将实验箱的信道切换到该信道。注意这里需用人工切换的方式来跟踪无绳电话的通话信道，目的是使学生更容易理解信道切换的原理和切换的方法。此时就可以用手机与实验箱进行通信，可从扬声器中听见话音。在实验步骤（二）中提到，在对讲模式下是不能进行信道的切换的，此时可以让无绳电话座机和手机只通电而不接入水晶头插座，按下手机上的“通话”键，用同样的方法跟踪该通话信道（通过“信道加”和“信道减”键将实验箱的信道切换到该信道）并在此信道上监听话音。

注意：在通话的过程中无绳电话的手机与座机是没有信令交互的，因此一旦切换到了某个通话信道，实际上可以将座机断电，此时手机仍然可以与实验箱进行通话，但是不能切换信道而实现通话。

七、思考题

1. 请用上网或其他方式查找相关资料，了解无绳电话的发展阶段、未来的发展趋势及采用的技术等。

2. 国内的模拟无绳电话系统与美国、欧洲的有区别吗？区别在什么地方？

3. 移动通信原理中FDMA，TDMA，CDMA有何本质区别？请用形象的坐标形式表示。

4. 无绳电话信道切换的原理是什么？它与我们所用GSM手机的越区切换有何相似之处？又有何不同？

实验三　无绳电话移动通信系统实验

一、实验目的

1. 了解移动通信系统的组成。
2. 了解移动通信系统的基本功能。
3. 了解移动通信原理实验箱无绳电话部分的功能及框架。

二、实验内容

1. 用两台移动通信原理实验箱进行单工和双工通信，观察通话效果和干扰情况。

2. 观察不同信道通信时的通话效果和干扰情况。

三、实验器材

移动通信原理实验箱一台，CT1无绳电话(带手动选频功能)一部，电话单机一部，双踪示波器(60 M或以上)一台，频谱仪(选用)一台。

四、实验原理

(一) 移动通信系统

常用的移动通信系统主要有四类：蜂窝移动通信系统、集群移动通信系统、无绳电话系统及无线寻呼系统。它们的功能及应用场合各不相同，但它们的基本原理及技术是相同的。

在无线通信电波覆盖区内，如何建立用户之间的无线信道的连接实际就是多址接入方式类问题。因为无线通信具有大面积覆盖无线电波和广播信道的特点，网内一个用户发射的信号其他用户均可接收，所以网内用户如何能从播发的信号中识别出发送给本用户地址的信号就成为建立连接的首要问题。

移动通信的多址方式主要有 FDMA，TDMA，CDMA 三大类：以传输信号的载波频率的不同划分来建立多址接入的方式，称为频分多址方式（FDMA）；以传输信号存在的时间不同划分来建立多址接入的方式，称为时分多址方式（TDMA）；以传输信号的码型不同划分来建立多址接入的方式，称为码分多址方式（CDMA）。图 5.6 分别给出了 FDMA，TDMA 和 CDMA 的示意图。FDMA 系统一般为模拟移动通信制式，TDMA 及 CDMA 为数字移动通信制式。FDMA 发展早，已成功应用于各种移动通信系统多年，目前在一些领域仍在广泛应用。数字移动通信是在模拟移动通信基础上发展演进而来的，在网络组成、设备配置、系统功能和工作方式上两者都有许多相同之处。

多址接入方式的数学基础是信号的正交分割原理。无线电信号可以表达为时间、频率和码型的函数，即可写作

$$s(c,f,t)=c(t)s(f,t)$$

其中 $c(t)$ 是码型函数，$s(f,t)$ 为时间 t 和频率 f 的函数。

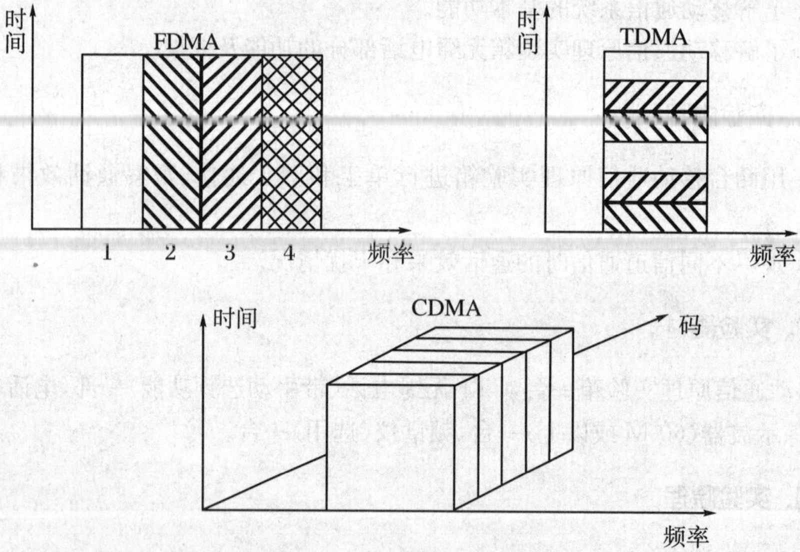

图 5.6　三种多址方式示意图

蜂窝结构的通信系统特点是通信资源的重用；频分多址系统是频率资源的重用；时分多址系统是时隙资源的重用；码分多址系统是码型资源的重用。频分多址系统是以频道来分离用户地址的，所以它是频道受限和干扰受限的系统；时分多址系统是以时隙来分离的，所以它是时隙受限和干扰受限的系统，但一般说来，它只是干扰受限的系统。

下面分别介绍 FDMA，TDMA 和 CDMA 三类移动通信系统。

Ⅰ. **FDMA 通信系统**

在 FDMA 系统中,可以把使用的总频段划分为若干占用较小带宽的频道,这些频道在频域上互不重叠,每个频道就是一个通信信道,分配给一个用户。在接收设备中使用带通滤波器,允许指定频道里的能量通过,但滤除其他频率的信号,从而限制临近信道之间的相互干扰。FDMA 通信系统的基站必须同时发射和接收多个不同频率的信号。任意两个移动用户之间进行通信都必须经过基站的中转,因而必须占用四个频道才能实现双工通信。不过,移动台在通信时所占用的频道并不是固定指配的,它通常是在通信建立阶段由系统控制中心临时分配的,通信结束后,移动台将退出它占用的频道,这些频道又可以重新分配给别的用户使用。

这种方式的优点是技术成熟、易于与模拟系统兼容、对信号功率控制要求不严格,但是这种方式在系统设计中需要周密的频率规划,基站需要多部不同载波频率发射机同时工作,设备多且容易产生信道间的互调干扰。

Ⅱ. **TDMA 通信系统**

在 TDMA 系统中,时间被分成周期性的帧,每一帧再分割成若干时隙(无论帧或时隙都是互不重叠的),每一个时隙就是一个通信信道,分配给一个用户。根据一定的时隙分配原则,该系统使各个移动台在每帧内只能按指定的时隙向基站发射信号,满足定时和同步的条件下,基站可以在各时隙中接收到各移动台的信号而互不干扰。同时,基站发向各个移动台的信号都按顺序安排在预定的时隙中传输,各移动台只要在指定的时隙内接收,这样就能在合路的信号中把发给它的信号区分出来。

与 FDMA 通信系统比较,TDMA 通信系统的特点如下:

(1) TDMA 系统的基站只需要一部发射机,可以避免像 FDMA 系统那样因多部不同频率的发射机同时工作而产生的互调干扰。

(2) 频率规划简单。TDMA 系统不存在频率分配问题,对时隙的管理和分配通常要比对频率的管理与分配容易而经济,便于动态分配信道;如果采用话音检查技术,实现有话音时分配时隙、无话音时不分配时隙,有利于提高系统容量。

(3) 因为移动台只在指定的时隙中接收基站发给它的信号,所以在一帧的其他时隙中,可以测量其他基站发射的信号强度或检测网络系统发射的广播信息和控制信息,这对加强通信网络的控制功能和保证移动台的越区切换都是有利的。

(4) TDMA 系统设备必须精确定时和同步,以保证各移动台发送的信号不会在基站发生重叠或混淆并且能准确地在指定的时隙中接收基站发给它的信号。同步技术是 TDMA 系统正常工作的重要保证,往往也是比较复杂的技术难题。

Ⅲ. **CDMA 通信系统**

在 CDMA 通信系统中,不同用户传输信息所用的信号不是靠频率不同或时隙不同来区分的，而是用各自不同的编码序列来区分的，或者说是靠信号的不同波形来区分的。如果从频域或时域来观察，可发现多个 CDMA 信号是互相重叠的。接收机的相关器可以从多个 CDMA 信号选出使用的预定码型的信号。其他使用不同码型的信号因为和接收机本地产生的码型不同而不能被解调。它们的存在类似于在信道中引入了噪声或干扰，通常称之为多址干扰。

在 CDMA 蜂窝通信系统中，用户之间的信息传输也是由基站进行转发和控制的。为了实现双工通信，正向传输和反向传输需各使用一个频率，即通常所谓的频分双工。无论正向传输还是反向传输，除去传输业务信息外，还必须传送相应的控制信息。为了传送不同的信息，需要设置相应的信道。但是 CDMA 通信系统既不分频道又不分时隙，无论传送何种信息的信道都靠采用不同的码型来区分，类似的信道属于逻辑信道。这些逻辑信道无论从频域或者时域来看都是相互重叠的，或者说它们均占用相同的频段和时间。

CDMA 蜂窝移动通信系统与 FDMA 模拟蜂窝通信系统或 TDMA 数字蜂窝移动通信系统相比具有更大的系统容量和更高的话音质量、抗干扰性以及保密性等优点，因而近年来该通信系统得到各个国家的普遍重视和关注并作为第三代数字蜂窝移动通信系统的首选方案。

Ⅳ. 移动通信系统

图 5.7 是与公用电话网(PSTN)相连的移动电话网方框图。各模块之间的信道，从 MS-BS 的无线信道到 BS-MSC，MSC-EX，EX-TEL 的有线信道都包含了信令通道及话音通道。各段信令通道互连、逐段传输和转发信令才能完成一次呼叫接续，最后在主、被呼用户间分配、建立一条逐段互连而成的话务信道，实现双方通话(以传输话音为例，亦可传数据等信息)。

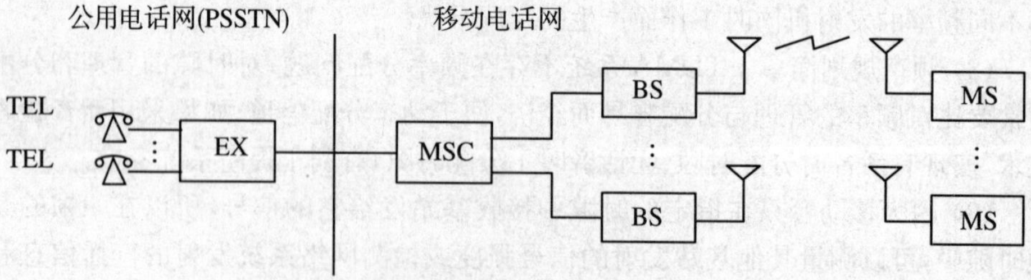

图 5.7 移动通信系统方框图

Ms(Mobile Station)：移动台；BS(Base Station)：基地台；
MSC(Mobile Switch Center)：移动交换中心(包括交换机和数据库)；
EX(Exchange)：公用电话网(PSTN)程控交换机；TEL(Telephone)：有线电话。

为了能够说明移动通信系统的组成及原理，在本实验箱中采用的是如图 5.8 的方式，其工作原理与图 5.7 没有本质区别。需要说明的是在本实验箱中 EX(即程控交换机)已在实验箱中实现,无需另配程控交换机。

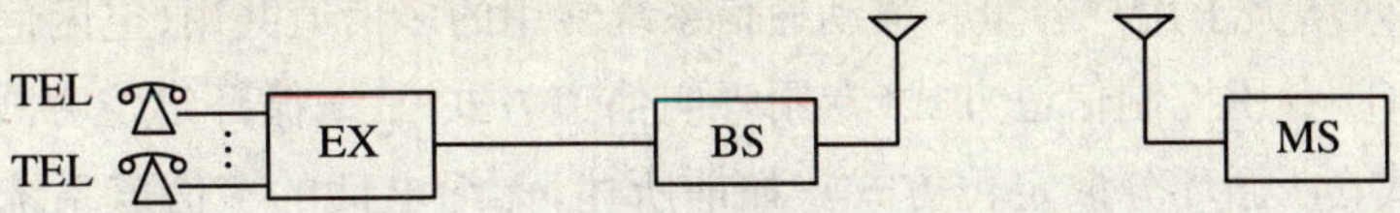

图 5.8　简化的移动通信系统方框图

MS(Mobile Station):移动台;BS(Base Station):基地台;

EX(Exchange):程控交换机;TEL(Telephone):有线电话。

(二) 无绳电话的工作原理

无绳电话是模拟话音调频移动通信系统,有单信道系统和多信道系统(图5.9)两类。早期的单信道系统固定工作于某一信道,没采用微处理器及锁相频率合成技术,很容易发生相邻无绳电话之间串扰或盗打。多信道系统采用微处理器及锁相频率合成技术,共用二十个信道,自动选取空闲信道通话;无线信令为数字信令,其包含十六位以上识别码(ID 码),各无绳电话各不相同,只有 ID 码相同的座机与手机才能建立无线信道。以上两项技术可有效消除单信道系统的串扰及盗打问题。目前,单信道无绳电话已退出市场,十信道无绳电话已不再生产,二十信道多功能无绳电话成为市场主流产品。

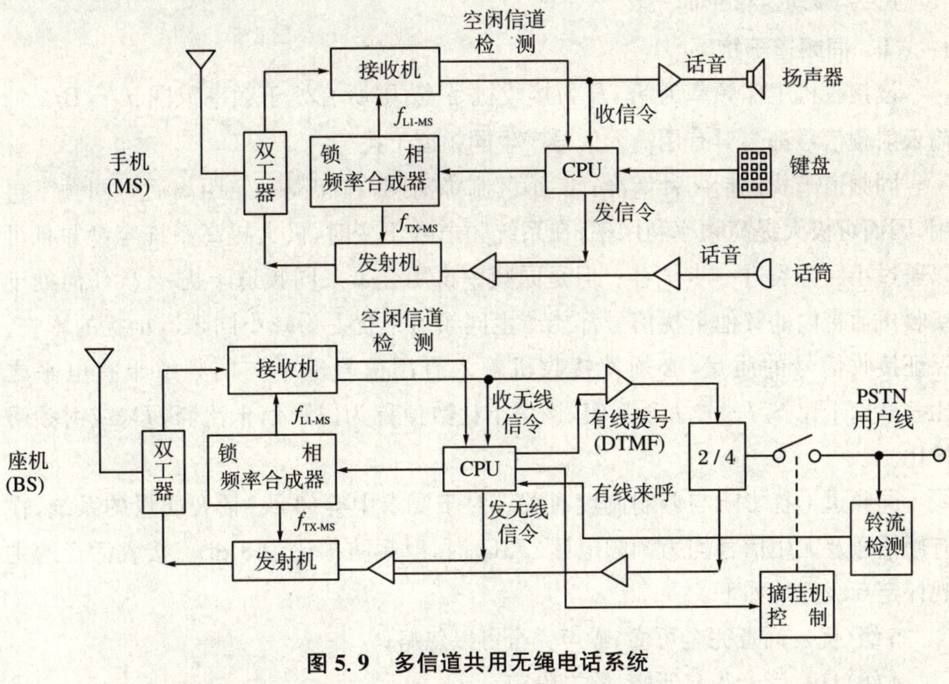

图 5.9　多信道共用无绳电话系统

蜂窝网的频率再用与二十信道多功能无绳电话原理相同，在覆盖范围外频率可再用，有效增大了用户容量。移动通信系统常用的多信道共用、空闲信道选取方式有四种：① 专用控制信道方式（专用呼叫信道方式）；② 循环定位方式；③ 循环不定位方式；④ 循环分散定位方式。如前所述，无绳电话的多信道系统是一个小区内所有无绳电话共用的系统。然而，与其他移动通信系统不同，CT1 无绳电话小区内无统一的基站，采用循环定位方式及循环分散定位方式时，已挂机的无绳电话也要占用一个信道发示闲音，一个小区最多只能容纳二十部无绳电话，容量太小，不能采用。实际能采用的只有上述①③两种方式。专用控制信道方式虽然呼叫接续可靠性（不受干扰）不及循环不定位方式，但它因接续速度快而在无绳电话系统中应用更多一些。

专用控制信道方式无绳电话系统在挂机状态下，座机及手机都守候在自己的专用控制信道上，座机还时分扫描其他十九个信道，检测并记录其中的空闲信道。当手机主呼或被呼时，座机通过控制信道给手机指定一个空闲信道，然后座机和手机由控制信道转移到指定的空闲信道。在后续的拨号（手机主呼时）及通话过程中一直占用该空闲信道（又称为通话信道），直至挂机返回控制信道守候。

（三）移动通信中的干扰

Ⅰ. 同频道干扰

设接收机工作频率为 f_0，B 为接收机带宽，则所有处于频率范围 $f_0 \pm B/2$ 的输入射频信号都会对有用输入信号产生同频道干扰。

同频道干扰包括两种情况：① 小区制蜂窝网，在相隔一定距离后可同频率再用，因而可极大提高频率利用率；在系统频道数不变时，极大提高系统容量并且可以通过小区分裂进一步扩容。但是同频率再用会带来同频道干扰。② 任何处于接收机通带内的其他干扰信号都能产生同频道干扰。为减小同频道干扰的影响，保证接收信号的质量，必须使接收机输入有用信号电平与同频道干扰电平之比——信干比 S/I——大于某值，该信干比数值称为门限信干比 $(S/I)_S$ 或射频防护比。

同频道干扰影响与调制制度有关。对于要求中等（3 级）话音质量的系统，在有用信号及无用信号均为调频电话（F3E）时，射频防护比为 8 dB。接收话音的主观评定 5 级标准如下：

5 级（优）：话音完全可懂，噪声完全可以忽略；

4 级（良）：话音很易听懂，略有噪声；

3 级（中）：话音可懂，需稍加注意，个别需重复，以便听清；

2 级(差):话音听起来相当吃力,经常需重复才能听懂;

1 级(劣):话音无法听懂。

统计表明:90%的用户认为≥3 级的话音,对应的 $C/N \geq 12$ dB;90%的用户认为≥4 级的话音,对应的 $C/N \geq 18$ dB;3 级话音对应于 $(S/N)_{out}=12+10=22$ dB;4 级话音对应于 $(S/N)_{out}=18+10=28$ dB。

Ⅱ. 邻道干扰

邻道干扰是相邻或邻近信道的信号相互干扰。目前常用的 VHF,UHF 调频电台及 CT1 无绳电话,频道间隔是 25 kHz。然而,调频信号的频谱是很宽的,理论上,调频信号含有无穷多个边频分量,当其中某些幅度较大的边频分量落入邻道接收机通道内时就会造成邻道干扰,使接收机输出信噪比恶化。

减小邻道干扰,即减小落入邻道的边频分量的主要措施是防止发射机的瞬时频偏超过最大允许值。为此,在调制信号送入 VCO 前加入一瞬时频偏控制电路(IDC),它由放大、限幅和滤波三部分组成,它限制了调制信号的最大幅度,从而限制了最大调制频偏。

数字调制信号的频谱与模拟调频一样也是很宽的。虽然其大部分能量落在规定频带内,但总有一部分能量落在邻频道。因此,无论是模拟调制还是数字调制,同一小区内尽量避免采用相邻频道。

Ⅲ. 互调干扰

互调干扰是两个或多个不同频率干扰信号在经过传输通道的非线性电路时,会产生许多谐波和组合频率分量,其中与有用信号频率 f_0 相同的或相近的组合频率分量会顺利通过接收机通带而形成干扰。

设 ω_A 和 ω_B 为两个干扰信号频率,ω_C 为有用信号频率,它们处于同一频段内。分析表明,非线性电路的三阶非线性所产生的落在同一频段内的三阶组合频率分量为 $2\omega_A-\omega_B$ 和 $2\omega_B-\omega_A$,它们与落在同一频段内的五阶、七阶等组合频率分量相比幅度最大,最容易对有用信号 ω_C 形成干扰,称为三阶互调干扰。三阶互调干扰的条件是

$$2\omega_A-\omega_B=\omega_C,\quad 即\ \omega_A-\omega_B=\omega_C-\omega_A=\pm\Delta\omega \tag{5.1}$$

或

$$2\omega_B-\omega_A=\omega_C,\quad 即\ \omega_B-\omega_A=\omega_C-\omega_B=\pm\Delta\omega \tag{5.2}$$

其频率关系如图 5.10 所示,由图可见,等频率间隔的信号可形成三阶互调干扰。

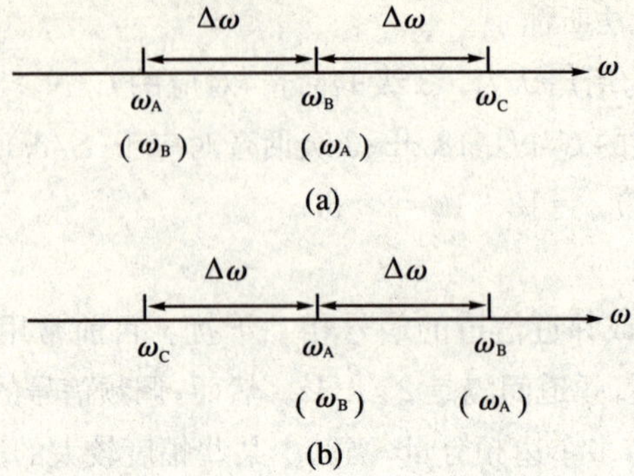

图 5.10　三阶互调干扰频率关系

五阶互调干扰的条件是

$$3\omega_A-2\omega_B=\omega_C,\quad 即\ \omega_C-\omega_A=2(\omega_A-\omega_B)=\pm2\,\Delta\omega \tag{5.3}$$

或

$$3\omega_B-2\omega_A=\omega_C,\quad 即\ \omega_C-\omega_B=2(\omega_B-\omega_A)=\pm2\,\Delta\omega \tag{5.4}$$

其频率关系如图 5.11 所示。必须强调一下,由于非线性电路的五阶及更高阶的非线性项系数比三阶的小得多,所以五阶及更高阶互调干扰信号幅度比三阶的小得多,故在实际组网时一般只考虑三阶互调干扰。

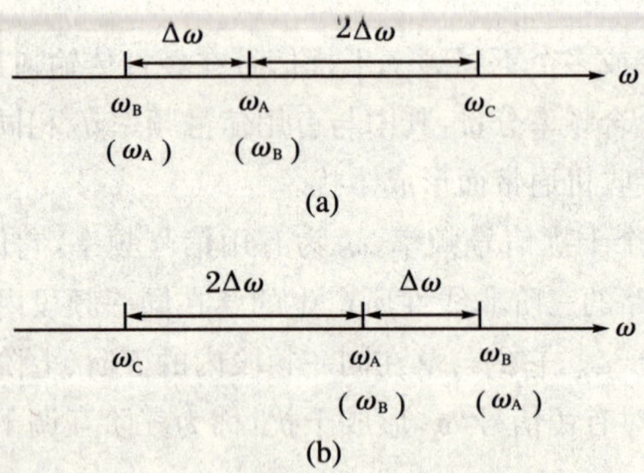

图 5.11　五阶互调干扰频率关系

（四）系统实验连接图

系统的实验连接框如图 5.12 所示。

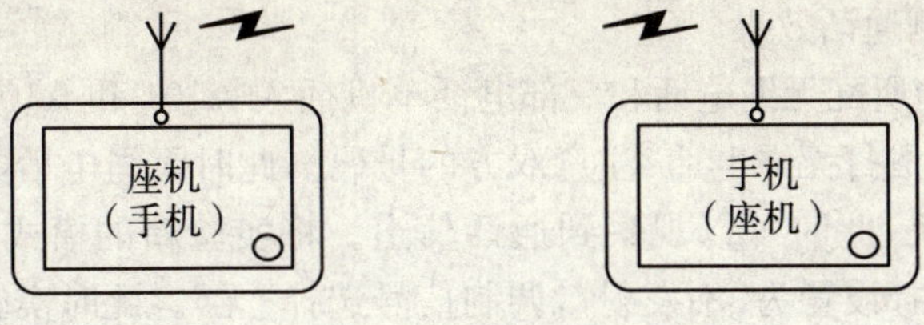

(a) 两台实验箱之间双工通信

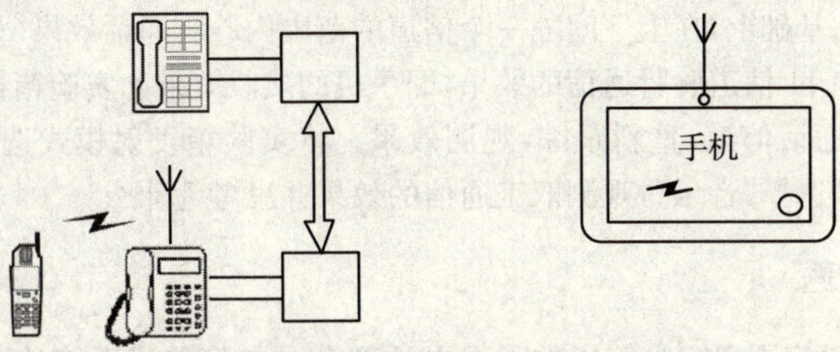

(b) 与有线电话组成系统实验

图 5.12　系统实验连接框图

五、预习要求

1. 本移动通信原理实验箱的基本构成及使用方法。

2. 同频干扰，领道干扰，互调干扰的基本概念。

六、实验步骤

1. 将一台实验箱(称为实验箱 1)的模式选择设置为“座机”模式，按下“复位”键，从 01 信道开始，将发射模式选择设置为“不发射”，调制信号选择为“音乐”。将另外一台实验箱(实验箱 2)的模式选择设置为“手机”模式，按下“复位”键，从 01 信道开始，发射模式设置为“不发射”，调制信号选择“无”。这时打开实验箱 1 的发射选择开关，即拨成“发射”，在实验箱 2 中监听实验箱 1 在 01 信道发出的音乐。按下实验箱 2 的“频率加”按键，即将信道切换到 02 信道，此时还能听见音乐吗？想想为什么？将实验箱 1 切换到 02 信道，此时监听效果如何？用同样的方法，改变双方的通话信道，当信道一致和不一致时，分别仔细观测通话效果。

2. 将实验箱 1 的模式选择设置为“手机”模式，按下“复位”键，从 01 信道开始，发射模式选择设置为“不发射”，调制信号选择“音乐”；实验箱 2 的模式选择设置为“座机”模式，按下“复位”键，从 01 信道开始，发射模式选择设置为“不发射”，调制信号选择“无”，用同实验步骤 1 的方法做此实验。

3. 实现实验箱 1 和实验箱 2 双工通信，即打开双方的发射选择开关和调制信号选择开关，观测通话效果。

4. 将实验箱所配无绳电话和一部电话单机插入 A101 和 A102 两个水晶头插座。用电话单机拨打无绳电话（注意双方的号码），此时无绳电话的手机和座机均振铃，将手机摘机，此时可以观察到通话信道。将实验箱的模式选择设置为“手机”，发射模式选择设置为“不发射”，调制信号选择“无”。此时实验箱作为一个移动台使用，对着电话单机讲话，聆听通话的效果（实验箱喇叭和无绳电话手机）。在此通话信道的基础上，在上下间隔一个信道的范围内聆听通话效果（如通话信道为 10，则在 09 和 11 信道聆听通信的效果，即手机的接收效果和实验箱扬声器的接收效果）。改变通话信道，重新跟踪，观测效果。将实验箱发射模式选择设置为“发射”，调制信号选择“音乐”，观测双工通信的效果并思考为什么。

七、思考题

1. 移动通信原理实验箱中的无绳电话部分是如何构成系统的？画出它的连接示意框图。

2. 根据实验原理中介绍的有关“干扰”的问题，思考实验箱中中否出现干扰？如果有，是什么类型的干扰？采用什么方法可以消除？

3. 实验步骤 4 中无绳电话手机、座机，电话单机、实验箱之间是什么样的通信关系？请画出示意图。

实验四　扩频与解扩实验

一、实验目的

1. 了解扩频的基本原理。
2. 理解扩频增益的概念。

二、实验内容

1. 观察基带信号扩频前后波形（频谱）。
2. 观察扩频前后 PSK 调制的波形（频谱）。

三、实验器材

移动通信原理实验箱一台，20 M 双踪示波器一台，频谱分析仪或带 FFT 功能的数字示波器（选用）一台。

四、实验原理

扩展频谱通信系统是指将待传输信息的频谱用某个特定的扩频函数扩展成为宽频带信号后送入信道中传输的系统。在接收端利用相应手段将信号解压缩，从而获取传输信息的通信系统。也就是说在传输相同信息时，扩展频谱通信系统所需的射频带宽远比我们已熟知的各种调制方式要求的带宽要宽得多。扩频带宽至少是信息带宽的几十倍，最高甚至可达几万倍。信息不再是决定调制信号带宽的一个重要因素，其调制信号的带宽主要由扩频函数来决定。这一定义包括以下三方面的意思：

1. 信号频谱被展宽了。在常规通信中，为了提高频率利用率，通常都采用大体相当于带宽的信号来传输信息，即在无线电通信中射频信号的带宽和所传信息的带宽是属于同一个数量级的，但扩频通信的信号带宽与信息带宽之比则高达100∶1～1000∶1，属于宽带通信，这利于提高通信的抗干扰能力，是扩频通信的基本思想和理论依据。扩频通信系统扩展的频谱越宽、处理增益越高，抗干扰能力就越强。

2. 采用扩频码序列调制的方式来展宽信号频谱。由信号理论知道，脉冲信号宽度越窄，其频谱就越宽，信号的频带宽度和脉冲宽度近似成反比。因此被所传信息调制的脉冲序列越窄，则越易产生频带很宽的信号。扩频码序列就是很窄的脉冲序列。

3. 在接收端用与发送端完全相同的扩频码序列来解扩。扩频技术定性的讨论的理论依据有以下几点：

首先，扩频技术的理论基础可用香农信道容量公式来描述，即

$$C=W\log_2(1+S/N) \tag{5.5}$$

式中 C 为信道容量；W 为系统传输带宽；S/N 为传输系统的信噪比。

式(5.5)表明，在高斯信道中，当传输系统的信噪比 S/N 下降时，可用增加系统传输带宽 W 的办法来保持信道容量 C 不变。对于任意给定的信噪比可以用增大传输带宽来获得较低的信息差错率。扩频技术正是利用这一原理，用高速率的扩频码来达到扩展待传输的数字信息带宽的目的。故扩频技术可使系统在相同的信噪比条件下，具有较强的抗噪声干扰的能力。

香农信道容量公式指出：在高斯噪声干扰下，在限平均功率的信道上，实现有效和可靠通信的最佳信号是具有白噪声统计特性的信号。目前人们找到的一些伪

随机序列的统计特性逼近高斯白噪声的统计特性，用于扩频系统中，可使所传输信号的统计特性逼近高斯信道要求的最佳信号形式。

早在20世纪50年代，哈尔凯维奇就从理论上证明：要克服多径衰落干扰的影响，信道中传输的最佳信号形式也应该是具有白噪声统计特性的信号形式。由于扩频函数逼近白噪声的统计特性，所以扩频通信又具有抗多径干扰的能力。常用的扩展频谱方式可分为如下几种：

1. 直接序列扩频 CDMA(DS-CDMA)：用待传信息信号与高速率的伪随机码序列相乘后去控制射频信号的某个参量而扩展频谱。

2. 跳频扩频 CDMA(FH-CDMA)：数字信息与二进制伪随机码序列模二相加后去离散地控制射频载波振荡器的输出频率，使发射信号的频率随伪随机码的变化而跳变。

3. 跳时扩频 CDMA(TH-CDMA)：跳时是用伪随机码序列来启闭信号的发射时刻和持续时间。发射信号的有无同伪随机序列一样是伪随机的。

4. 混合式：以上三种基本扩频方式中的两种或多种结合起来便构成了一些混合扩频体制，如 FH/DS，DS/TH，FH/TH 等。

在本实验中我们采用的是直接序列扩频。图5.13和5.14分别是扩频前后PSK信号的频谱。通过对比可以发现PSK信号的频谱大大展宽了。

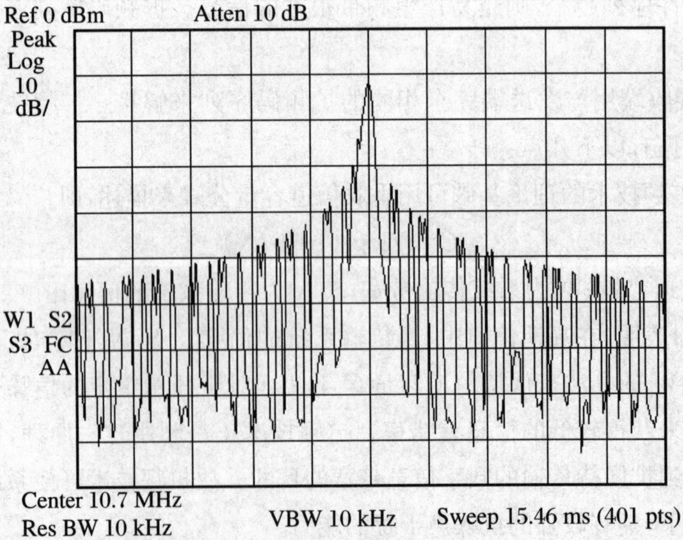

图5.13　扩频前PSK信号的频谱

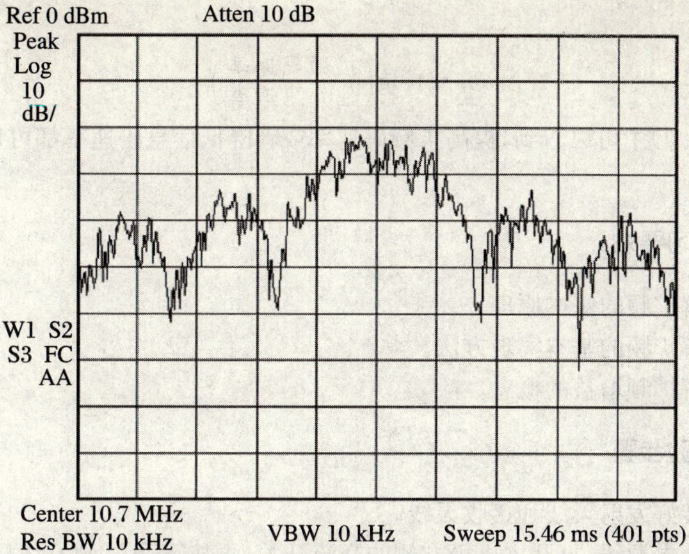

图 5.14 扩频后 PSK 信号的频谱

图 5.15 为直接序列扩频的示意图。

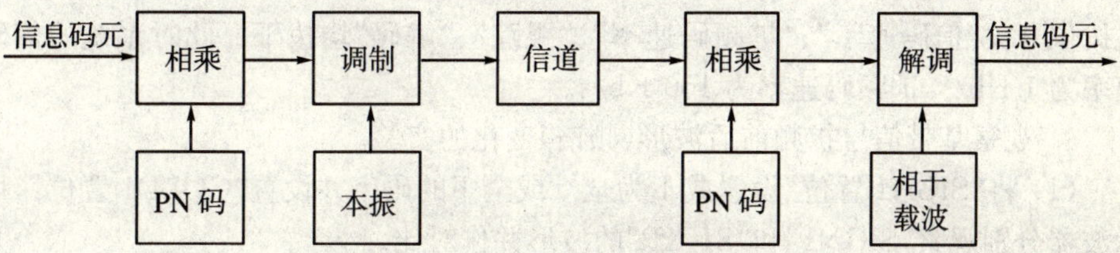

图 5.15 直接序列扩频

直接序列扩频通信的过程是将待传送的信息码元与伪随机序列相乘，在频域上将两者的频谱卷积，将信号的频谱展宽。展宽后的频谱呈窄带高斯特性，经载波调制之后发送出去。在接收端，一般首先恢复同步的伪随机码，将伪随机码与调制信号相乘，这样就得到经过信息码元调制的载波信号，然后再作载波同步，解调后得到信息码元。

我们采用扩频增益 G_P 的概念来描述扩频系统抗干扰能力的优劣，其定义为解扩接收机输出信噪比与其输入信噪比的比值，即

$$G_P = \frac{\text{输出信噪比}}{\text{输入信噪比}} \tag{5.6}$$

它表示经扩频接收处理之后，使信号增强的同时抑制输入到接收机的干扰信号能力的大小。该值越大，则抗干扰能力愈强。在直接序列扩频通信系统中，扩频增益

G_P为

$$G_P = 10\lg\left(\frac{\text{扩频码速率}}{\text{住处码速率}}\right) \tag{5.7}$$

从式(5.7)中可以看到，提高扩频码速率或者降低信息码速率都可以提高扩频增益。

五、预习要求

1. 了解扩频的基本原理。
2. 了解扩频的基本实现方法。
3. 了解扩频增益的概念。

六、实验步骤

1. 安装好发射天线和接收天线。

2. 插上电源线，打开主机箱右侧的交流开关，再按下开关 POWER301，POWER302，POWER401和POWER402，对应的发光二极管 LED301，LED302，LED401和 LED402 发光，CDMA 系统的发射机和接收机均开始工作。

3. 发射机拨位开关“信码速率”、“扩频码速率”、“扩频”、“编码”均拨下，接收机拨位开关“信码速率”、“扩频码速率”、“跟踪”、“解码”均拨下。此时系统的信码速率为 1 Kb/s，扩频码速率为 100 Kb/s。

4. 观察基带信号扩频前后波形(频谱)变化的实验。

(1) 将“SIGN1 置位”设置成不为全 0 或全 1 的码字并设置“GOLD1 置位”，用示波器分别观察“SIGN1”和“S1-KP”的波形并作对比。

(2) (选做)用带 FFT 功能的数字示波器分别观察“SIGN1”和“S1-KP”的频谱并作对比。

(3) 分别改变发射机的信码速率和扩频码速率，重复上一步骤。

5. (选做)观察扩频前后 PSK 调制频谱的实验。

(1) 码字设置不变，将“扩频”开关拨下，用频谱仪观察“PSK1”的频谱。

(2) 将“扩频”开关拨上，观察“PSK1”的频谱并与实验步骤 5 中的(1)的结果比较。

(3) 分别改变发射机的信码速率和扩频码速率，重复上述步骤。

注：改变拨位开关后，应按复位键。

6. 解扩实验。

(1) 将拨位开关恢复到实验步骤 3 要求的设置，按“发射机复位”键。

(2) 将拨位开关“第一路”连接，拨位开关“第二路”断开，此时发射机输出 GOLD1 为扩频码的第一路扩频信号。

(3) 将拨码开关“GOLD3 置位”拨为与“GOLD1 置位”一致，按“接收机复位”键。

(4) 调节“捕获”和“跟踪”旋钮，使接收机与发射机 GOLD 码完全一致，此时“TX2” 处输出即为解扩后的 PSK 信号。

(5) 用示波器双踪分别观察“SIGN1”和“TX2”处的波形。

(6) (选做)用频谱仪观察“TX2”处的频谱并与实验步骤 5 中的结果比较。

七、思考题

1. 当“SIGN1 设置”拨码开关全部设为全 1 或全 0 时，比较“S1-KP”与“GOLD1”信号波形并分析出现这种现象的原因。

2. 目前商用的 CDMA 系统采用的是哪种扩频方式？查找相关资料，画出该系统的组成框图。

3. 实验步骤 5 中(3)分别改变了发射机的信码速率和扩频码速率，“PSK1”处扩频前后的频谱分别发生了什么样的变化？说明了什么问题？

实验五　PSK 调制与解调实验

一、实验目的

1. 掌握绝对码、相对码的概念以及它们之间的变换关系和变换方法。
2. 掌握 2PSK，2DPSK 信号的频谱特性。
3. 掌握 2PSK，2DPSK 相干解调的原理。
4. 理解 2PSK，2DPSK 之间的差别。

二、实验内容

1. 观察 2PSK，2DPSK 信号的波形(频谱)。
2. 观察 2PSK，2DPSK 相干解调器各点波形。

三、实验器材

移动通信原理实验箱一台，20 M 双踪示波器一台，频谱分析仪(选配)一台。

四、实验原理

(一) 2PSK 调制原理

2PSK 信号是用载波相位的变化表征被传输信息状态的，通常规定 0 相位载波

和 π 相位载波分别代表传 1 和传 0，其时域波形示意图如图 5.16 所示。

设二进制单极性码为 a_n，其对应的双极性二进制码为 b_n，则 2PSK 信号的一般时域数学表达式为

$$S_{2PSK}(t)=\left[\sum_n b_n g(t-nT_s)\right]\cos\omega_c t \tag{5.8}$$

式中

$$b_n=\begin{cases}-1 & \text{当 } a_n=0 \text{ 时，概率为 } P\\ +1 & \text{当 } a_n=1 \text{ 时，概率为 } 1-P\end{cases}$$

则式(5.8)可变为

$$S_{2PSK}(t)=\begin{cases}\left[\sum\limits_n g(t-nT_s)\right]\cos(\omega_c t+\pi) & a_n=0\\ \left[\sum\limits_n g(t-nT_s)\right]\cos(\omega_c t+0) & a_n=1\end{cases} \tag{5.9}$$

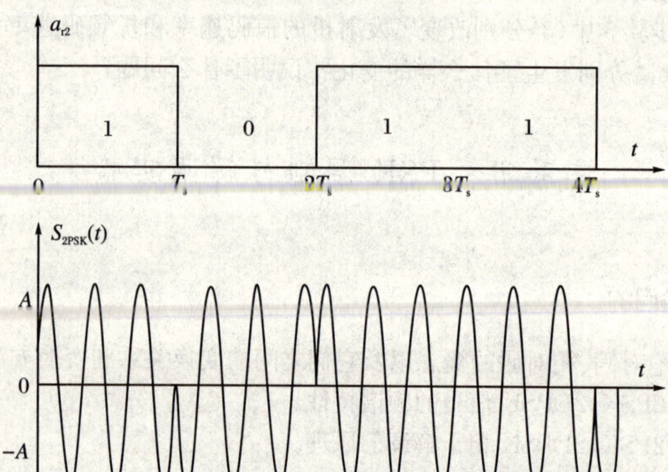

图 5.16　2PSK 信号的典型时域波形

由式(5.8)可见，2PSK 信号是一种双边带信号，比较式(5.8)和式(5.10)可知，其双边功率谱表达式与 2ASK 的几乎相同，即

$$\begin{aligned}P_{2PSK}(f)=&f_sP(1-P)\left[|G(f+f_c)|^2+|G(f-f_c)|^2\right]\\&+\frac{1}{4}f_s^2(1-P)^2|G(0)|^2\left[\zeta(f+f_c)+\zeta(f-f_c)\right]\end{aligned} \tag{5.10}$$

其谱零点带宽与 2ASK 的相同，即

$$B_{2PSK}=(f_c+R_s)-(f_c-R_s)=2R_s=2/T_s(\text{Hz}) \tag{5.11}$$

我们知道，2PSK 信号是用载波的不同相位直接去表示相应的数字信号的，在这种绝对移相的方式中，由于发送端是以某一个相位作为基准的，因而在接收系统

中也必须有这样一个固定的基准相位作参考。如果这个参考相位发生变化，则恢复的数字信息就会与发送的数字信息完全相反，从而造成错误的恢复。这种现象常称为 2PSK 的“倒 π”现象。

（二）2PSK 解调原理

2PSK 解调最常用的方法是极性比较法和相位比较法。这里可采用极性比较法对 2PSK 信号进行解调，如图 5.17(a)所示。2PSK 调制信号先经过带通滤波器；然后经过模拟乘法器与载波信号相乘后，去掉了调制信号中的载波成分；再经过低通滤波器去除高频成分后便得到了包含基带信号的低频信号；最后对此信号进行抽样判决，就可以得到基带信号了。又考虑到相乘-低通可用各种鉴相器替代，因此还可采用相位比较法，如图 5.17(b)所示。

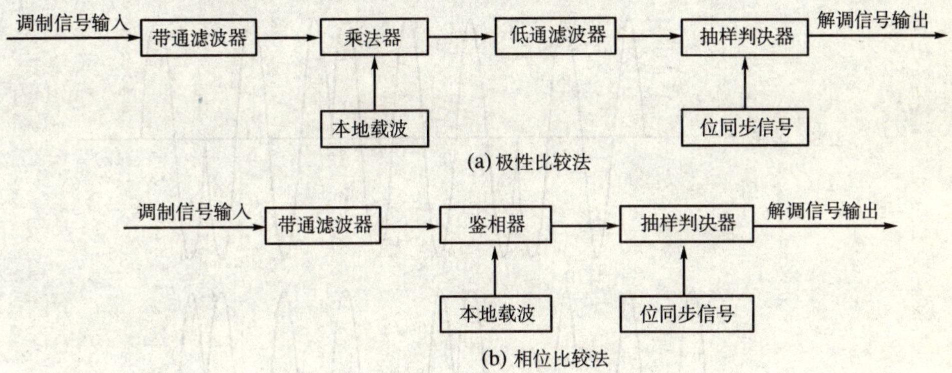

图 5.17　2PSK 解调原理框图

（三）2DPSK 调制原理

我们知道，2PSK 存在“倒 π”现象，因此实际中一般不采用 2PSK 方式，而采用差分移相(2DPSK)方式。

2DPSK 方式是利用前后相邻码元的相对载波相位值去表示数字信息的一种方式，如假设相位值用相位偏移 x 表示（x 定义为本码元初相与前一码元初相之差）并设 $\Delta\Phi=\pi\rightarrow$ 数字信息“1”；$\Delta\Phi=0\rightarrow$ 数字信息“0”。则数字信息序列与 2DPSK 信号的码元相位关系可举例表示如下：

数字信息：

0 0 1 1 1 0 0 1 0 1

2DPSK 信号相位：

0 0 0 π 0 π π π 0 0 π

或

π π π 0 π 0 0 0 π π 0

图 5.18 为对同一组二进制信号调制后的 2PSK 与 2DPSK 波形。从图中可以看出 2DPSK 信号波形与 2PSK 的不同。2DPSK 波形的同一相位并不对应相同的数字信息符号，而前后码元相对相位的差才是唯一决定信息符号的因素。这说明，解调 2DPSK 信号时并不依赖于某一固定的载波相位参考值，只要前后码元的相对相位关系不破坏，则只需鉴别这个相位关系就可以正确恢复数字信息，这就避免了 2PSK 方式中的“倒 π”现象发生。同时我们也可以看到，单纯从波形上看，2PSK 与 2DPSK 信号是无法分辨的。这说明，一方面，只有已知移相键控方式是绝对的还是相对的，才能正确判定原信息；另一方面，相对移相信号可以看成是由数字信息序列（绝对码）变换成的相对码进行绝对移相而形成的。

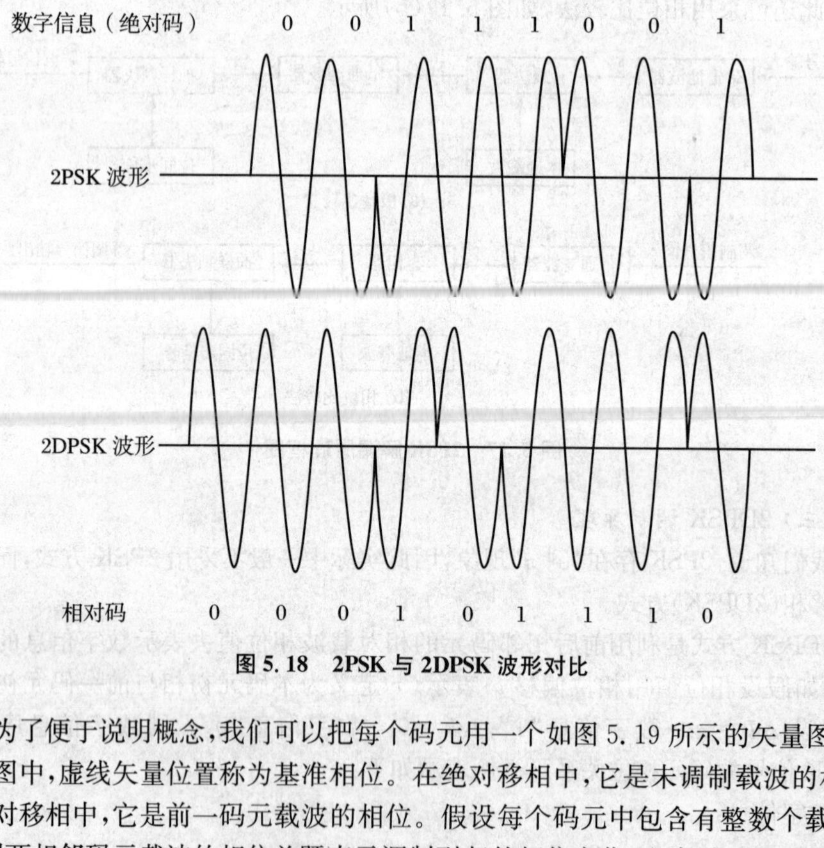

图 5.18　2PSK 与 2DPSK 波形对比

为了便于说明概念，我们可以把每个码元用一个如图 5.19 所示的矢量图来表示。图中，虚线矢量位置称为基准相位。在绝对移相中，它是未调制载波的相位；在相对移相中，它是前一码元载波的相位。假设每个码元中包含有整数个载波周期，则两相邻码元载波的相位差既表示调制引起的相位变化，也表示两码元交界点载波相位的瞬时跳变量。根据 ITU-T 的建议，图 5.19(a)所示的移相方式称为 A 方式，在这种方式中，每个码元的载波相位相对于基准相位可取 0 和 π。因此在相对移相后，若后一码元的载波相位相对于基准相位为 0，则前后两码元载波的相位就是连续的；否则载波相位在两码元之间要发生跳变。图 5.19(b)所示的移相方式称为 B 方式，在这种方式中，每个码元的载波相位相对于基准相位可取 $\pm\pi/2$。因此在相对移相时，相邻码元之间必然发生载波相位的跳变。

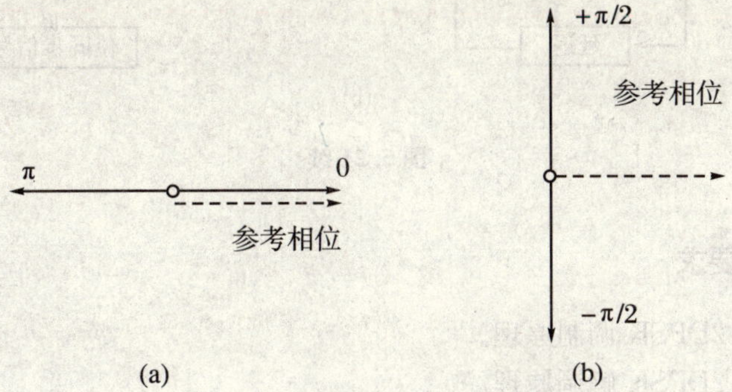

图 5.19　二相调制移相信号矢量图

2DPSK 的调制原理与 2FSK 的调制原理类似，也是用二进制基带信号作为模拟开关的控制信号轮流选通不同相位的载波，完成 2DPSK 调制，其调制的基带信号和载波信号分别从"PSK 基带输入"和"PSK 载波输入"点输入，差分变换的时钟信号从"PSK-BS 输入"点输入，其原理框图如图 5.20 所示。

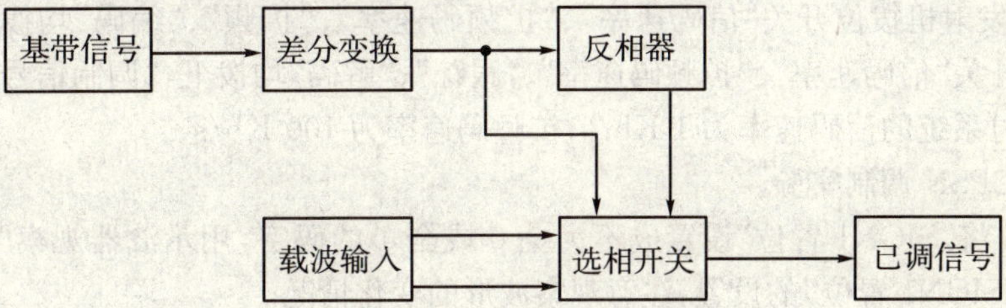

图 5.20　2DPSK 调制原理框图

（四）2DPSK 解调原理

2DPSK 解调最常用的方法是极性比较法（相干解调）和相位比较法，这里采用极性比较法对 2DPSK 信号进行解调，其原理框图如图 5.21 所示。

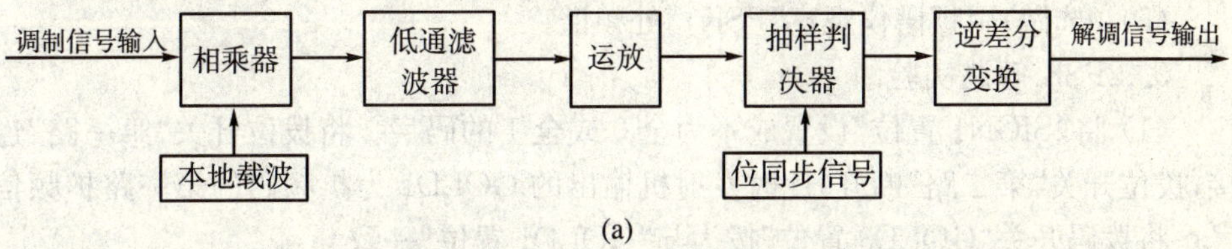

图 5.21　2DPSK 解调原理框图

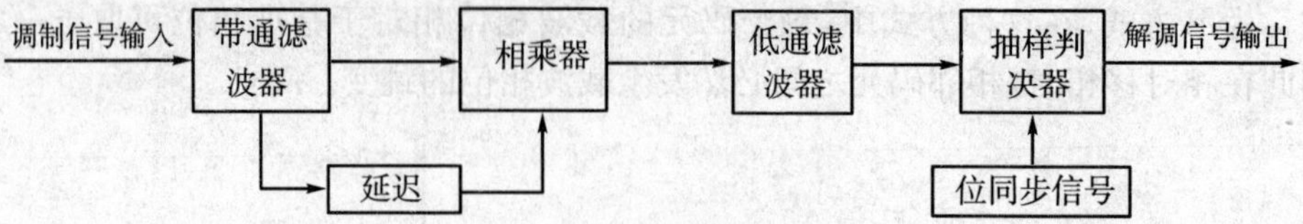

(b)

图 5.21 续

五、预习要求

1. 2PSK,2DPSK 调制原理。

2. 2PSK,2DPSK 解调原理。

六、实验步骤

1. 安装好发射天线和接收天线。

2. 插上电源线,打开主机箱右侧的交流开关,再按下开关 POWER301,POWER302,POWER401 和 POWER402,对应的发光二极管 LED301,LED302,LED401 和 LED402 发光,CDMA 系统的发射机和接收机均开始工作。

3. 发射机拨位开关"信码速率"、"扩频码速率"、"扩频"、"编码"均拨下,接收机拨位开关"信码速率"、"扩频码速率"、"跟踪"、"解码"均拨下,"调制信号输入"拨上。此时系统的信码速率为 1 Kb/s,扩频码速率为 100 Kb/s。

4. 2PSK 调制实验。

(1) 将"SIGN1 置位"设置成不为全 0 或全 1 的码字,用示波器观察"SIGN1"并改变"SIGN1 置位"的设置,注意观察波形的变化情况。

(2) 用示波器观察"S1-BS"。"S1-BS"为信息码"SIGN1"和"SIGN2"的位同步信号。

(3) 用示波器观察 TX-CW 处波形,此波形即为 10.7 MHz 的载波。

(4) 用示波器双踪同时观察"S1-KP"和"PSK1",比较调制前后波形的变化情况,注意观察相位的变化。

(5) (选做)用频谱仪观察"PSK1"处频谱。

5. 2PSK 解调实验。

(1) 将"SIGN1 置位"设置成不为全 0 或全 1 的码字。将拨位开关"第一路"连接,拨位开关"第二路"断开,此时发射机输出的 GOLD1 为扩频码的第一路扩频信号。将拨码开关"GOLD3 置位"拨为与"GOLD1 置位"一致。

注:为了便于提取不同相位的载波,应将"SIGN1 置位"设置为 0 和 1 的个数相等。

(2) 调节“捕获”和“跟踪”旋钮，使接收机与发射机 GOLD 码完全一致。

(3) 恢复出相干载波。

(4) 用示波器双踪同时观察发射机测试点“TX-CW”与接收机测试点“COS”的输出波形，反复按“接收机复位”键，观察两路正弦波的相对相位变化。

(5) 用示波器观察接收机测试点“相乘 1”并与“SIGN1”处波形比较，观察在“COS”输出不同相位载波时，“相乘 1”和“SIGN1”处波形的差别。

(6) 用示波器双踪同时观察整形前和整形后电平并将双通道置于直流耦合，将零电平、电压设为一致。调节“整形”旋钮，使整形后电平置于整形前的波形的上部凸出部分。用示波器观察整形后的波形并与整形前的波形比较，如完全相同，则整形电平调节正确。

(7) 用示波器观察整形后的波形并与发射机的“SIGN1”比较。

(8) 改变“SIGN1 置位”的码型，观察整形后测试点的波形与发射机“SIGN1”的波形是否一致。

6. 2DPSK 调制实验。

(1) 将“SIGN1 置位”设置成不为全 0 或全 1 的码字。将拨位开关“编码”拨上，此时“SIGN1”输出汉明编码后的信号，“差分编码”输出“SIGN1”差分编码后的信号。

(2) 用示波器双踪同时观察“SIGN1”和“差分编码”，比较差分编码前后波形的变化情况。改变“SIGN1 置位”设置，再进行观察。

(3) 用示波器双踪同时观察“S1-KP”和“PSK1”，比较调制前后波形的变化情况，注意观察相位的变化并与步骤 4 中的(4)比较。

(4) (选做)用频谱仪观察“PSK1”处频谱并与步骤 4 中的(5)比较。

7. 2DPSK 解调实验

(1) 将“SIGN1 置位”设置成不为全 0 或全 1 的码字。将拨位开关“第一路”连接，拨位开关“第二路”断开，此时发射机输出 GOLD1 为扩频码的第一路扩频信号。将拨码开关“GOLD3 置位”拨为与“GOLD1 置位”一致。将接收机拨位开关“解码”拨上。

注:为了便于提取不同相位的载波，应将“SIGN1 置位”设置为 0 和 1 个数相等。

(2) 调节“捕获”和“跟踪”旋钮，使接收机与发射机 GOLD 码完全一致。

(3) 恢复出相干载波。

(4) 用示波器双踪同时观察发射机测试点“TX-CW”与接收机测试点“COS”的输出波形，反复按“接收机复位”键，观察两路正弦波的相对相位变化。

(5) 用示波器观察接收机测试点“相乘 1”并与“差分编码”处波形比较，观察在

"COS"输出不同相位载波时,"相乘1"和"差分编码"处波形的差别。

(6) 用示波器双踪同时观察整形前和整形后电平并将双通道置于直流耦合,将零电平、电压设为一致。调节"整形"旋钮,使整形后电平置于整形前波形上部凸出部分。

(7) 用示波器观察整形后的波形并与发射机的"差分编码"比较。

(8) 用示波器观察接收机测试点"逆差分"并与"SIGN1"处波形比较,观察在"COS"输出不同相位载波时,"逆差分"和"SIGN1"处波形的差别。

注:"SIGN1 置位"设置为0和1个数不相等时,提取不同相位的载波"相乘1"处波形幅度会有变化,因此须重新调节整形电平。

七、实验思考题

1. 与2ASK和2FSK相比,2PSK有什么优缺点?

2. 如果2PSK解调采用相位比较法,查找相关资料画出它的实现框图并解释每个部分的作用及原理。

3. 实验步骤7中(5)和(8)的现象如何?说明了什么问题?

八、实验报告要求

1. 分析2DPSK极性比较法解调的工作原理,画出详细的框图。

2. 根据实验测试记录,画出各测试点的波形并按实验步骤中的要求作对比。

3. 对实验思考题加以分析,给出相应答案。

实验六 CDMA移动通信系统实验

一、实验目的

1. 掌握CDMA(码分多址)的基本原理。

2. 了解DS-CDMA(直扩码分多址)移动通信系统原理及组成。

二、实验内容

1. 测量单信道DS-CDMA通信系统发射机和接收机各点波形,了解发射机扩频调制及接收机相关检测的原理。

2. 测量双信道DS-CDMA通信系统发射机和接收机各点波形,进一步了解发端扩频调制、收端相关检测及码分多址逻辑信道形成原理。

三、实验器材

移动通信原理实验箱一台，20 MHz 双踪示波器一台，频谱分析仪(选配)一台。

四、实验原理

(一) DS-CDMA 移动通信系统

图 5.22 为 DS-CDMA 移动通信系统原理框图。系统中采用包含 N 个码序列的正交码组 $c_1, c_2, \cdots, c_N$ 作为地址码，分别与信码 $d_1, d_2, \cdots, d_N$ 相乘或模二加实现扩频调制。信码速率 f_b(单位：b/s，比特/秒)、周期 $T_b=1/f_b$；地址码速率 f_p(单位：c/s，子码/秒或码片/秒)、周期 $T_p=1/f_p$，地址码序列每周期包含 P 个子码元，序列周期 $T=P \cdot T_p$。通常设置

$$f_p=K \cdot P \cdot f_b \tag{5.12}$$

即

$$T_b=K \cdot p \cdot T_p=K \cdot T \tag{5.13}$$

式中，K 为正整数。式(5.12)和式(5.13)表明，地址码速率 f_p 是信息速率 f_b 的 KP 倍，一个信码周期 T_b 对应 K 个地址码序列周期 T。信息码与地址码相乘后占据的频谱宽度扩展了 KP 倍。由 N 个正交地址码在一对双工载频上构成的 N 个逻辑信道，可供 N 对用户同时通信。图 5.22 中画出了发端的 N 个用户及收端第一个用户。

DS-CDMA 系统的载波调制可采用调频或调相方式，以调相方式应用最广。以 2PSK 调制为例，发端用户 1 发射的信号为

$$S_1(t)=d_1(t) \cdot c_1(t) \cdot \cos \omega_c t \tag{5.14a}$$

式中，$d_1(t) \cdot c_1(t)$是(−1，+1)域二元数据，则 $S_1(t)$是 $0/\pi$ 调相的 2PSK 信号。故载波调制器就是模拟乘法器。式(5.14a)可写成

$$S_1(t)=d_1(t) \cdot c_1(t) \cdot \cos \omega_c t=[d_1(t) \cdot c_1(t)]\cos \omega_c t \tag{5.14b}$$

或

$$S_1(t)=d_1(t) \cdot c_1(t) \cdot \cos \omega_c t=[d_1(t) \cdot \cos \omega_c t]c_1(t) \tag{5.14c}$$

由此可见，发端的 DS-CDMA 射频信号，可通过先扩频调制再载波调制[式(5.14b)]或先载波调制再扩频调制[式(5.14c)]得到，二者是等效的。与此对应，收端也有两种等效的解调方案。本实验系统采用的方案是：发射机先扩频调制再载波调制，接收机先解扩再解调(图 5.22)。

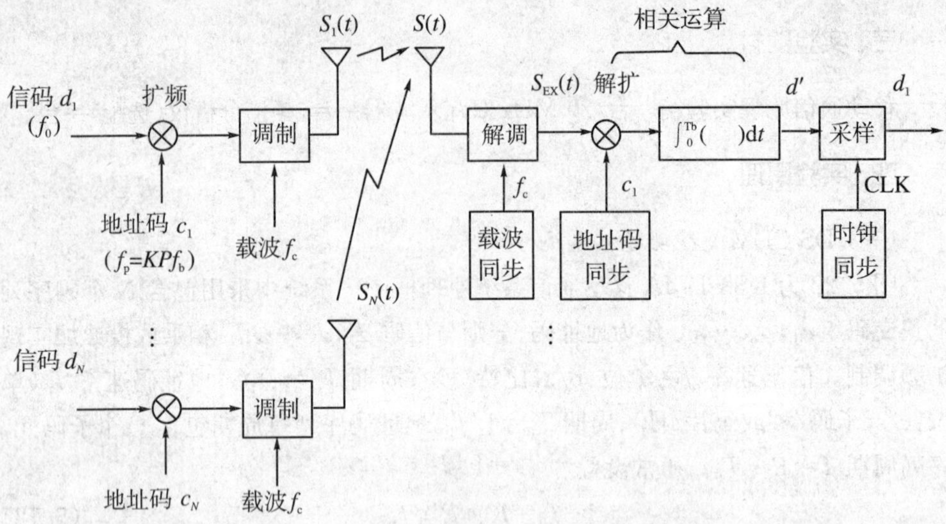

图 5.22　DS-CDMA 移动通信系统原理框图

发端 N 个用户发射在空中的信号在时域、频域完全混叠在一起，收端每一个用户都可收到。下面我们以将接收机先解调再解扩的次序来推导码分多址的原理。

收端第一个用户天线收到的信号为

$$S(t)=\sum_{i=1}^{N}S_i(T)=\sum_{i=1}^{N}A_i\cdot d_i(t)\cdot c_i(t)\cdot\cos\omega_c t \tag{5.15}$$

解调后的信号

$$S_{EX}(t)=\sum_{i=1}^{N}A_i'\cdot d_i(t)\cdot c_i(t) \tag{5.16}$$

经过与本地地址码 $c_1(t)$ 相关检测后输出信号

$$d_1'=\int_0^{T_b}S_{EX}(t)\cdot c_1(t)\mathrm{d}t=\sum_{i=1}^{N}A_i'\cdot\int_0^{T_b}d_i(t)\cdot c_i(t)\cdot c_1(t)\mathrm{d}t$$

式中，T_b 为信码周期，故积分号中信码 $d_i(t)$ 是常数，可提出，得

$$d_1'=\sum_{i=1}^{N}A_i'\cdot d_i(t)\int_0^{T_b}c_i(t)\cdot\mathrm{d}t=\sum_{i=1}^{N}A_i'\cdot d_i(t)\cdot K\int_0^{T}c_i(t)c_1(t)\mathrm{d}t$$

根据地址码的正交性关系

$$R_{i,j}(\tau)=\int_0^{T}c_i(t)\cdot c_j(t-\tau)\mathrm{d}t=0\quad(i\neq j)$$

可得

$$d_1'=A_1'\cdot d_1(t)KR_1(o)=A_1''d_1(t) \tag{5.17}$$

式中，$R_1(o)=\int_0^{T}c_1(t)\cdot c_1(t)\mathrm{d}t$ 为 $c_1(t)$ 的自相关函数峰值。d_1' 经采样后得到方波

形式的信码 $d_1(t)$ 。收端用户 1 从发端 N 个用户发射在空中的时域及频域完全混叠的 DS-CDMA 信号中，接收到发端用户 1 的信码。

（二）DS-CDMA 移动通信的关键技术

1. 正交码序列的研究、选择及配置。

2. 为克服远近效应，要进行精确、快速的发射功率控制。

由式(5.15)～(5.17)的分析可见，如果地址码组严格正交，则不存在多址干扰，即式(5.17)所示相关运算输出只包含有用信息，而不包含其他地址的信息。但实际情况并非如此理想，原因如下：

(1) 实际使用的地址码一般都不是严格正交的或者只在指定的相对相位关系下才严格正交；

(2) 理论上严格正交的地址码经过实际信道传输后波形发生畸变，在收端成为不严格正交；

(3) 收端地址码同步精度不高，地址码正交性恶化。

当地址码组不严格正交时，接收端就存在多址干扰：一方面，近地发射机发射来的无用的强信号对远地发射机发射来的有用的弱信号会产生严重多址干扰；另一方面，由于接收机前端电路的线性动态范围有限，近地强干扰信号会造成接收机的阻塞，亦会抑制远地有用弱信号的接收。以上两个原因造成的近地强信号对远地弱信号接收的抑制现象称为远近效应。

克服远近效应的方法是对移动台和基站发射功率进行精确、快速的控制，使任一移动台无论处于什么位置都在其发射信号到达基站的接收机时具有相同的电平，刚刚达到要求的信干比门限，而收到基站发射来的信号亦刚刚达到要求的信干比门限。

各移动台的发射机是物理上独立的发射机，可按需要独立进行功率控制。基站发射机及功率控制由于下述原因而大为简化。

原则上，基站需为每条 DS-CDMA 逻辑信道配置一台发射机，但由于这些发射机处于同一基站，所以发射载频是相干的(同频、同相)，故基站总的发射信号可表示为

$$
\begin{aligned}
S(t) &= \sum_{i=1}^{N}[A_i \cdot d_i(t) \cdot c_i(t) \cdot \cos \omega_c t] \\
&= \sum_{i=1}^{N}[A_i \cdot d_i(t) \cdot c_i(t) \cdot 2\cos \omega_{IF} t \cdot \cos(\omega_c - \omega_{IF})t] \Big|_{\text{上变频(取和频)}} \\
&= \Big[\sum_{i=1}^{N} 2A_i \cdot d_i(t) \cdot c_i(t) \cdot \cos \omega_{IF} t\Big] \cdot [\cos(\omega_c - \omega_{IF})t] \Big|_{\text{上变频(取和频)}} \quad (5.18)
\end{aligned}
$$

由式(5.18)可见，基站各信道发射的射频信号，可先在中频 ω_{IF} 实现扩频调制及载波调制，经线性叠加后由一台发射机上变频到射频，再经功率放大后发射出

去。调整各信道中频信号幅度就调整了各信道射频信号幅度(功率)。

基站发射的多路射频信号另外一种形式为

$$S(t) = \sum_{i=1}^{N}[A_i \cdot d_i(t) \cdot c_i(t) \cdot \cos \omega_c t]$$
$$= \Big[\sum_{i=1}^{N} A_i \cdot d_i(t) \cdot c_i(t)\Big] \cdot \cos \omega_c t \qquad (5.19)$$

即可先将各信道扩频调制后的基带信号线性叠加,再对同一载波进行调制后发射出去。调整各信道扩频基带信号的幅度就调整了各信道射频信号幅度。

3. 地址码同步。相关原理见本章实验二。

(三) 实现方法

发射机实现框图如图 5.23 所示。

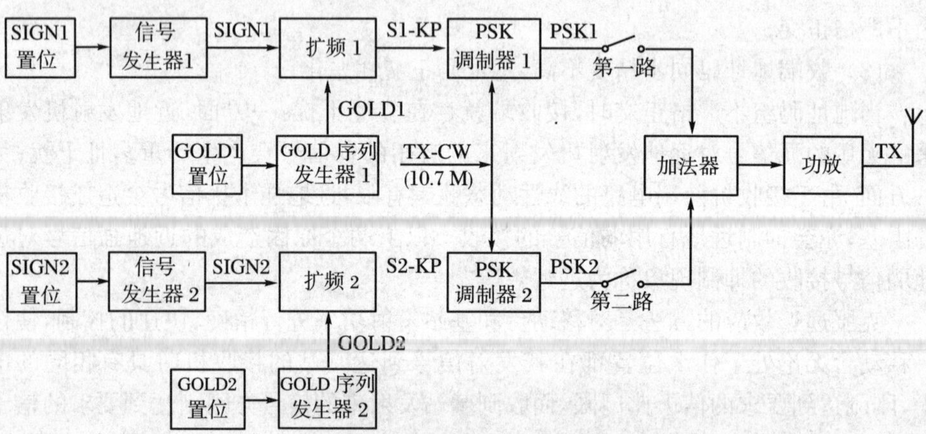

图 5.23　CDMA 系统发射机实现框图

两路信息码均在发射机的 CPLD 中产生,周期为 8,分别由两个八位拨码开关"SIGN1 置位"和"SIGN2 置位"进行置位。码速率 1 Kb/2 Kb 可变,由拨位开关"信码速率"控制:拨码开关拨上时码速率为 2 Kb,拨下时为 1 Kb。两路扩频码为在 CPLD 中产生的 127 位 Gold 序列,分别受两个八位开关"GOLD1 置位"和"GOLD2 置位"控制,可以任意改变。码速率 100 Kb/200 Kb 可变,由拨位开关"扩频码速率"控制:拨码开关拨上时码速率为 200 Kb,拨下时为 100 Kb。

两路信息码分别与 Gold1 和 Gold2 进行扩频后再进行 PSK 调制。当拨位开关"第一路"、"第二路"均连接时,发射机输出点 TX 输出的信号为两路信号的叠加。接收机实现框图如图 5.24 所示。

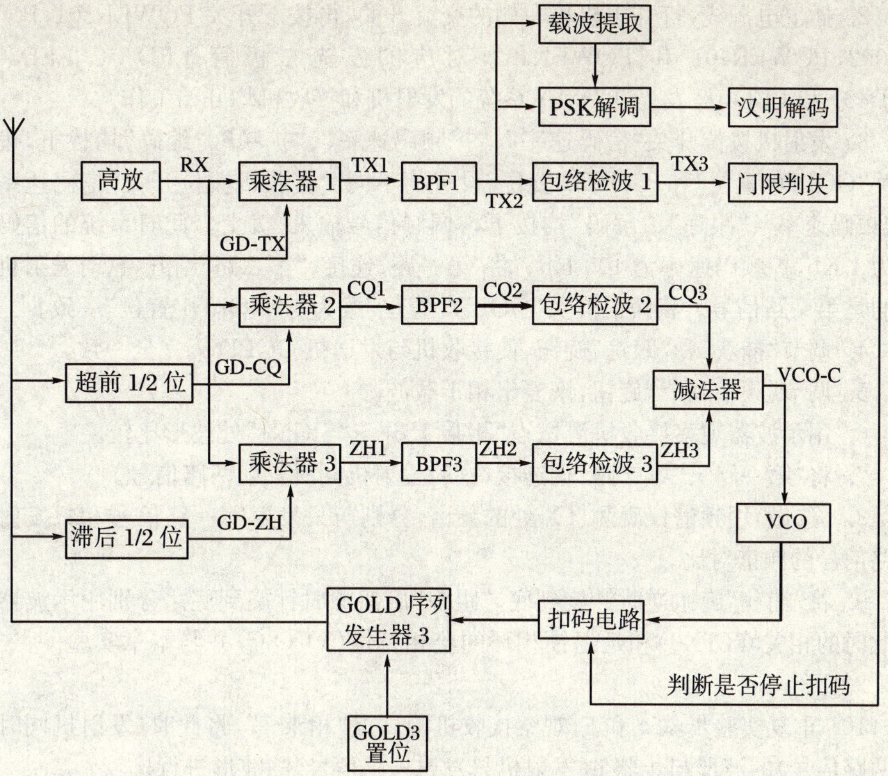

图 5.24　CDMA 系统接收机实现框图

接收端的扩频码 GOLD3 受 8 位拨码开关“GOLD3 置位”控制。因此当“GOLD3 置位”与“GOLD1 置位”一致而与“GOLD2 置位”不一致时，解调出信息码 SIGN1；当“GOLD3 置位”与“GOLD2 置位”一致而与“GOLD1 置位”不一致时，解调出信息码 SIGN2。拨位开关“信码速率”、“扩频码速率”、“解码”与发射部分的作用一致。

除了单台实验箱组成 DS-CDMA 移动通信系统外，还可由多台实验箱组成 DS-CDMA 移动通信系统，方式灵活多样。

五、预习要求

1. 码分多址的原理。
2. DS-CDMA 移动通信系统的组成。

六、实验步骤

1. 安装好发射天线和接收天线。

2. 插上电源线，打开主机箱右侧的交流开关，再按下开关 POWER301，POWER302，POWER401 和 POWER402，对应的发光二极管 LED301，LED302，LED401 和 LED402 发光，CDMA 系统的发射机和接收机均开始工作。

3. 发射机拨位开关“信码速率”、“扩频码速率”、“扩频”、“编码”均拨下，拨码开关“GOLD1 置位”和“GOLD2 置位”设置为不同。接收机拨位开关“信码速率”、“扩频码速率”、“跟踪”、“解码”均拨下，“调制信号输入”拨上。此时系统的信码速率为 1 Kb，扩频码速率为 100 Kb。将“第一路”连接，“第二路”断开，这时发射机发射的是第一路信号。将拨码开关“GOLD3 置位”拨为与“GOLD1 置位”一致。

4. 调节“捕获”和“跟踪”旋钮，使接收机与发送机 GOLD 码完全一致。

5. 调节“频率调节”旋钮，恢复出相干载波。

6. 用示波器观察接收机测试点“相乘 1”并与“SIGN1”处波形比较。

7. 将“第一路”、“第二路”均连接，这时发射机同时发射两路信号。

8. (选做)用频谱仪观测 TX 处的频谱，分别与只发射第一路信号和只发射第二路信号的频谱对比。

9. 将“捕获”旋钮逆时针旋到底，“跟踪”旋钮顺时针旋到底。分别用示波器观察此时的相关峰(TX3)和延迟锁相环的鉴相特性(VCO-C)并与本章实验一、二的结果对比。

10. 重复实验步骤 4 和 5，观察接收机测试点“相乘 1”，将此时(发射机同时发射两路信号)的波形与步骤 6(发射机只发射一路信号)的波形进行比较。

11. 将“GOLD3 置位”设置为与“GOLD2 置位”一致而与“GOLD1 置位”不一致，按“复位”键，重复实验步骤 4 和 5，解调出第二路信息码。

12. 用示波器观察接收机测试点“相乘 1”并与“SIGN2”处波形比较。

七、思考题

1. 比较发射机发射一路扩频信号和同时发射两路信号时，接收机解调处信号的波形，分析其差别及产生原因。

2. 比较信码速率与扩频码速率不同时接收机解调处信号的波形，分析其差别及产生原因。

第六章　光通信技术基础实验

一、实验课程简介

“光通信技术基础”是高等院校电子通信工程专业的一门主要专业必修课，通过课程的学习，使学生掌握光纤的传光原理和特性，掌握光纤通信系统的基本组成、工作原理、设计考虑和计算方法，掌握光通信器件的原理、结构、基本性能和主要应用，了解光网络的结构和各部分的功能，掌握常用光纤通信仪表的功能和使用方法等。光通信技术实验是该课程的实践性教学环节，主要开设了 LED 的 *P-I* 特性测量、码型变换和话路光传输系统等实验，通过测量系统及器件的性能，设计构建实验系统，使学生从中学习相关仪器的使用和实验方法，锻炼实验技能，为毕业后从事光纤通信领域的专业技术工作打下坚实的理论和实践基础。

二、ZY12OFCom23BH1 型光通信实验箱简介

光纤通信原理实验箱配合“光通信技术基础”课程的理论教学使用，实验系统将光纤通信原理和教材紧密接合，实验项目和顺序与教材保持同步。该实验箱主要有以下特点：

1. 电路实现上采用大规模 CPLD/FPGA，专门设计制作了可供学生进行二次开发实验的扩展板并预留了大量的 I/O 口，可在原有硬件电路的基础上开发新的实验内容。

2. 同一实验箱中具备通用的三个低损耗光纤通信端口（850 nm，1 310 nm，1 550 nm）；光发送和光接收分别采用分立元件（1 310 nm）和集成电路（1 550 nm）来实现。电路参数可调，可通过特定的测试点来观测光发送和光接收本质原理的实现过程。

3. 光发送时加入自动光功率控制电路，使得激光器的输出更加稳定；光接收时在已有前置放大和主放大的基础上，加入了信号的判决和再生，可以通过判决前后眼图的形状的不同，深入地理解信号在光纤传输中的衰减特性和光接收的原理。

4. 波分复用加上时分复用技术、电话热线呼叫时交换技术的使用，使得在两台实验箱完成四部电话的全双工通信成为可能，从而完全模拟实际的电话通信系统。

实验一　半导体激光器 *P-I* 特性测试实验

一、实验目的

1. 学习半导体激光器发光原理和光纤通信中激光光源工作原理。
2. 了解半导体激光器平均输出光功率与注入驱动电流的关系。
3. 掌握半导体激光器 P(平均发送光功率)-I(注入电流)曲线的测试方法。

二、实验仪器

ZY12OFCom23BH1 型光纤通信原理实验箱一台,FC 接口光功率计一台,FC-FC 单模光纤跳线一根,万用表一台,连接导线二十根。

三、实验原理

光源是把电信号变成光信号的器件,在光纤通信中占有重要的地位。性能好、寿命长、使用方便的光源是保证光纤通信可靠工作的关键。

作为光源,可以采用半导体激光二极管(LD,又称半导体激光器)、半导体发光二极管、固体激光器和气体激光器等。但是对于光纤通信工程来说,除了少数测试设备与工程仪表之外,几乎无例外地采用半导体激光器和半导体发光二极管。

半导体激光二极管(或简称半导体激光器)通过受激辐射发光,是一种阈值器件。处于高能级 E_2 的电子在光场的感应下发射一个和感应光子一模一样的光子,而跃迁到低能级 E_1,这个过程称为光的受激辐射。所谓一模一样,是指发射光子和感应光子不仅频率相同,而且相位、偏振方向和传播方向都相同,它和感应光子是相干的。由于受激辐射与自发辐射的本质不同,导致半导体激光器不仅能产生高功率(≥10 mW)辐射,而且输出光发散角窄(垂直发散角为 30°～50°,水平发散角为 0°～30°)、与单模光纤的耦合效率高(约 30%～50%)、辐射光谱线窄($\Delta\lambda$=0.1～1.0 nm)、适用于高比特工作、载流子复合寿命短、能进行高速信号(>20 GHz)直接调制,非常适合于作高速长距离光纤通信系统的光源。

阈值电流是非常重要的特性参数。图 6.1 中 OA 段与 AB 段的交点 A 表示开始发射激光,它对应的电流就是阈值电流(I_{th})。半导体激光器可以作为一种光学振荡器,要形成光的振荡,就必须要有光放大机制,也即激活介质处于粒子数反转分布且产生的增益足以抵消所有的损耗。将开始出现净增益的条件称为阈值条件。一般用注入电流值来标定阈值条件,也即阈值电流。

P-I 特性是半导体激光器的最重要的特性。当注入电流增加时，输出光功率也随之增加，在达到 I_{th} 之前半导体激光器输出荧光，到达 I_{th} 之后输出激光，输出光子数的增量与注入电子数的增量之比为

$$\eta_d=\left(\frac{\Delta P}{hv}\right)/\left(\frac{\Delta I}{e}\right)=\frac{e}{hv}\cdot\frac{\Delta P}{\Delta I} \tag{6.1}$$

其中，$\Delta P/\Delta I$ 就是图 6.1 激射时的斜率，h 是普朗克常数，v 为辐射跃迁情况下释放出的光子的频率。

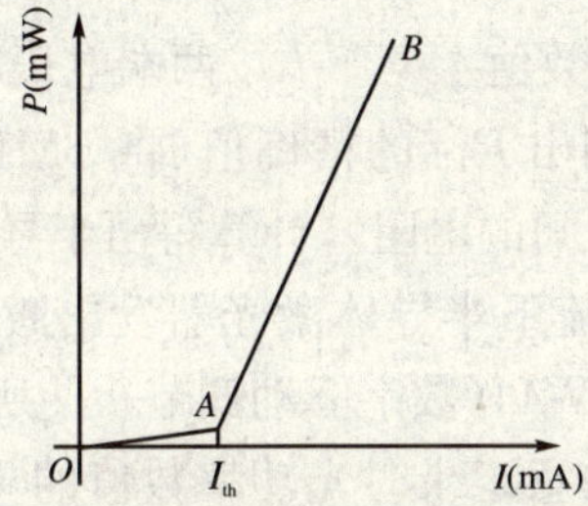

图 6.1　LD 半导体激光器 P-I 曲线示意图

P-I 特性是选择半导体激光器的重要依据。在选择时，应选阈值电流 I_{th} 尽可能小、I_{th} 对应 P 值小且没有扭折点的半导体激光器。这样的激光器工作电流小、工作稳定性高、消光比（测试方法见本章实验四）大且不易产生光信号失真。但要求 P-I 曲线的斜率适当：斜率太小，则要求驱动信号太大，给驱动电路带来麻烦；斜率太大，则会出现光反射噪声及使自动光功率控制环路调整困难。本实验涉及的实验框图如图 6.2 所示，其中 R_{110}（1 Ω）与激光器串联。

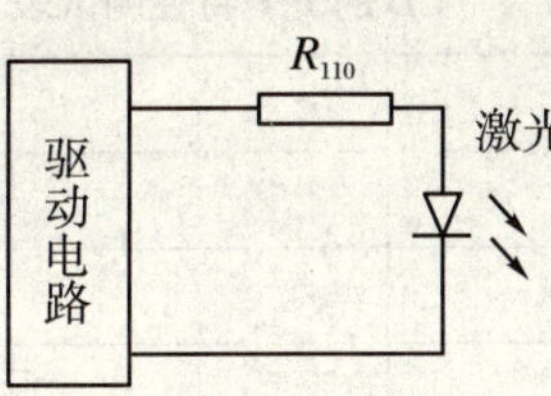

图 6.2　激光器工作框图

四、实验内容及步骤

1. 用导线连接电终端模块 T68(M)和 T94(13_DIN)。

2. 将开关 BM1 拨到标有“1 310 nm”字样处，将开关 K_{43} 拨为“数字”，将电位器 W44 逆时针旋转到最小。

3. 旋开光发端机光纤输出端口（1 310 nm T）防尘帽，用 FC-FC 光纤跳线将半

导体激光器与光功率计输入端连接起来并将光功率计测量波长调整到 1 310 nm 挡。

4. 用万用表测量 T97(TV+)和 T98(TV−)之间的电阻 R_{110} 值，在测之前要将回路断开，找出所测电压与半导体激光器驱动电流之间的关系($V=IR_{110}=1\ \Omega$)。

5. 将电位器 W46(阈值电流调节)逆时针旋转到底。

6. 打开交流电源，此时指示灯 D_4，D_5，D_6，D_7，D_8 亮。

7. 用万用表测量 T97(TV+)和 T98(TV−)两端电压(红表笔插 T97，黑表笔插 T98)。

8. 电路中的驱动电流在数值上等于 R_{110} 两端电压与电阻值之比。为了测试更加精确，实验中先用万用表测出 R_{110} 的精确值(将 BM1，BM2 都拨到中挡，用万用表的欧姆挡测 T103，T104 之间的电阻)，计算得出半导体激光器的驱动电流；然后用光功率计测得一定驱动电流下半导体激光器发出激光的功率，从而完成 *P-I* 特性的测试。慢慢调节电位器 W44(数字驱动调节)，使所测得的电压为下表中数值，依次测量对应的光功率值，注意记录时光功率数值的单位并将测得的数据填入表 6.1，精确到 0.1 μW。

9. 做完实验后先关闭交流电开关。

10. 拆下光跳线及光功率计，用防尘帽盖住实验箱半导体激光器光纤输出端口，将实验箱还原。

11. 根据测试结果，算出半导体激光器驱动电流，画出相应的光功率与注入电流的关系曲线；根据所画出的 *P-I* 特性曲线，找出半导体激光器阈值电流 I_{th} 的大小；根据 *P-I* 特性曲线，求出半导体激光器的斜率效率；对实验结果进行误差分析。

表 6.1　LD 的 *P-I* 特性测试表

U(mV)							
I(mA)							
P(μW)							
U(mV)							
I(mA)							
P(μW)							

五、实验报告

1. 测量半导体激光器输出功率和注入电流并画出 *P-I* 关系曲线。

2. 根据 *P-I* 特性曲线，找出半导体激光器阈值电流，计算半导体激光器斜率效率。

六、预习要求

1. 预习相关的光纤预备知识，了解光纤的结构、分类和光纤导光基本原理。

2. 预习半导体激光器和发光二极管发光的基本原理，掌握自发辐射和受激辐射机理。

3. 了解半导体激光器的辐射（发光）效率，即外微分量子效率 η_D。

4. 预习半导体激光器的温度特性。

5. 预习光功率计的工作原理。

七、思考题

1. 试说明半导体激光器发光工作原理。

2. 环境温度的改变对半导体激光器 P-I 特性有何影响？

3. 分析以半导体激光器为光源的光纤通信系统中，半导体激光器 P-I 特性对系统传输性能的影响。

实验二　数字光纤通信系统线路码型 CMI 编译码实验

一、实验目的

1. 了解线路码型在光纤传输系统中的作用。
2. 掌握线路码型 CMI 码的编译码过程以及电路实现原理。

二、实验仪器

ZY12OFCom23BH1 型光纤通信原理实验箱一台，20 MHz 双踪模拟示波器一台，FC-FC 单模光纤跳线一根，连接导线二十根。

三、实验原理

线路码型变换电路主要是为适应数字光纤通信传输的需要而设置的，因此数字光纤通信传输过程的前后必须有线路码型变换与反变换（CMI 码）电路。

（一）线路码型

数字光纤通信与数字电缆通信一样，在其传输信道中，通常不直接传送终端机（如 PCM 终端机）输出的数字信号，而需要经过码型变换，使之变换成适于信道传输的码型，即线路码型。在数字电缆通信中，电缆中传输的线路码型通常为三电平的三阶高密度双极性码，即 HDB3 码，它是一种传号以正负极性交替发送的码型。在数字光纤通信中，由于光源不可能发射负的光脉冲，所以不能采用 HDB3 码，只能采用 01 二电平码。但简单的二电平码的直流基线会随着信息流中 01 的不同的组合情况而随机起伏，而直流基线的起伏对接收端判决不利，因此需要进行线路编码以满足光纤线路传输的要求。线路编码还有另外两个作用：一是消除随机数字码流中的长连 0 和长连 1 码，以便于接收端时钟的提取；二是按一定规则进行编码后，以便于在运行中进行误码监测以及在中继器上进行误码遥测。

(二) CMI 码

CMI(Coded Mark Inversion)码是典型的字母型平衡码之一。CMI 在 ITU-TG.703 建议中被规定为 139 264 Kb(PDH 的四次群)和 155 520 Kb(SDH 的 STM-1)的物理/电气接口的码型。根据 CMI 的编码规则，“1”交替编为“00”和“11”；“0”编为“01”，其变换规则如表 6.2 所示。

表 6.2 CMI 编码规则

输入码字	CMI 码	
	模式 1	模式 2
0	01	01
1	00	11

CMI 结构均匀，传输性能好，可以用游动数字和的方法监测误码，因此误码监测性能好。由于它是一种电接口码型，所以有不少 139 264 Kb 的光纤数字传输系统采用 CMI 码作为光线路码型。除了上述优点外，它也不需要重新变换，就可以直接用四次群复接设备送来的 CMI 码的电信号去调制光源器件，在接收端把再生还原的 CMI 码的电信号直接送给四次群复用设备，而无需电接口和线路码型变换/反变换电路。其缺点是码速提高太大并且传送辅助信息的性能较差。

实验中线路编码将数字基带信号 NRZ 码变换为适合数字光纤通信系统传输的线路码型 CMI 码，CMI 码经光纤传输后再经线路译码变换为基带信号 NRZ 码。实验方框图如图 6.3 所示，观察各点波形以理解 CMI 编译码规则。

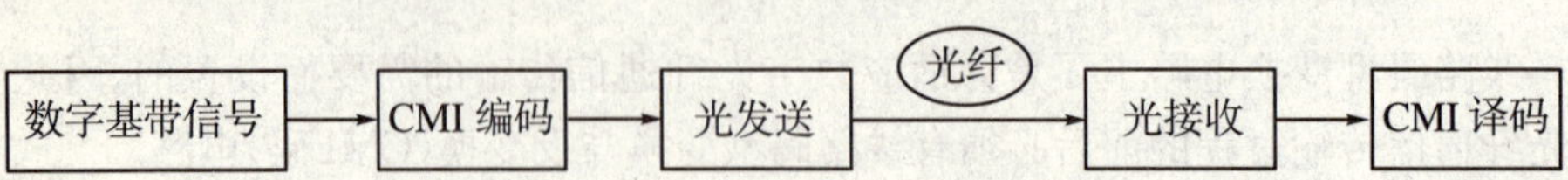

图 6.3 CMI 编译码实验框图

实验中 CMI 码与 NRZ 码的对应关系如图 6.4 所示。

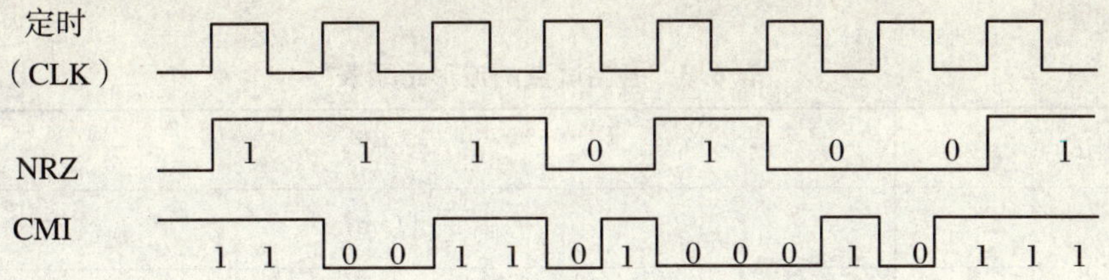

图 6.4 CMI 码与 NRZ 码的对应关系

四、实验内容及步骤

1. 用导线连接电终端模块 T66(C_O)和光终端模块 T81(C_I),T65(D_O)和 T82(D_I);连接电终端模块 T71(C_I)和光终端模块 T85(C_O),T69(D_I)和 T86(D_O);连接数字信号源模块的 T79(D1_O)和 T67(D1_I),T78(D2_O)和 T64(D2_I),T8(D3_O)和 T63(D3_I);连接电终端模块和数字终端模块的 T70(D1_O)和 T88(D1_I),T72(D2_O)和 T75(D2_I),T73(D3_O)和 T74(D3_I)。

2. 将拨码开关 K_{35} 的值拨为"1100",K_{38} 的值拨为"0000",K_{37} 的值拨为"00000000"。将数字信号源模块的拨码开关 K_{36},K_{32} 和 K_{33} 的值拨为任意值。

3. 将开关 K_7,K_{28},K_{29} 全部拨向下。

4. 旋开光发端机光纤输出端口(1 550 nm T)防尘帽,用 FC-FC 光纤跳线将半导体激光器与光机收机(1 550 nm R)连接起来。

5. 打开交流电源,此时指示灯 D_4,D_5,D_6,D_7,D_8 亮。

6. 用示波器探头测量光终端模块 T82(D_I)处的波形并记录下来,此波形为未进行 CMI 编码前的数据波形。

7. 用示波器另一探头测量 T92(15_DIN)处的波形,此时的波形为 CMI 编码后的波形,将示波器的第一通道设置为触发方式,观测两个信号的区别并验证 CMI 编码的原理。

8. 用示波器探头测量 T89(15_DOUT)处的波形,此波形为经光纤传输后的信号波形。

9. 用示波器测量电终端 T65(D_O)和 T69(D_I)的波形,观察 CMI 译码后的波形和编码前波形是否一致,同时观察数字终端二极管的发光顺序和数字信号源是否一致,一致则说明解码正确。

表 6.3 各测试点的波形记录表

测试点	波形
	码元:11010
T82(D_I)	
T92(15_DIN)	
T89(15_DOUT)	
T65(D_O)	
T69(D_I)	

10. 实验完成后,关闭交流电源,拆除各个连线,将所有的开关拨向下,将实验箱还原。

注:由于示波器探头的原因,实验中有可能看不到很理想的 CMI 码型及 NRZ 码型。

五、实验报告

1. 验证符合光纤传输系统的线路码型。
2. 观察线路码型的编译码过程。

六、预习要求

1. 了解 HDB3 码,CMI 码和 NRZ 码。
2. 了解 CMI 码的编码规则。
3. 设输入的 NRZ 码为 11110001011,写出其对应的 CMI 编码并画出波形图。

七、思考题

1. 为什么实际的数字光纤通信系统一般不直接采用 PCM 码型?
2. CMI 作为数字光纤通信系统的线路码型有哪些优点?
3. 为什么要进行线路编码? 什么叫作线路码型? 光纤能否传输 HDB3 码?
4. CMI 码的编码规则是怎样的? CMI 编解码器输入信码与输出信码的码型、码速各是怎样的?

实验三　光发射机性能测试实验

一、实验目的

1. 了解数字光发射机输出光功率的指标要求。
2. 掌握数字光发射机输出光功率的测试方法。
3. 了解数字光发射机的消光比的指标要求。
4. 掌握数字光发射机的消光比的测试方法。

二、实验仪器

ZY12OFCom23BH1 型光纤通信原理实验箱一台，FC 接口光功率计一台，FC-FC 单模光纤跳线一根，万用表一台，850 nm 光发端机(可选)一个，ST-FC 多模光跳线(可选)一根，连接导线二十根。

三、实验原理

光发射机是数字光纤通信系统中的三大组成部分(光发送机、光纤光缆、光接收机)之一。其功能是，将电脉冲信号变换成光脉冲信号并以数字光纤通信系统传输性能所要求的光脉冲信号波形从光源器件组件的尾纤发射出去。光发射机主要由光源、驱动电路、输入电路、保护报警电路、自动偏置控制电路、控温电路以及数据模式控制电路等几部分组成。光发射机的指标有如下几点：

1. 输出光功率。输出光功率必须保持恒定，要求其在环境温度变化或 LD 器件老化的过程中保持不变或者其变化幅度在数字光纤通信工程设计指标要求的范围内，以保证其数字光纤通信系统能长期正常稳定运行。光发送机的平均输出光功率被定义为发送机发送伪随机序列时发送端输出的光功率值。

输出光功率是指给光发端机的数字驱动电路送入一伪随机二进制序列作为测试信号，用光功率计直接测试光发端机的光功率，测试数值即为数字发送单元的输出光功率。输出光功率测试连接如图 6.5 所示。

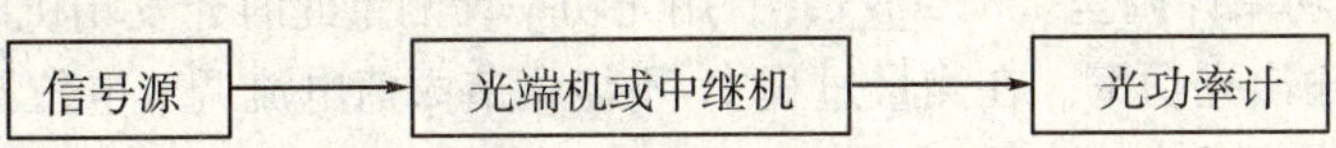

图 6.5　输出光功率测试连接示意图

2. 消光比。大多数光发送系统即使处于“断”的状态也会发射一些光功率，这与半导体激光器的发射特性和偏置状态有关，如当偏置电流小于阈值电流时，在 0 b期间由于自发辐射亦有一些输出功率，而当偏置电流大于或等于阈值电流时，0 b期间输出功率将更大。消光比定义式为式(6.2)，P_0 是给光发端机的数字驱动电路发送全 0 码的光功率，P_1 是给光发端机的数字驱动电路发送全 1 码的光功率，将 P_0，P_1 代入公式得

$$EXT=10\lg\frac{P_1}{P_0}\ (\mathrm{dB}) \tag{6.2}$$

即得到光发端机的消光比。在光源为 LED 的条件下，一般不考虑消光比，因为它不加直流偏置电流 I_b，电信号直接加到 LED 上，无输入信号时的输出功率为零。因此只有以 LD 作光源的光发射机才要求测试消光比。

消光比的值与光源工作电流有一定的关系，一般当发送“0”时，工作电流应在阈值附近，实验时可调节相应的驱动电流值。

光通信系统一般要求消光比越大越好，但是不可过大或过小：消光比太大，预偏置电流太小或没有，影响通信系统传输速率；消光比太小，则调制深度浅，有用光功率比例减小，影响系统灵敏度。

3. 光脉冲的响应时间(t_r，t_f)及开通延迟时间(t_d)必须远小于每个码元的时隙，以便使光脉冲成为传输数字信号的准确重现。

4. 输出光脉冲无张弛振荡和自脉动。当调制速率较高时，输出光脉冲可能会出现张弛振荡。这时必须在电路上加以阻尼，以便使光发送机能正常工作。输出光脉冲上出现自脉动与 LD 的输出特性曲线上出现扭折有关。

四、实验内容及步骤

(一) 1 550 nm 数字光发端机平均光功率及消光比测试

1. 用导线连接电终端模块 T68(M)和 T92(15_DIN)。

2. 将拨码开关 K_{35} 的值拨为“0000”。

3. 用 FC-FC 光纤跳线将 1 550 T 输出端与 FC 接口光功率计连接，形成输出光功率测试系统。

注意：不可带电拔插光电器件，要拔插光电器件，需先关闭电源后进行。

4. 打开交流电源，此时指示灯 D_4，D_5，D_6，D_7，D_8 亮。

5. 将光功率计调至 1 550 波长挡，用光功率计测量此时光发端机的光功率，即光发端机的输出光功率。在测量过程中，不能调节阈值电流调节电位器 W45。

6. 拆除导线 T68(M)和 T92(15_DIN)，其余连线不变，连接导线 T79(D1_O)与 T92(15_DIN)，将数字信号源模块的拨码开关 K_{36} 拨为全“1”，测得此时光功率为 P_1，将拨码开关 K_{36} 拨为全“0”，测得此时光功率为 P_0。

7. 将 P_1，P_0 代入式(6.2)即得 1 550 nm 数字光纤传输系统的消光比。因为

1 550 nm光端机采用自动功率控制，所以其消光比近似为 0。

8. 依次关闭各电源，拆除导线，拆除光纤跳线，将实验箱还原。

（二）1 310 nm 数字发端机输出光功率及消光比测试

1. 用导线连接电终端模块 T68(M)和 T94(13_DIN)。

2. 将开关 BM1 拨为“1 310 nm”，将开关 K_{43} 拨为“数字”，将电位器 W44 逆时针旋转到最小。

3. 旋开光发端机光纤输出端口(1 310 nm T)防尘帽，用 FC-FC 光纤跳线将半导体激光器与光功率计连接起来。

4. 用万用表测量 T97(TV+)和 T98(TV−)之间的电阻值(电阻焊接在 PCB 板的反面)，找出所测电压与半导体激光器驱动电流之间的关系($V=IR_{110}$)。

注意：测之前要将回路断开。

5. 打开交流电源，此时指示灯 D_4，D_5，D_6，D_7，D_8 亮。

6. 将电位器 W46(阈值电流调节)逆时针旋转到底。

7. 慢慢调节电位器 W44(数字驱动调节)，用万用表测量 T97(TV+)和 T98(TV−)两端电压(红表笔插 T97，黑表笔插 T98)，使之为 25 mV。

8. 将光功率计调至 1 310 波长挡，用光功率计测量此时光发端机的光功率，即光发端机的输出光功率。

9. 拆除导线 T68(M)和 T94(13_DIN)，其余连线和设置不变，连接导线 T79(D1_O)与 T94(13_DIN)，将数字信号源模块的拨码开关 K_{36} 拨为全“1”，测得此时光功率为 P_1，将拨码开关 K_{36} 拨为全“0”，测得此时光功率为 P_0。测量全“0”和全“1”光功率时，W44 保持不变。

10. 将 P_1，P_0 代入式(6.2)即得 1 310 nm 数字光纤传输系统消光比。

11. 重复步骤 6～9，调节电位器 W44 使驱动电流大小为下表中数值时，将测得的输出光功率及消光比填入表 6.4 中。

12. 依次关闭各电源，拆除导线，拆除光纤跳线，将实验箱还原。

表 6.4　实验记录表

驱动电流(mA)	5	10	15	20	25
平均光功率(μW)					
P_1(μW)					
P_0(μW)					
消光比(dB)					

五、实验报告

1. 测试数字光发射机的输出光功率。
2. 测试数字光发射机的消光比。
3. 比较驱动电流的不同对输出光功率和消光比的影响。

六、预习要求

1. 了解平均光功率和消光比概念。
2. 了解数字光发送机的消光比的指标要求，掌握数字光发送机的消光比的测试方法。
3. 了解光发射机的主要性能指标。

七、思考题

1. 输出光功率大小对光纤通信系统有何影响？
2. 消光比大小对光纤通信系统传输特性有何影响？
3. 如何确定数字光纤通信系统的驱动电流？

实验四　电话光纤传输系统实验

一、实验目的

1. 了解电话及语音信号通过光纤传输的全过程。
2. 掌握模拟电话、数字电话光纤传输的工作原理。

二、实验仪器

ZY12OFCom23BH1 型光纤通信原理实验箱一台，20 MHz 双踪模拟示波器一台，FC-FC 单模光纤跳线一根，电话机两部，万用表一台，850 nm 光发端机和光收端机(可选)一套，ST-ST 多模光跳线(可选)一根，连接导线二十根。

三、实验原理

对于局间通信来说，电话语音通信具有举足轻重的作用。以电话通信网络为载体，各种模拟(或数字)信号的传输系统已经商业化，如电话、传真、拨号网络通信等业务都是在局间电话网上实现的。电话语音信号的光纤传输分为两种方式：

(一) 模拟电话光纤传输

电话用户接口输出的模拟信号直接送入光纤模拟信号传输信道,从而实现两部电话的通话。

(二) 数字电话光纤传输

在数字传输系统中,几乎所有业务均以一定的格式出现,因而在信道上对各种业务传输之前要对业务的数据进行包装。信道上对业务数据包装的过程称为帧组装。不同的系统、信道设备帧组装的格式、过程不一样。

关于时分复用制的数字通信系统,在国际上已逐渐建立起了相应标准并得到广泛使用。时分复用的主要特点是在一个信道上利用不同的时隙来传递各路(语音、数据或图像)不同信号。

实际的电话业务共有三十二个时隙,其中三十个时隙用于话音业务:第一个时隙为定位时隙用于帧同步提取;第二到第十六个时隙用于传输话音业务;第十七个时隙用于信令信号传输,以实现信令的接续;第十八到三十二个时隙用于话音业务。

在实验箱中,电话用户接口输出的两路模拟信号经过 PCM 编码以后,利用时分复用的方式将两路信号数字调制成一路信号,然后送入光发端机中进行光纤传输。光收端机接收的信号通过时分复用,实现信号的分离,分别送入两个电话用户接口电路中,实现两部电话的全双工通话,其方框图如图 6.6 所示。

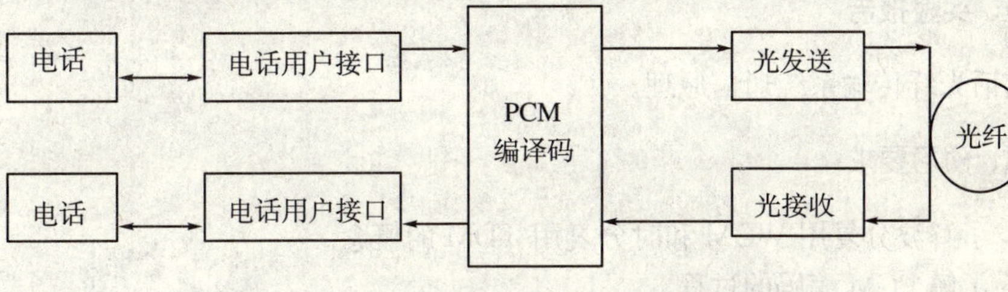

图 6.6 数字电话光纤传输方框图

在 PCM 编译码中,帧同步信号为 8 kHz,一帧信号分为四个时隙,分别为时隙 0、时隙 1、时隙 2 和时隙 3:时隙 0 为帧同步信号,其同步码为固定的码流"01110010";时隙 1 和时隙 2 为两路电话语音调制数据;时隙 3 为空时隙,在本实验中没有用到(用低电平表示)。图 6.7 为 PCM 编码一帧的结构示意图。

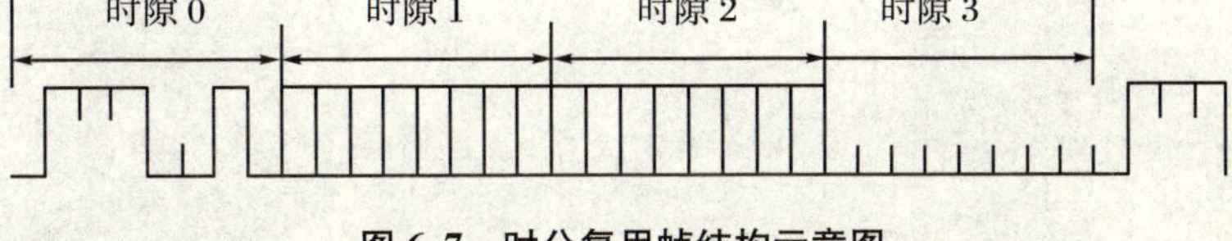

图 6.7 时分复用帧结构示意图

四、实验内容与步骤

1. 用连接线连接电终端模块的 T66(C_O)和光终端 T81(C_I),T65(D_O)和 T82(D_I);连接光终端模块 T85(C_O)和电终端 T71(C_I),T86(D_O)和 T69(D_I);连接电终端模块和数字终端模块的 T70(D1_O)和 T88(D1_I),T72(D2_O)和 T75(D2_I),T73(D3_O)和 T74(D3_I),分别接好两部电话。

2. 将电终端拨码开关 K_{35} 的值拨为"1000",K_{34} 的值拨为"00000000",光终端拨码开关 K_{38} 的值拨为"0000",将 K_{37} 的值拨为"01000000";将光终端开关 K_7,K_{28} 和 K_{29} 全部拨向下。

3. 旋开光发端(1 550 nm T)保护帽,利用 FC-FC 单模光跳线将 1550 光发端机和 1550 光接收机连接起来。

4. 打开交流电源,打开交流电源开关,电源指示二极管 D_4,D_5,D_6,D_7,D_8 亮。

5. 将两部电话摘机即可进行全双工通话。

6. 分别对两部电话进行按键,观测数字终端二极管发光的变化。

7. 根据以上步骤设计 1 310 nm 数字电话光纤传输实验。

8. 试验完成后,拆除所有的连线,将实验箱还原。

五、实验报告

电话光纤传输系统通信原理。

六、预习要求

1. 了解波分复用 WDM 和时分复用 TDM 的概念。

2. 了解 PCM 编码的过程。

七、思考题

1. 能否用一根光纤传输两路模拟信号?如果可以,如何实现?如果不行,说明理由。

2. 与模拟电话相比,数字电话有哪些优点?

3. 画出 PCM 编码输出一帧的结构示意图,用示波器观察各帧的波形,说明一帧信息中各时隙代表的意义。

附　录　A

第三章程序说明

一、实验一程序说明

1. CCS包含C编译器、支持标准C以及C和汇编混合编程。C编译器包括三个功能模块：语法分析、代码优化和代码产生，如附图1所示。其中，语法分析(Parser)完成C语法检查和分析；代码优化(Optimizer)对程序进行优化，以便提高效率；代码产生(Code Generator)将C程序转换成C54x的汇编源程序。

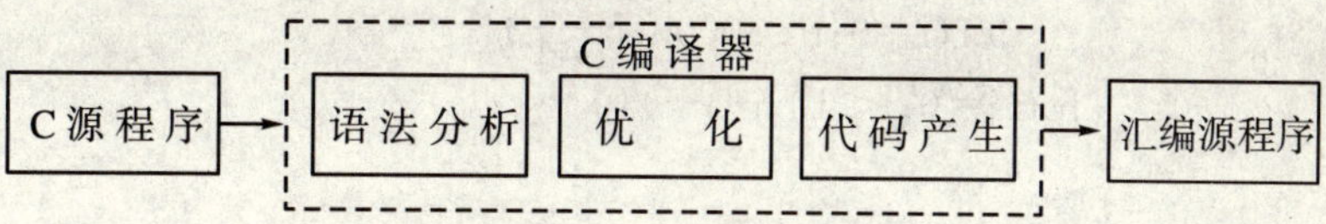

附图1　C编译器

本实验通过一些对数组及数据指针的基本操作，让实验者能够对在CCS环境下使用C语言编程有一个一目了然的认识，通过使用汇编语句体会两者综合运用的优越性。

2. 实验源程序如下：

```
#include <math.h>
#define pi 3.1415926
#define N  500
void main()
{   int i,j;
    int  *p;
    int x[500];
        for(i=0;i<N;i++)
          x[i]=0;
    for(i=0;i<N;i++)
    {        x[i]=(int)100*sin(2*pi*i/250);
     }
                p=(int  *)0x100;
```

```
        for(i=0;i<N;i++)
      {         * p=x[i];
        p++ ;
      }
        for(;;)
      {   asm("rsbx xf");
          for(i=0;i<30000;i++)
        for(j=0;j<10;j++)
        {   asm("nop");
        asm("nop");
         }
       asm("ssbx xf");
          for(i=0;i<30000;i++)
        for(j=0;j<10;j++)
        {
        asm("nop");
        asm("nop");
        }
       }
   }
```

Extern void initial(void)源程序如下：

```
        .mmregs
        .global _initial
        .global_READAD7822
        .global_WRITEDAC08
        .text
_initial:
        NOP
        STM #0, CLKMD; software setting of DSP clock
        STM #0, CLKMD; (to divider mode before setting)
statu:
        ldm  clkmd, A
        and  #01b, A  ;poll STATUS bit
        bc   statu, ANEQ
```

```
    nop
    STM #0x97ff, CLKMD ; set C5402 DSP clock to 100MHz
    rpt   #0ffh
    nop
    nop
    nop
    ld    #0h,dp
    stm   3fa0h,pmst
    stm   7fffh,swwsr
    ;stm   #0h,swcr
    stm   3000h,ar1
    ;stm   10ffh,ar0
    nop
    nop
    ret
    nop
    nop
_READAD7822:
    nop
    andm      #0fffbh,pmst
    stm        3000h,ar1
    rpt       #80h
    st        00h, *ar1+
    nop
loop1:
    stm       3000h,ar1
    stm       80h,ar2
loop0:
    bc loop0,nbio
    portr     800ch, *ar1
    andm   #00ffh, *ar1+
here1:
    bc here1,bio
    banz loop0, *ar2-
```

```
        ret
        nop
        nop
    _WRITEDAC08:
        nop
        nop
        stm     3080h,ar4
        stm     80h,ar5
    loop2:
        bc loop2,nbio
        portw  *ar4,800bh
    ;   andm   #00ffh, *ar3+
    here2:
        bc here2,bio
    ;   banz loop2, *ar4-
        ret
        nop
        nop
    .end
```

二、实验二程序参数说明

(一) Matlab 实现程序说明

1. Matlab 编写 DIT-FFT 算法代码。

```
function y=myditfft(x)
% y=myditfft(x)
%本程序对输入序列 x 实现 DIT-FFT 基 2 算法,点数取大于等于 x 长度的 2 的幂次,x 为给定时间序列,y 为 x 的离散傅里叶变换
M=nextpow2(x);N=2^M;
if length(x)<N  %若 x 的长度不是 2 的幂,补 0~2 的整数幂
    x=[x,zeros(1,N-length(x))];
    end
    nxd=bin2dec(fliplr(dec2bin([1:N]-1,M)))+1;   %求 1:2^M 数列的倒序
    X=x(nxd);  %将 x 倒序排列作为 X 的初始值
```

```
WN=exp(-i*2*pi/N);  %本次分解的基本 DFT 因子 WN=
                          exp(-i*2*pi/N)
for L=1:M  %将 DFT 作 m 次基 2 分解,从左到右,对每次分解作
           DFT 运算
B=2^(L-1);
  for J=0:B-1  %本次跨越间隔内的各次蝶形运算
    P=J*(2^(M-L));
for  k=J+1:k+2^L:N  %本次蝶形运算的跨越间隔为 Nmr=2^mm
        kB=k+B;
        s=X(kB)*(WN^p);
        X(kB)=X(k)-s;
        X(k)=X(k)+s;
      end
    end
end
```

2. 使用 Matlab 自带的 FFT 函数进行 FFT 分析。

```
clear all
N=128;
n=0:N-1;
xn=2*sin((pi/3)*n)+3*cos(0.25*pi*n);
XK=fft(xn,N);
magXK=abs(XK);
phaXK=angle(XK);
subplot(2,1,1);stem(n,xn);  %该指令将图形窗口分成 m 行,n
                            列的 m*n 块子区域,按照行从上
                            向下,列从左向右的顺序,在第 k
                            块区域定义一个坐标系,subplot
                            (m,n,k);stem 绘制离散序列图
xlabel('n');ylabel('x(n)');
k=0:length(magXK)-1;%k=0:N-1;
subplot(2,1,2);stem(k,magXK);
xlabel('k');ylabel('|X(k)|');
```

(二) DSP 硬件实验 ExpFFT.c 程序说明

1. 程序参数说明:

```
Extern void initial(void);
Extern void READAD7822(void);
Void kfft(pr,pi,n,k,fr,fi,l,il);
```

基2快速傅里叶变换子程序，n为变换点数，应满足2的整数次幂，k为幂次（正整数）；数组x：输入信号数组，A/D转换数据存放于地址为3000H～307FH的存储器中，转为浮点型后，生成x数组，长度128；数组mo：FFT变换数组，长度28，浮点型，整型后，写入地址为3080H～30FFH的存储器中。

2. FFT算法流程图：

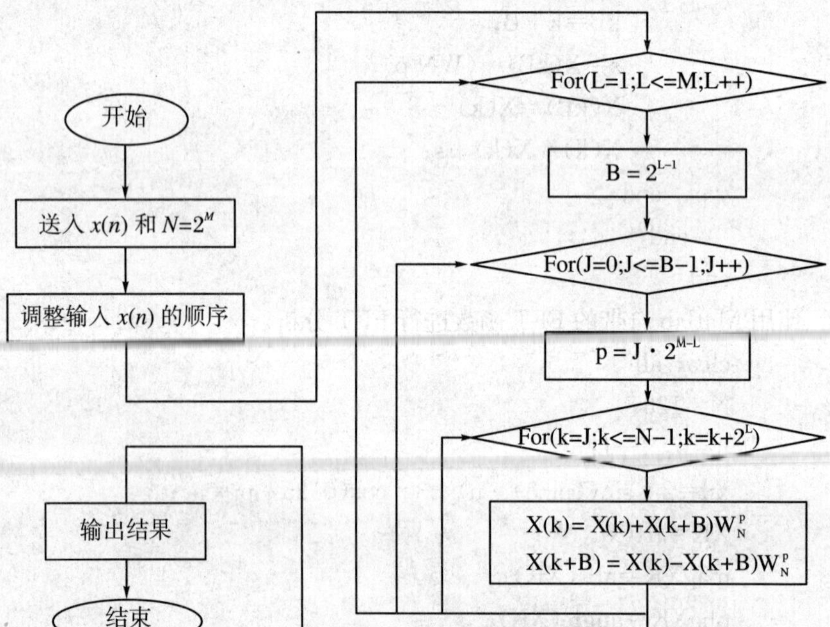

附图2　FFT算法流程图

3. 实验源程序如下：

```
extern void initial(void);
extern void READAD7822(void);
extern void WRITEDAC08(void);
/*******************************
** Main Function Program
*******************************/
  #include "stdio.h"
  #include "math.h"
```

```
void kfft(pr,pi,n,k,fr,fi,l,il)
int n,k,l,il;
double pr[ ],pi[ ],fr[ ],fi[ ];
{ int it,m,is,i,j,nv,l0;
  double p,q,s,vr,vi,poddr,poddi;
  for (it=0; it<=n-1; it++)
    { m=it; is=0;
      for (i=0; i<=k-1; i++)
        { j=m/2; is=2*is+(m-2*j); m=j;}
      fr[it]=pr[is]; fi[it]=pi[is];
    }
  pr[0]=1.0; pi[0]=0.0;
  p=6.283185306/(1.0*n);
  pr[1]=cos(p); pi[1]=-sin(p);
  if (l! =0) pi[1]=-pi[1];
  for (i=2; i<=n-1; i++)
    { p=pr[i-1]*pr[1]; q=pi[i-1]*pi[1];
      s=(pr[i-1]+pi[i-1])*(pr[1]+pi[1]);
      pr[i]=p-q; pi[i]=s-p-q;
    }
  for (it=0; it<=n-2; it=it+2)
    { vr=fr[it]; vi=fi[it];
      fr[it]=vr+fr[it+1]; fi[it]=vi+fi[it+1];
      fr[it+1]=vr-fr[it+1]; fi[it+1]=vi-fi[it+1];
    }
  m=n/2; nv=2;
  for (l0=k-2; l0>=0; l0--)
    { m=m/2; nv=2*nv;
      for (it=0; it<=(m-1)*nv; it=it+nv)
        for (j=0; j<=(nv/2)-1; j++)
          { p=pr[m*j]*fr[it+j+nv/2];
            q=pi[m*j]*fi[it+j+nv/2];
            s=pr[m*j]+pi[m*j];
            s=s*(fr[it+j+nv/2]+fi[it+j+nv/2]);
```

```
            poddr=p-q; poddi=s-p-q;
            fr[it+j+nv/2]=fr[it+j]-poddr;
            fi[it+j+nv/2]=fi[it+j]-poddi;
            fr[it+j]=fr[it+j]+poddr;
            fi[it+j]=fi[it+j]+poddi;
          }
      }
    if (l! =0)
      for (i=0; i<=n-1; i++)
        { fr[i]=fr[i]/(1.0*n);
          fi[i]=fi[i]/(1.0*n);
        }
    if (il! =0)
      for (i=0; i<=n-1; i++)
        { pr[i]=sqrt(fr[i]*fr[i]+fi[i]*fi[i]);
          if (fabs(fr[i])<0.000001*fabs(fi[i]))
            { if ((fi[i]*fr[i])>0) pi[i]=90.0;
              else pi[i]=-90.0;
            }
          else
            pi[i]=atan(fi[i]/fr[i])*360.0/6.283185306;
        }
  }
void main(void)
{       int i,n,k=0;
        double x[128],pr[128],pi[128],fr[128],fi[128],mo[128];
    int xm,zm;
       int *px = (int*)0x3000;
       int *pz = (int*)0x3080;
       n=128;
       initial();
       for (;;)
       {
          READAD7822();
```

```
        px = (int *)0x3000;
        for (i=0; i<=n-1; i++)
        {   xm = *px;
            x[i] = (xm-128)/100.0;
            pr[i] = x[i];
            pi[i] = 0;
            px++;
        }
        kfft(pr,pi,128,7,fr,fi,0,1);
        pz = (int *)0x3080;
        for (i=0;i<=n-1;i++)
        {   mo[i] = sqrt(fr[i]*fr[i]+fi[i]*fi[i]);
            zm = (int)(mo[i]*100.0);
            *pz = zm;
            pz++;
        }
            k++;
        }
    }
/*****************************************
**  End of File —— ExpFFT.c
*****************************************/
```

三、实验三程序说明

(一) Matlab 样例程序说明

利用巴特沃斯模拟低通滤波器及双线性变换法设计一数字滤波器，满足 $\Omega_p=0.2\pi,\Omega_s=0.6\pi,A_p\leqslant 2\ \text{dB},A_s\geqslant 15\ \text{dB}$

```
clear;
clc;%开始准备
Wp=0.2*pi; Ws=0.6*pi; Ap=2; As=15;
T=2;Fs=1/T;;  %Fs 为采样频率,是数字滤波器设计指标
wp=2*tan(wp/2)/T;ws=2*tan(ws/2)/T;  %设计 3 dB 截频为 wp 的模
                                      拟低通滤波器
[N,wc]=buttord(wp,ws,Ap,As,'s')  %确定 butterworth 的最小阶数 N 和
```

```
                                 截止频率 wc
[numa,dena]=butter(N,wc,'s');  %模拟滤波器的系数
[numd,dend]=bilinear(numa,dena,Fs);  %双线性法进行模数变换,频率
                                      响应
w=linspace(0,pi,1024);
h=freqz(numd,dend,w);
plot(w/pi,20*log10(abs(h)));  %绘制幅频响应
axis([0 1 -50 0]);
grid;
xlabel('Normalized frequency');
ylabel('Gain,dB');%计算数字滤波器的衰减
w=[Wp Ws];h=freqz(numd,dend,w);  %freqz( )求离散系统频响特性
                                    的函数
fprintf('Ap= %.4f\n',-20*log10( abs(h(1))));
fprintf('As= %.4f\n',-20*log10( abs(h(2))));
```

（二）IIR 程序说明

1. 程序参数说明：

```
Extern void InitC5402(void)
Extern void READAD7822(void)
void biir2lpdes(double fs,double nlpass,double nlstop,double a[ ],double b[ ])
```

IIR 低通滤波器参数设计子程序参数说明：

f_s：采样频率；

nlpass：通带上限频率归一化参数；

nlstop：阻带下限截止频率归一化参数；

设置时，采样频率对应为 1，应使“nlpass”和“nlstop”两参数均要小于 0.5，且“nlpass”要比“nlstop”小 0.2，否则将不能满足阻带的最大衰减大于 30 dB。

数组 a：存放 IIR 低通滤波器传递函数的极点计算结果，浮点型；

数组 b：存放 IIR 低通滤波器传递函数的零点计算结果，浮点型；

输入信号：输入信号经 A/D 转换后，写入地址为 3000H～30FFH 的单元，十六位整型；

输出信号：滤波后信号，写入地址为 3100H～31FFH 的单元，十六位整型。

2. 程序流程图如附图 3 所示。

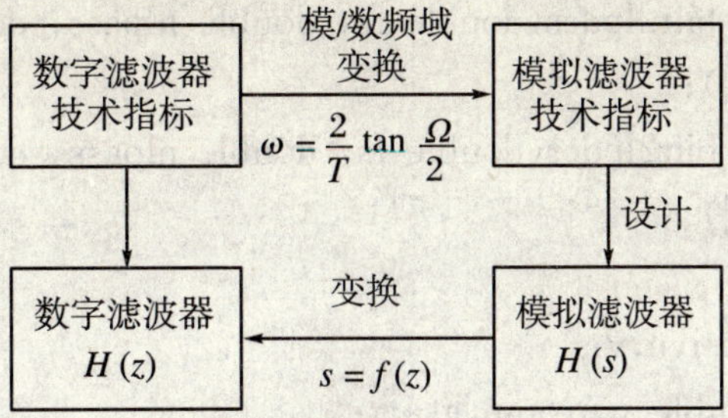

(a) IIR 数字滤波器设计框图

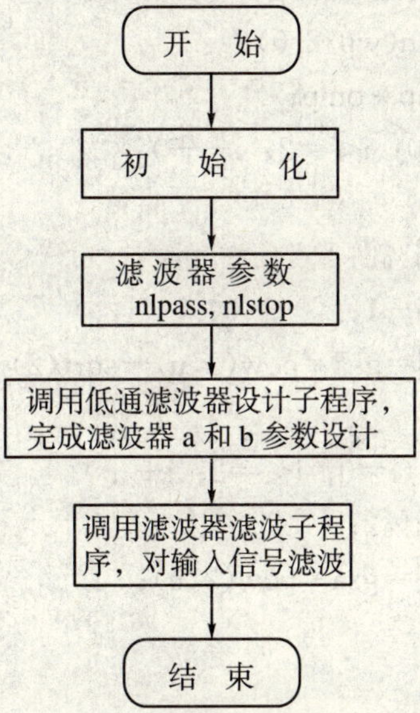

(b) C 程序设计流程图

附图 3　IIR 程序流程图

3. 实验源程序如下：

```
extern void InitC5402(void);
extern void READAD7822(void);
/*******************************
** Main Function Program
*******************************/

 #include "stdio.h"
 #include "math.h"
 #define pi 3.1415926
 double fs,nlpass,nlstop,nhpass,nhstop,a[3],b[3],x,y;
```

```
void biir2lpdes(double fs, double nlpass, double nlstop, double a[ ], double b[ ]);
void biir2lpdes(double fs, double nlpass, double nlstop, double a[ ], double b[ ])
  {
  int i,u,v;
  double wp,omp,gsa,t;
  wp=nlpass*2*pi;
  omp=tan(wp/2.0);
  gsa=omp*omp;
  for (i=0; i<=2; i++)
    {
     u=i%2;
     v=i-1;
     a[i]=gsa*pow(2,u)-sqrt(2)*omp*v+pow(-2,u);
    }
     for (i=0; i<=2; i++)
    { u=i%2;
     b[i]=gsa*pow(2,u);
    }
  t=a[0];
  for (i=0; i<=2; i++)
    { a[i]=a[i]/t;
     b[i]=b[i]/t;
    }
  }
void main(void)
{
    int k=0;
    int n,x_ad,y_da;
    int *px = (int*)0x3000;
    int *py = (int*)0x3100;
    double w2,w1,w0;
    w2=w1=w0=0.0;
```

```
    InitC5402();  /* initialize C5402 DSP */
    fs = 181000;  /* IIR LP filter */
    nlpass = 0.022;
    nlstop = 0.222;
    biir2lpdes(fs,nlpass,nlstop,a,b);
    for (;;)
  {
     READAD7822( );
     for (n=0; n<=255; n++)
     {
         px = (int *)(0x3000+n);
         x_ad = *px;
         x = x_ad;
         w2=x-a[1]*w1-a[2]*w0;
         y=b[0]*w2+b[1]*w1+b[2]*w0;
         w0=w1;
         w1=w2;
         y_da = (int)y;
         py = (int *)(0x3100+n);
         *py = y_da;
     }

    k++;
  }
}

/**************************************
** End of File —— ExpIIR.c
**************************************/
```

四、实验四程序说明

(一) Matlab 设计低通 FIR 数字滤波器样例

【例】 用窗函数设计一个线性相位 FIR 低通滤波器并满足性能指标:通带边界的归一化频率 $w_p=0.5$,阻带边界的归一化频率 $w_s=0.66$,阻带衰减不小于

30 dB,通带波纹不大于 3 dB。假设一个信号中,$f_1=5$ Hz,$f_2=20$ Hz,信号的采样频率为 50 Hz。试将原信号与通过滤波器的信号进行比较。

【程序】

```
wp=0.5*pi;ws=0.66*pi;   %滤波器边界频率
wdelta=ws-wp;           %过渡带宽
N=ceil(8*pi/wdelta)     %根据阻带衰减查表确定窗形状,由过渡
                        带宽确定所选汉宁窗函数主瓣宽求得滤波
                        器所用窗函数的最小长度
Nw=N;
wc=(wp+ws)/2;   %截止频率在通带和阻带边界频率的中点
n=0:N-1;
alpha=(N-1)/2;   %求滤波器的相位延迟
m=n-alpha+eps;  %eps为Matlab系统的精度
hd=sin(wc*m)./(pi*m);   %理想滤波器脉冲响应
win=hanning(Nw);        %采用汉宁窗
h=hd.*win';   %在时间域乘积对应于频率域的卷积%hn = fir1
              (Nw-1,wc, hanning (Nw))

b=h;
[h1,w]=freqz(win,1);   %窗函数的幅频和相频响应

figure(1);
subplot(2,1,1)
stem(win);
axis([0 60 0 1.2]);
grid;
xlabel('n');
title('Hanning窗函数');
subplot(2,1,2)
plot(w/pi,20*log(abs(h1)/abs(h1(1))));
axis([0 1 -350 0]);
grid;
xlabel('w/\pi');
ylabel('幅度(dB)');
```

```
title('Hanning 窗函数的频谱');

figure(2)
[H,f]=freqz(b,1,512,50);  %采用 50Hz 的采样频率绘出该滤
                           波器的幅频和相频响应
subplot(2,1,1),plot(f,20*log10(abs(H)))
xlabel('频率/Hz');ylabel('振幅/dB');
title('滤波器的幅频');
grid on;
subplot(2,1,2),plot(f,180/pi*unwrap(angle(H)))
xlabel('频率/Hz');ylabel('相位/^o');
title('滤波器的相频');
grid on;

f1=3;f2=20;  %检测输入信号含有两种频率成分
dt=0.02; t=0:dt:3;  %采样间隔和检测信号的时间序列
x=sin(2*pi*f1* t)+cos(2* pi*f2* t);  %检测信号
%y=filter(b,1,x);  %可采用此函数给出滤波器的输出
y=fftfilt(b,x);  %给出滤波器的输出
figure(3)
subplot(2,1,1), plot(t,x),title('输入信号')  %绘输入信号
subplot(2,1,2),plot(t,y)  % 绘输出信号
hold on; plot([1 1]*(N-1)/2*dt,ylim, 'r')  %绘出延迟到的
                                            时刻
xlabel('时间/s'),title('输出信号')
```

（二）FIR 程序说明

1. 程序参数说明：

```
Extern void InitC5402(void)
Extern void READAD7822(void)
void firdes ( int m,double npass);
```

输入信号：输入信号经 A/D 转换后，写入地址为 3000H～30FFH 的存储器，十六位整型；

输出信号：FIR 低通滤波器输出，写入地址为 3100H～31FFH 的存储器，十六位整型。

2. 程序流程图如附图 4 所示。

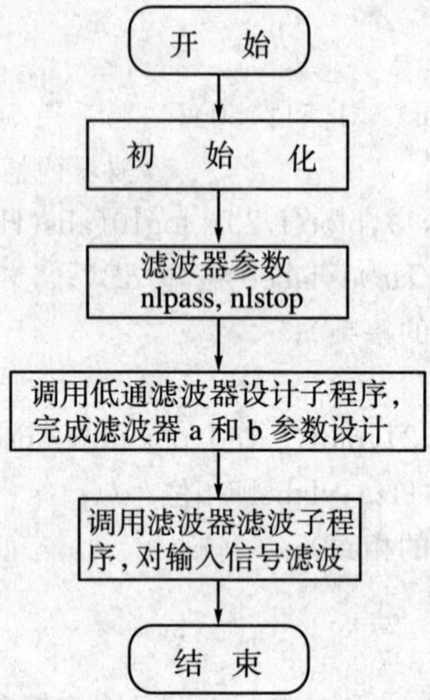

附图 4 FIR 程序说明

实验源程序如下：

```
extern void InitC5402(void);
extern void READAD7822(void);
/**************************************
** Main Function Program
**************************************/
 #include "stdio.h"
 #include "math.h"
 #define pi 3.1415927
 double npass,h[51], x, y, xmid[51];
 int m=50;
 int n=256;
 void firdes (int m, double npass);
  main ( )
 {
   int xm,ym;
   int *px = (int*)0x3000;
   int *py = (int*)0x3100;
```

```
    double fs,fstop,r,rm;
    int i,j,p,k;
    k=0;
    fs = 181000;
    fstop = 10000;
    npass = fstop/fs;
    for (i=0; i<=m; i++)
    {
        xmid[i]=0;
    }
    InitC5402( );    /* initialize C5402 DSP */
    firdes(m, npass);
  for (; ; )
  {
    READAD7822();
    for (i=0; i<=n-1; i++)
    {
       px = (int*)(0x3000+i);
       xm = *px;
       x = xm;
       for (p=0; p<=m; p++)
       {
       xmid[m-p] = xmid[m-p-1];
       }
       xmid[0] = x;

       r = 0;
       rm= 0;
       for (j=0; j<=m; j++)
       {
          r  = xmid[j] * h[j];
          rm = rm + r;
       }
       y = rm;
```

```
            py = (int *)(0x3100+i);
            ym = (int) y;
            *py = ym;
        }
        k++;
      }
}
void firdes(int m, double npass)
  {
    int t;
    for (t=0; t<=m; t++)
    {
       h[t] = sin((t-m/2.0) * npass * pi)/(pi * (t-m/2.0));
    }
    if (t=m/2) h[t]=npass;
  }
/*********************************
** End of File —— ExpFIR.c
*********************************/
```

附 录 B

Extern void initial(void)源程序

Extern void initial(void)源程序如下：

```
      .global _InitC5402
      .global _OpenMcBSP
      .global _CloseMcBSP
      .global _READAD50
      .global _WRITEAD50
      .include MMRegs.h
_InitC5402:
      NOP
      LD #0, DP ; reset data-page pointer
      STM #0, CLKMD ; software setting of DSP clock
      STM #0, CLKMD ; (to divider mode before setting)
statu:
      LDM  CLKMD, A
      and  #01b, A  ;poll STATUS bit
      bc   statu, ANEQ
      nop
      STM #0x97ff, CLKMD ; set C5402 DSP clock to 100MHz
      rpt  #0ffh
      nop
      nop
      nop
******* Configure C5402 System Registers *******
      STM 7FFFH, SWWSR ; 2 wait cycle for IO space &
; 0 wait cycle for data&prog spaces
      STM #0x0000,BSCR ; set wait states for bank switch:
; 64k mem bank, extra 0 cycle between
; consecutive prog/data read
```

```
;  STM #0x1800,ST0 ; ST0 at default setting
;  STM #0x2900,ST1 ; ST1 at default setting(note:INTX=1)
;  STM #0x00A0,PMST ; MC mode & OVLY=1, vectors at 0080h
* * * * * * *  Set up Timer Control Registers * * * * * * *
    STM #0x0010, TCR ; stop on - chip timer0
    STM #0x0010, TCR1 ; stop on - chip timer1
; Timer0 is used as main loop timer
;  STM #2499, PRD ; timer0 rate=CPUCLK/1/(PRD+1)
; =40M/2500=16KHz
*  STM #6249, PRD ; if CPU at 100M/6250=16KHz
* * * * * * *  Initialize McBSP1 Registers * * * * * * *
    STM SPCR1, McBSP1_SPSA ; register subaddr of SPCR1
    STM #0000h, McBSP1_SPSD ; McBSP1 recv = left - justify
; RINT generated by frame sync
    STM SPCR2, McBSP1_SPSA ; register subaddr for SPCR2
; XINT generated by frame sync
    STM #0000h, McBSP1_SPSD ; McBSP1 Tx = FREE(clock stops
; to run after SW breakpoint
    STM RCR1, McBSP1_SPSA ; register subaddr of RCR1
    STM #0040h, McBSP1_SPSD ; recv frame1 Dlength = 16 bits
    STM RCR2, McBSP1_SPSA ; register subaddr of RCR2
    STM #0040h, McBSP1_SPSD ; recv Phase = 1
; ret frame2 Dlength = 16bits
    STM XCR1, McBSP1_SPSA ; register subaddr of XCR1
    STM #0040h, McBSP1_SPSD ; set the same as recv
    STM XCR2, McBSP1_SPSA ; register subaddr of XCR2
    STM #0040h, McBSP1_SPSD ; set the same as recv
    STM PCR, McBSP1_SPSA ; register subaddress of PCR
    STM #000eh, McBSP1_SPSD ; clk and frame from external (slave)
; FS at pulse - mode(00)
* * * * * * *  Finish DSP Initialization * * * * * * *
    STM #0x0000, IMR ; disable peripheral interrupts
    STM #0xFFFF, IFR ; clear the intrupts' flags
    RET ; return to main
```

```
    NOP
    NOP
******* Waiting for McBSP0 RX Finished *******
IfRxRDY1:
    NOP
    STM SPCR1, McBSP1_SPSA ; enable McBSP1 Rx
    LDM McBSP1_SPSD, A
    AND #0002h, A ; mask RRDY bit
    BC IfRxRDY1, AEQ ; keep checking
    NOP
    NOP
    RET ; return
    NOP
    NOP
******* Waiting for McBSP0 TX Finished *******
IfTxRDY1:
    NOP
    STM SPCR2, McBSP1_SPSA ; enable McBSP1 Tx
    LDM McBSP1_SPSD, A
    AND #0002h, A ; mask TRDY bit
    BC IfTxRDY1, AEQ ; keep checking
    NOP
    NOP
    RET ; return
    NOP
    NOP
******************************
******************************
_OpenMcBSP:
    rsbx  xf
    call wait
    NOP
    STM SPCR1, McBSP1_SPSA ; enable McBSP0 RX for ADC data in
    LDM McBSP1_SPSD,A
```

```
OR #0x0001, A
STLM A, McBSP1_SPSD
STM SPCR2, McBSP1_SPSA ; enable McBSP0 TX for DTMF out
LDM McBSP1_SPSD,A
OR #0x0001, A
STLM A, McBSP1_SPSD
LD #0h, DP ; load data page 0
rpt #23
NOP
ssbx  xf
NOP
NOP
;  CALL IfTxRDY1
;  STM #0x0101, McBSP1_DXR1
;  CALL IfTxRDY1
;  STM #0x0208, McBSP1_DXR1
;  ; rsbxxf
;  ; NOP
;  ; NOP
CALL IfTxRDY1
STM #0x0001, McBSP1_DXR1;request secondary communication
NOP
CALL IfTxRDY1
STM #0100h, McBSP1_DXR1;write 00h to register 1
CALL IfTxRDY1
STM #0000h, McBSP1_DXR1
NOP
NOP
rpt #20h
nop
CALL IfTxRDY1
STM #0x0001, McBSP1_DXR1;request secondary communication
CALL IfTxRDY1
STM #0200h, McBSP1_DXR1;write 00h to register 2
```

```
    CALL IfTxRDY1
    STM #0000h, McBSP1_DXR1
    CALL IfTxRDY1
    STM #0x0001, McBSP1_DXR1;request secondary communication
    CALL IfTxRDY1
    STM #0300h, McBSP1_DXR1;write 00h to register 3
    CALL IfTxRDY1
    STM #0000h, McBSP1_DXR1
    CALL IfTxRDY1
    STM #0x0001, McBSP1_DXR1;request secondary communication
    CALL IfTxRDY1
    STM #0490h, McBSP1_DXR1;write 00h to register 4
                            ;bypass internal DPLL
                            ;and select the Sample Frequency
    CALL IfTxRDY1
    STM #0000h, McBSP1_DXR1
;   CALL IfTxRDY1
;   STM #0x0001, McBSP1_DXR1
;   CALL IfTxRDY1
;   STM #0102h, McBSP1_DXR1 ;enable digital loopback

;   CALL IfTxRDY1
;   STM #0x0001, McBSP1_DXR1
;   CALL IfTxRDY1
;   STM #0208h, McBSP1_DXR1 ;enable analog loopback
    RET
    NOP
    NOP
**********************
_CloseMcBSP:
    STM SPCR1, McBSP1_SPSA ; disable McBSP0 RX
    LDM McBSP1_SPSD,A
    AND #0xFFFE, A
    STLM A, McBSP1_SPSD
```

```
        STM SPCR2, McBSP1_SPSA ; disable McBSP0 TX
        LDM McBSP1_SPSD,A
        AND #0xFFFE, A
        STLM A, McBSP1_SPSD
        RPT #5
        RET
        NOP
        NOP
    _READAD50:
        stm0x007f,ar3
        stm0x3000,ar2
        loopa:
        CALL IfRxRDY1
        ldm  McBSP1_DRR1,b
        stl  b, *ar2+
        banz  loopa, *ar3-
            nop
        nop
        ret
        nop
        nop
    _WRITEAD50:
        stm0x007f,ar3
        stm0x3080,ar2
    loopb:
        CALL IfTxRDY1
        ldu *ar2+,B
        and      #0fffeh,b ;mask the LSB
        stlm     B, McBSP1_DXR1
        banzloopb, *ar3-
        nop
        nop
        ret
        nop
```

```
    nop
wait:
    stm 20h,ar3
loop1:
    stm 020h,ar4
loop2:
    banz loop2, *ar4-
    banz loop1, *ar3-
    ret
    nop
    nop
    nop
    nop
    .end
******************************
** End of File —— InitC5402.asm
******************************
```

附　录　C
Extern void READAD7822(void)源程序

Extern void READAD7822(void)源程序如下：

```
;    . include MMRegs. h
     . global_READAD7822
     . text
     . mmregs
_READAD7822:
     nop
     andm      #0fffbh,pmst
     stm3000h,ar1
     rpt      #100h
     st00h, *ar1+
     nop
loop1:
     stm       3000h,ar1
     stm       100h,ar2
     loop0:
     bc loop0,nbio
     portr800ch, *ar1
     andm   #00ffh, *ar1+
here1:
     bc here1,bio
     banz loop0, *ar2-
     ret
     nop
     nop
     . end
```

附 录 D

常用图像处理函数术语

imread,imwrite:图像读写
iminfo:图像信息
imshow:图像显示
imhist:图像直方图
histeq:直方图均衡
fspecial:产生卷积滤波器
conv2:二维卷积滤波
mat2gray:将矩阵转换为图像
im2double:将图像转换为双精度类型
fspecial:产生滤波器
imfilter:图像滤波
filter2:二维滤波
mean:均值
median:中值
max:最大值
min:最小值
imnoise:添加噪声
medfilt2:二维中值滤波
TFORM:空间变换结构体
immakeform:建立空间变换结构体
imtransform:空间变换
imresize:改变图像大小
imrotate:图像旋转
imcrop:图像剪切
graythresh:计算阈值
im2bw:阈值分割
imerode:形态学腐蚀
imdilate:形态学膨胀
imopen:形态学开运算
imclose:形态学闭运算
bwlabel:连通成分分析

参考文献

[1] 管致中,等.信号与线性系统[M].北京:高等教育出版社,2007.

[2] 吴大正.信号与线性系统分析[M].北京:高等教育出版社,2000.

[3] 奥本海姆.信号与系统[M].刘树棠,译.西安:西安交通大学出版社,1995.

[4] 樊昌信.通信原理[M].4版.北京:国防工业出版社 1999.

[5] 曹志刚.现代通信原理[M].北京:清华大学出版社,2008.

[6] 高西全.数字信号处理学习指导[M].西安:西安电子科技大学出版社,2001.

[7] 程佩青.数字信号处理教程[M].北京:清华大学出版社,2001.

[8] 奥本海姆.离散时间信号处理[M].2版.刘树棠,译.西安:西安交通大学出版社,2001.

[9] 吴锁杨.数字信号处理的原理与实现[M].南京:东南大学出版社,1997.

[10] 戴明帧.数字信号处理的硬件实现[M].北京:航空工业出版社,1989.

[11] 章坚武.移动通信[M].2版.西安:西安电子科技大学出版社,2010.

[12] 庞宝茂.移动通信[M].西安:西安电子科技大学出版社,2009.

[13] 韦惠民.蜂窝移动通信技术[M].西安:西安电子科技大学出版社,2010.

[15] 姚美菱.移动通信原理与系统[M].北京:北京邮电大学出版社,2011.

[16] 曾庆珠.移动通信[M].北京:北京理工大学出版社,2009.

[17] 杨祥林.光纤通信系统[M].北京:国防工业出版社,2002.

[18] 赵梓森.光纤通信工程[M].北京:人民邮电出版社,1994.

[19] 张明德.光纤通信原理与系统[M].南京:东南大学出版社,1996.

[20] 叶培大.光波导技术基本理论[M].北京:人民邮电出版社,1981.

[21] 阮秋琦.数字图像处理学[M].北京:电子工业出版社,2001.

[22] 章毓晋.图像工程(上):图像处理和分析[M].北京:清华大学出版社,1999.